時代小説のお供に

絵でみる

江戸の妖怪図巻

善養寺ススム 文・絵
江戸人文研究会 編集

廣済堂出版

はじめに

「時代小説のおともに」シリーズで、御案内役を勤めさせて頂いております、江戸は善養寺町の貸本屋《かしほんや》、善右衛門《ぜんえもん》でございます。

今回は《妖怪》です。時代小説にも妖怪が度々《たびたび》登場いたしますね。これは、江戸時代を通して怪談・妖怪ブームがあったからで、資料をめくれば、怪談・妖怪はそこここに登場します。それは、いたって簡単な理由で、現代ではその仕組みがわかっている《地震》《雷》《蜃気楼《しんきろう》》といった自然現象や、《病》、《夜行性の動物》も、当時は、謎だったものがほとんどです。

それらの天変地異《てんぺんちい》に注意を促す意味でも、妖怪や怪異は生まれ、人々は口づてや、書物、瓦版《かわらばん》などで広めていったのです。それに、古い時代の《神話》など、権力者や寺社の話題作りや権威《けんい》付けに作られたお話、《掟《おきて》》のような宗教的・社会的ルールの補完的な怪談・奇談なども加わって、江戸時代はさながら、妖怪の大博覧会でございました。

さて、本書では、一応《江戸時代までに生まれた妖怪》をひとつの区切りに編集しております。明治時代に入りますと、妖怪は哲学《てつがく》や社会学といった学問でとらえられ、その正体を明らかにし、分類するという《明治の妖怪ブーム》が起こります。江戸時代の記録にはなく、明治時代に採取し、まとめられた妖怪も多いのですが、明らかに江戸以後に作られた（命名されたものも含む）を除いて、「記録にはないが江戸時代にもあった」と判断し掲載しております。

イラストも、古い資料を参考に脚色して描いておりますが、姿のわからないものは、私の創作で描きました。

妖怪名の表示下には、①《出典》、②《地域》、③《種類》を記してあります。

①には、江戸時代までの代表的な妖怪書籍の名、又は妖怪の三大伝承、《伝承》（和人）、《アイヌ伝承》、《琉球伝承》に分けてあります。

②には、情報のある主な地域を記してあります。地域が不明瞭なものは空欄です。表記は、時代小説でわかりやすいように、江戸時代の《国》区分と、現代の都道府県を記しました。

③は、どのようなものなのか、大まかにつかめるように種別を記しました。《怪異《かいい》》は現象だけのもの。《招福《しょうふく》》は幸運になるものです。

妖怪名と読み仮名

青坊主《あおぼうず》

『画図百鬼夜行』……①
全国……②
妖怪、怨霊……③

本文中【○○○】は、この本で紹介されている妖怪の名や用語です。目次に見出しが無い場合は、巻末の「妖怪異名リスト」「妖怪基本用語集」に掲載してあります。

江戸の妖怪ブーム

古くは『日本書紀』などの神話から、『源氏物語』などの小説、それに絵巻物などに、妖怪や怪異は記され、やがて『百物語』などの怪談が生まれます。そして、江戸時代に入ると、妖怪や怪異を怖がるだけでなく、楽しむようになりました。それまで、鬼や神、怨霊、魑魅魍魎《ちみもうりょう》だのと言われていたものを、《妖怪》に統合し、名前をつけてキャラクター化したのが江戸時代なのです。つまり、《妖怪》は江戸生まれなのです。それらを、子供たちの読む絵双紙やカルタ、双六などにも用いました。

そんな中に、有名だけど、未だに名前のない妖怪もあります。下の赤いぶよぶよしたものは、平安時代の付喪神を描く『百鬼夜行絵巻《ひゃっきやぎょうえまき》』に登場し、永く愛されるものです。現代でも、妖怪本にはとてもよく登場するのですが、名前はありません。

こうした、《名前のない妖怪》は、実はとても多く、逆に名前のある方が少ないのです。江戸時代にも、次々と《未確認生物情報》が出てきますし、そういったものを集めると、種類は優に三千を越えるかと思われます。

有名だけど名前のない妖怪の代表。つけるとしたら、解説によく用いられる「赤いぶよぶよしたもの」から、【赤ぶよ】でしょうか？

名前は誰がどのようにつけるのかというと、伝承されるうちに自然とつけられるものと、妖怪研究者によって命名されるものがあります。現代では、小説や漫画に登場して、固定されるものもあります。例えば、『ゲゲゲの鬼太郎』や『妖怪ウォッチ』に登場する妖怪なんかが、それです。水木しげるさんも妖怪研究者ですが、中には伝承にはなく、純粋に娯楽のためにキャラクター化したり創作した妖怪もあります。しかし、江戸時代にも絵師・鳥山石燕《とりやませきえん》などが妖怪を創作していますので、「創作妖怪は正しい妖怪ではない」とも言えないのです。

そして、《妖怪に含まれない妖怪》なんていうのもあります。例えば、『桃太郎』『かぐや姫』『一寸法師』なんかがそれです。どれも、昔話の主人公として、とても有名ですが、明らかに普通の人間ではございません。それでも、妖怪と言われないのは何故でしょう？　それは恐らく、出生を知っているからでしょう。桃太郎は、川をドンブラコと流れてきた桃から生まれ、かぐや姫は、竹から、一寸法師は、住吉の神様に子供が欲しいと祈って、お婆さんが産んだのです。つまり、人々が妖怪とする定義の大事なポイントは「どこの誰かわからない」なんてことも、含まれるのです。もちろん、生きてないとダメですよ。死んだら、何処の誰でも幽霊ですから。「妖怪ってなんだろう?」と考えると、まだまだ謎がいっぱいですね。

【赤ぶよ】は『百鬼夜行絵巻』の中で、付喪神たちにも気持ち悪がられ、【金槌坊】や【大地打】が叩くような様で描かれています。

江戸時代の国境

本書では、時代小説を読むのに便利なように、当時の国名と（　）内に現代の主な都道府県名を示しています。江戸時代の国境と現

代の行政の境は若干異なりますのでご注意下さい。

かなり見にくいのですが、西の方に国が密集しているのは、こちらの方が古い国が多いからです。戦乱によって領土が分割して与えられるので、細かくなります。そのため、新しい東の国々、特に陸奥国は非常に広範囲です。《陸奥《むつ》（青森県）・陸中《りくちゅう》（岩手県）・陸前《りくぜん》（宮城県）・磐《いわ》城《き》（福島県）・岩代《いわしろ》（福島県）》に分かれるのは明治時代です。

また、江戸・京都・大坂・長崎は幕府直轄の都です。

もくじ

【あ】

【え】

【お】

鍛冶《かじ》が婆《ばば》……107
がしゃ髑髏《どくろ》……108
果進居士《かしんこじ》……108
【果心居士】【因心居士】
カスンテ……109
風《かぜ》の神《かみ》……109
風邪虫《かぜのむし》……109
火前坊《かぜんぼう》……109
片脚上臈《かたあしじょうろう》……110
がたがた橋……110
片葉《かたば》の葦《あし》……110
帷子辻《かたびらがつじ》……110
河童《かっぱ》……111
【水神《すいじん》】【河太郎《かわたろう》】【海御前《あまごぜん》】
【伊草《いぐさ》の袈裟坊《けさぼう》】【磯《いそ》ん子《こ》】【いどぬき】
【エラシラシケポンヘカチ】【猿猴《えんこう》】
【えぬこ】【かーす】【かーすっぱ】
【がーすっぱ】【があたろう】
【がーたろー】【かわたら】【がわた】
【かうそ】【かしゃんぼ】【がっこ】
【せこ】【河童憑《かっぱつ》き】【河童松《かっぱまつ》】【がめ】
【かーらぼーず】【川赤子《かわあかご》】【川子《かわこ》】
【川小僧《かわこぞう》】【川小坊主《かわこぼうず》】【川小坊師《かわこぼうし》】
河童のいろいろ……114
【川猿《かわざる》】【かぶそ】【岸涯小僧《がんぎこぞう》】
【川天狗《かわてんぐ》】【くさびら】【九千坊《くせんぼう》】
【ごーらい】【芝天《しばてん》】【正吉河童《しょうきちかっぱ》】
【水虎《すいこ》】【兵主部《ひょうすべ》】【山童《やまわろ》】【山𤢖《やまわろ》】【おじどじ】
【山者《やまんもん》】【山人《やまんと》】【山《やま》の若衆《わっかし》】【山《やま》の伯父《おじ》やん】
【山ん太郎】【やまんぼ】【あわ】
【いがらぼし】【いんがらぼし】
【ウエンブタカムイ】【おしっこさま】
【おんがらぼーし】【がーたろ】
【がーっぱ】【がーばこ】【がーら】
【かーらーぼーず】【かーらんべ】
【がーろ】【がいたる】【がいたるぼうず】
【かいろ】【かうこ】【がうる】【かおーら】
【がおら】【ががま】【ががも】【がったい】
【がったら】【がったる】【がったろ】
【がらっぱ】【がらっぽ】【がらよー】
【がらんどん】【かりこさま】【がろー】
【がろぼし】【かわいろ】【がわいろ】
【かわえろ】【がわう】【かわしょうじもん】
【がわっぱ】【川《かわ》の殿《との》】【川の人《ひと》】
【川の者《もの》】【川ばば】【がわら】
【がわわっぱ】【川童《かわわろ》】【かんちき】
【がんば】【尻曳《しりひき》まんじゅ】【尻《しり》こぼし】
【すじんこ】【せえしん】【せっこうさま】
【どちろべ】【淵猿《ふちざる》】【ぼし】【みずち】
【めどち】【わらんべ】【祇園坊主《ぎおんぼうず》】
桂男《かつらおとこ》……118
金槌坊《かなづちぼう》……118
【大地打《だいちうち》】
蟹鬼《かにおに》……118
蟹坊主《かにぼうず》……119
金玉《かねだま》……119
金霊《かねだま》……119
金《かね》ん主《ぬし》……120
かぶきり小僧《こぞう》……120
禿切《かぶき》れ童子《わらし》……120
南瓜転《かぼちゃころ》がし……120
蝦蟇《がま》……121
【大蝦蟇《おおがま》】【蝦蟇仙人《がませんにん》】【蝦蟇憑《がまつ》き】
鎌鼬《かまいたち》……122

首切《くび》れ馬《うま》……140
首切《くびき》れ地蔵《じぞう》……141
くへた……141
倉坊主《くらぼうず》……141
鞍野郎《くらやろう》……142
黒玉《くろだま》……142
くろっぽこ人《じん》……142
黒仏《くろぼとけ》……142

【け】

桂積《けいしゃく》……143
芸州五日市《げいしゅういつかいち》の雷獣《らいじゅう》……143
毛有毛現《けうけげん》……143
【希有希見《けうけげん》】
蹴転《けころ》がし……144
芥子坊主《けしぼうず》……144
毛倡妓《けじょうろう》……144
袈裟羅婆裟羅《けせらんぱせらん》……145
血塊《けっかい》……145
血積《けっしゃく》……145
倩兮女《けらけらおんな》……146
ケンムン……146

【こ】

虎隠良《こいんりょう》……147
虚空太鼓《こくうだいこ》……147
古庫裏婆《こくりばばあ》……147
こさめ小女郎《こじょろう》……148
小雨坊《こさめぼう》……148
腰抜《こしぬ》け幽霊《ゆうれい》……148
腰虫《こしのむし》……149
小姓《こしょう》……149
こそこそ岩《いわ》……150
小袖《こそで》の手《て》……150
五体面《ごたいめん》……150
木魅《こだま》……151
【木霊《こだま》】【木魂《こだま》】【谺《こだま》】【古多万《こだま》】
【キヌーシー】【聖天宮《しょうてんぐう》の木霊《こだま》】
【月堂見聞集《げつどうけんもんしゅう》の木魅《こだま》】【木の中の硯《すずり》】
小玉鼠《こだまねずみ》……153
コチウツナシュグル……153
琴古主《ことふるぬし》……153
児泣《こな》き婆《ばば》……154
子投《こな》げ婆《ばば》……154
小林朝比奈三郎《こばやしあさひなさぶろう》……154
御免橋《ごめんばし》……155
古籠火《ころうか》……155
虎狼狸《ころうり》……155
コロポックル……156
【ニングル】【クルプンウンクル】
【コロポクウンクル】【コロボックル】
【トイチセヌンクル】
【トイセコッチャカムイ】【トンチトンチ】
衣蛸《ころもだこ》……157
狐者異《こわい》……157
蒟蒻橋《こんにゃくばし》の幽霊《ゆうれい》……157
蒟蒻坊《こんにゃくぼう》……157

【さ】

ザー……158
さいきょう鼠《ねずみ》……158
囀石《さえずりいし》……158
逆髪《さかがみ》……158
さかさま幽霊《ゆうれい》……159

反魂香《はんごんこう》……260
【返魂香《はんごんこう》】
はんざき……261
般若《はんにゃ》……261

【ひ】

ひかたはぎ……262
ひきふなだま……262
脾積《ひしゃく》……262
びじんさま……263
脾臓虫《ひぞうのむし》……263
蛙《びっき》の嫁《よめっこ》……263
魃《ひでりがみ》……264
人臭《ひとくさ》い……264
ひとつまらこ……264
一《ひと》ツ目《め》小僧《こぞう》……265
【一《ひと》ツ目】【目《め》一《ひと》ツ坊《ぼう》】
一《ひと》ツ目《め》入道《にゅうどう》……265
【一目坊《ひとつめぼう》】
火《ひ》取《と》り魔《ま》……266
【茯苓《ぶくりょう》の精《せい》】【火消婆《ひけしばば》】
飛縁魔《ひのえんま》……266
脾《ひ》ノ聚《しゅ》……267
狒々《ひひ》……267
【比々《ひひ》】
火間蟲入道《ひまむしにゅうどう》……267
瓢箪《ひょうたん》小僧《こぞう》……268
ひょう徳《とく》……268
屏風《びょうぶ》のぞき……268
蛭持《ひるも》ち……269
琵琶牧々《びわぼくぼく》……269
人形神《ひんながみ》……269
貧乏神《びんぼうがみ》……269

【ふ】

ぶかっこう……270
文車妖妃《ふぐるまようひ》……270
ふすま……270
札返《ふだがえ》し……271
二口女《ふたくちおんな》……271
【飯食《めしく》わぬ嫁《よめ》】
船幽霊《ふなゆうれい》……272
【安宅丸《あたけまる》】【怪《あやか》し】【柄杓貸《いなだか》せ】【きゃつ】
【ぐぜ】【なもう霊《れい》】【亡霊《もうれん》やっさ】
【幽霊船《ゆうれいせん》】【夜走《よばし》り】【垢取《あかと》り貸《か》せうぇ】
【柄杓《ひしゃく》くれ】【うぐめ】【沖幽霊《おきゆうれい》】
【ひきもうれん】【迷《まよ》い船《ぶね》】【亡者船《もうじゃぶね》】
古空穂《ふるうつぼ》……274
古山茶《ふるつばき》の霊《れい》……274
震々《ぶるぶる》……274

【へ】

平家蟹《へいけがに》……275
鮓荅《へいさらばさら》……275
べか太郎《たろう》……275
蛇《へび》・龍《りゅう》……276
【八岐大蛇《やわたのおろち》】【アカマター】【怪《あやか》し】
【いくち】【蟒《うわばみ》】【清姫《きよひめ》】【九頭龍《くずりゅう》】
【蛇《くちなわ》】【サキソマエップ】【蛇骨婆《じゃこつばあ》】【蛇帯《じゃたい》】
【とうびょう】【とんべ神】【とんぼ神】
【とぼ神】【ながなー】【とうばい】
【ねぶっちょう】【波蛇《なみじゃ》】【沼御前《ぬまごぜん》】
【濡《ぬ》れ女《おんな》】【機尋《はたひろ》】【飛代路理《びよろり》】【蛇憑《へびつ》き】
【蛇筋《へぶすじ》】【蛇蠱《へびみこ》】【蛇持《へびも》ち】【蛇指女《へびゆびおんな》】

江戸時代の妖怪図書

本書で参考にした
江戸時代までの妖怪・怪談図書

『狗張子《いぬはりこ》』　浅井了意　江戸中期
『稲生物怪録《いのうもののけろく》』柏生甫　江戸中期
『因果物語《いんがものがたり》』鈴木正三　寛文元年
『裏見寒話《うらみかんわ》』巣飲叟鶏鼠　江戸中期
『大江山絵詞《おおえやまえことば》』十四世紀
『落栗物語《おちぐりものがたり》』松井成教　江戸後期
『御伽空穂猿《おとぎうつぼざる》』静観房好阿　元文五年
『御伽婢子《おとぎぼうこ》』浅井了意　寛文六年
『怪談摸摸夢字彙《かいだんももんじい》』山東庵京伝　享和三年
『画図百鬼夜行《がずひゃっきやぎょう》』鳥山石燕　安永五年
『甲子夜話《かっしやわ》』松浦静山　文政四年～天保十二年
『閑窓瑣談《かんそうさいだん》』為永春水　江戸中期
『閑窓自語《かんそうじご》』柳原紀光　延享三年～寛政十二年
『姫国山海録《きこくせんがいろく》』南山先生　宝暦十二年
『奇談北国巡杖記《きだんほっこくじゅんじょうき》』鳥翠台北茎　文化三年
『牛馬問《ぎゅうばもん》』新井白蛾　江戸中期
『月堂見聞集《げつどうけんもんしゅう》』本島知辰　江戸中期
『源氏物語《げんじものがたり》』紫式部　寛弘五年（平安時代）
『黒甜瑣語《こくてんさご》』人見蕉雨　江戸後期
『古今百物語評判《ここんひゃくものがたりひょうばん》』山岡元隣・元恕　貞享三年
『古事記《こじき》』和銅五年（奈良時代）
『今昔画図続百鬼《こんじゃくずがぞくひゃっき》』鳥山石燕　安永八年
『今昔百鬼拾遺《こんじゃくひゃっきしゅうい》』　鳥山石燕　安永十年
『五臓之守護《ごぞうのしゅご》并《ならびに》虫之図《むしのず》』不明
『採薬記抄録《さいやくくしょうろく》』植村政勝　宝暦五年
『作物志《さくものし》』石橋庵　文化九年
『三州奇談《さんしゅうきだん》』　掘麦水　江戸中期
『下総国葛西御厨注文《しもうさのくにかさいみくりちゅうもん》』応永５年（室町時代）
『酒呑童子絵巻《しゅてんどうじえまき》』室町時代
『十方庵遊歴雑記《じゅっぽうあんゆうれきざっき》』釈敬順　江戸後期
『蕉斎筆記《しょうさいひっき》』平賀蕉斎　江戸後期
『諸国百物語《しょこくひゃくものがたり》』延宝五年
『諸国里人談《しょこくりじんだん》』菊岡米山　寛政十二年
『死霊解脱物語聞書《しりょうげだつものがたりききがき》』残寿　元禄三年
『神威怪異奇談《しんいかいいきだん》』不明
『新御伽婢子《しんおとぎぼうこ》』西村市郎右衛門　江戸前期

『新著聞集《しんちょもんじゅう》』寛延二年

『画図百鬼夜行《がずひゃっきやこう》』鳥山石燕　安永五年

『駿国雑志《すんこくざっし》』阿部正信著　天保十四年

『斎諧俗談《せいかいぞくだん》』大朏東華　江戸中期

『聖城怪談録《せいじょうかいだんろく》』前田利考　寛政十一年

『石言遺響《せきごんいきょう》』曲亭馬琴　文化二年

『世事百談《せじひゃくだん》』山崎美成　天保十五年

『玉箒木《たまははき》』林義端　江戸中期

『中陵漫録《ちゅうりょうまんろく》』佐藤成裕　江戸後期

『付喪神絵詞《つくもがみえことば》』江戸後期

『天縁奇遇《てんえんきぐう》』神屋蓬洲　文化九年

『桃山人夜話《とうさんじんやわ》・絵本百物語《えほんひゃくものがたり》』竹原春泉　天保十二年

『兎園小説《とえんしょうせつ》』曲亭馬琴他　文政八年

『南路志《なんろし》』　武藤到和・平道　文化十二年

『日本書紀《にほんしょき》』奈良時代

『梅花氷裂《ばいかひょうれつ》』山東京伝　文化三年

『化物《ばけもの》尽《づ》くし絵巻《えまき》』江戸後期

『針聞書《はりききがき》』茨木二介　永禄十一年

『百慕々物語《ひゃくぼぼものがたり》』勝川春章　明和八年

『百妖図《ひゃくようず》』不明

『百怪図巻《ひゃっかいずかん》』佐脇嵩之　元文二年

『百器徒然袋《ひゃっきつれづれぶくろ》』鳥山石燕　天明四年

『百鬼《ひゃっき》ノ図《ず》』不明

『百鬼夜行絵巻《ひゃっきやぎょうえまき》』真珠庵本

『百鬼夜行絵巻《ひゃっきやぎょうえまき》』（松井文庫）尾田淑本

『蕪村妖怪絵巻《ぶそんようかいえまき》』与謝蕪村　江戸中期

『不動利益縁起絵巻《ふどうりやくえんぎえまき》』南北朝時代

『平家物語《へいけものがたり》』鎌倉時代

『反古《ほご》のうらがき』鈴木桃野　江戸後期

『北国奇談巡杖記《ほっこくきだんじゅんしょうき》』鳥翠台北𪉩　江戸後期

『耳囊《みみぶくろ》』根岸 鎮衛　江戸中期～後期

『夜談随筆《やだんずいひつ》』林義端　江戸中期

『老媼茶話《ろうおうさわ》』寛保二年

『和漢三才図会《わかんさんさいずえ》』寺島良安　江戸中期

浮世絵＝喜多川歌麿、歌川広重、葛飾北斎、
歌川国芳、歌川芳藤、他

絵でみる
江戸の妖怪図巻

アイヌカイセイ

アイヌ伝承
妖怪

ぼろぼろのアットシ（アイヌの木の繊維で作った着物）を着た妖怪で、空き家や古屋《ふるや》に現《あらわ》れる。眠っていると何処《どこ》からかやって来て、胸や首を押しつける悪さをする。

青行灯《あおあんどん》

『今昔百鬼拾遺』『宿直草』
妖怪、幽霊、魑魅魍魎

《百物語《ひゃくものがたり》》を百話すべて話し終えると、本当に妖怪や幽霊が登場すると言われている。その時、現《あらわ》れるのが、

この妖怪、魑魅魍魎《ちみもうりょう》。古来、怪談をすれば魔を呼ぶとされ、百話も話せばあちこちから、悪霊や妖怪を招くことになる。姿はお歯黒《はぐろ》を塗った死《し》装束《しょうぞく》の鬼女だったり、大蜘蛛《おおぐも》の脚だったりする。どちらも、光りの届かない天井の隅からやって来る。もともと《青行灯》とは、行灯の周りに青い色紙を貼《は》ったもので、これで怪談をすると、雰囲気が出るため、百物語の会では欠かせない演出。

　青行灯が現れた後、どうなるのかは誰も知らない。何故《なぜ》なら、青行灯を見て生き残った者がないため。そこで、百物語は九十九話で止めるのが倣《なら》わしとされている。

青鷺火《あおさぎのひ》

『今昔画図続百鬼』『絵本百物語』『耳嚢』／江戸、佐渡島、大和国（奈良県）他／妖鳥

夜な夜な光る奇怪な木。近づいて見てみると、それは、青く光る鷺の化け物だったという。
　悪さをすることもなく、ただ光るだけ。この鳥は五位鷺《ごいさぎ》と呼ばれる、体長約六十センチほどの鷺で、夜も活動し、木の上で休む。

青女房《あおにょうぼう》

『今昔画図続百鬼』『百鬼夜行絵巻』／京都
妖怪、怨霊

荒れ果てた寂しい古屋敷に現れる妖怪。ぼさぼさにお歯黒をつけた（御殿女中）姿で。正体はわからないが、夫を呪《のろ》い殺した妻の【亡霊《ぼうれい》】とされる。遊び半分に古屋敷に入った者が呪われることがある。

青坊主《あおぼうず》

『画図百鬼夜行』
全国
妖怪

全国に出没する妖怪で、出る場所は住職が留守にしている寺だったり、空家だったり、道、麦畑といろいろ。姿も【一ツ目入道《ひとつめにゅうどう》】や大坊主、小坊主と様々。正体も狸《たぬき》や鼬《いたち》、鯉《こい》、山の神などとされる。

紀伊国（和歌山県）では青い大坊主で、備前・備中国（岡山県）では留守屋や空家に現れる。周防・長門国（山口県）では山の神が小坊主に化けて現れ《あらわ》、相撲《すもう》を取ろうと誘う。四国地方では女性を狙って「首を吊《つ》らんか?」と言い寄って来て、返事をしないと襲われ、首吊り自殺をさせられるとか。駿河国（静岡県）では春の夕暮れに麦畑に現れ《あらわ》、友達とはぐれて家に帰る子供を攫《さら》うという。信濃国（長野県）では、淵《ふち》の主である大鯉が大暴れするので、鎮《しず》めるために松を植えたが、その木の周りを息を止めて七周すると、坊主が現れて「石踏むな、松折るな!」と言うそう。

色が青いのは《未熟な者》の意味があるとされる。

赤足《あかあし》

伝承／讃岐国（香川県）、豊前国（福岡県）他
妖怪、精霊

讃岐国塩飽《しわく》の島に出る妖怪で、山道の辻などに現れ、赤い足をしているとされるが、足以外は不明。豊前国《ぶぜんのくに》では、道を歩く人の足に綿のようなものを絡《から》めて歩きにくくすると言われる。

赤《あか》頭《あたま》

怪談名
伯耆国（鳥取県）
妖怪、精霊

伯耆国《ほうきのくに》に赤頭と呼ばれる怪力の大男がいた。ある時、男が観音堂にいると、四～五歳の童《わらわ》が現れ、この童の方が妖怪か精霊。童は怪力で、五寸《ごすん》釘《くぎ》をお堂の柱に刺しては、また抜く。赤頭も負けじと試みるが、釘を抜くことができず負けてしまい、童は笑って消えて行ったという。

赤《あか》ゑ《え》いの魚《うお》

『絵本百物語』
安房国（千葉県）
妖怪

安房国《あわのくに》（千葉県）の漁師が漁に出て、大風で流され、見知らぬ島に辿《たど》り着いて上陸した。しかし、三里《り》歩いても誰もいない。仕方なく船に戻り、島を離れると、島が沈み始めた。それは巨大な赤ゑいの背中だった。

赤《あか》がしら

『土佐化物絵本』『画図百鬼夜行』／土佐国（高知県）／妖怪

頭が《登る朝日》の如《ごと》く、真っ赤に輝くという妖怪。笹原《ささはら》や茅場《かやば》（屋根を葺く茅の畑）に隠れており、人が来ると頭を見せるが、眩《まぶ》しくて見ていられない。無理をすると目を患《わずら》うが、それ以外の悪さはしない。

赤子《あかご》

『蕪村妖怪絵巻』
信濃国（長野県）、大和国（奈良県）／妖怪

信濃国の木崎湖《きざきこ》の水中に現れるものは、十二〜十三歳の童《わらわ》で、身体が赤くぼさぼさの髪を【猩猩《しょうじょう》】のように垂らして泳いでいるという。
他の地では、古屋《ふるや》などに泊まると、夜中に襖《ふすま》の向こうから物音がして来る。そ〜っと覗《のぞ》いてみると……、真っ赤な幼児が、数百も踊っているとか。

赤衣《あかごろも》

『今昔物語集』
京都
妖怪、幽霊

平安の頃、京都の冷泉院《れいぜいいん》の御所《ごしょ》の東に僧都殿《そうづでん》という古屋敷があり、夕暮れになると寝殿《しんでん》の前から赤い単衣《ひとえ》が飛び出し、北西にある榎《えのき》の大木にするすると登る。ある武士がそれを弓で射抜《いぬ》いたところ、翌朝にその者は死んだという。

赤舌《あかした》

『画図百鬼夜行』『十界双六』『東北怪談の旅』他／陸奥国（東北）他／妖怪、招福

名前と姿だけで、ほとんどわからない妖怪。黒雲を纏《まと》った、狛犬《こまいぬ》のような姿で、赤い舌を出しており、陸奥国津軽《つがる》では、村の水争《みずあらそ》いで農業用水を止められ苦しんでいた農民を、赤舌が水門を開いて助けた、という話も残っている。

赤抱《あかだ》かしょ

伝承
長門国（山口県）
幽霊、妖怪

長門国厚狭《あさ》の伝承で、街道の辻《つじ》に現れると言われる女の霊。夜にこの村の坂を歩くと、女の霊が出て「赤抱かしょ（あかちゃんをだいて）」と差し出すという。この子を抱く時に後ろ向きに抱かないと、魂を抜かれてしまうそう。

赤手児《あがてこ》

『画図百鬼夜行』
陸奥国（青森県）
妖怪

読みは《あがてこ》。陸奥国八戸《はちのへ》の妖怪で、古い皀莢《さいかち》の木から赤い子供の手が現れる。また、同じ皀莢の木の下に振袖姿の娘が立っていることもあり、目撃すると熱病に罹《かか》る。

赤人間《あかにんげん》

『岩邑怪談録』
周防国（山口県）
妖怪

夜更けに岩国《いわくに》の関戸にある《つき廻し》という所を通ると、川岸から「えいっ、えいっ」と石を担ぐようなかけ声が聞こえるという。見ると、赤い大きな人間が、焼けた鉄棒を担いで宙を歩いていたそう。

垢舐《あかねぶ》り

『今昔物語評判』
妖怪

風呂場や湯屋《ゆや》で、深夜、風呂桶に付いた垢を舐《な》める妖怪。赤い肌とされているが、緑に描かれることも多い。古く汚い風呂場に棲《す》みつきやすい。病気や風呂嫌いなど、風呂に入らない人間の身体も舐めるとされる。

赤坊主《あかぼうず》

『閑窓自語』
京都
招福

江戸時代の話。公家《くげ》の歌人・日野《ひの》資枝《すけき》が家人と夜更《よふ》けまで酒を飲んでいると、屏風《びょうぶ》の裏が明るく輝いた。そこで、屏風の裏を覗《のぞ》くと、火焔《かえん》の中に真っ赤な法師が立っていたという。家に吉事《きちじ》がある前兆として現れる。

燈無蕎麦《あかりなしそば》

『本所七不思議』
江戸
怪談

本所南割下水《ほんじょみなみわりげすい》付近に現れる。夜中に二八蕎麦《にはちそば》の屋台《やたい》があるが、主人もなく灯《あか》りもついていない。不思議に思って、行灯《あんどん》に火を点《つ》けても、すっと消えてしまう。これに遭《あ》うと、必ず凶事《きょうじ》（良くない事）に見舞われるという。

アカングワーマジムン

琉球伝承／妖怪

死んだ赤ん坊がなる妖怪で、はいはいをしながら現れ、人の股《また》の下を潜ろうとし、潜られた人は魂《マブイ》を奪われて死ぬか、腑抜《ふぬ》けになってしまうそう。マジムンに遭ったら、脚《あし》を交差させて防ぐ。

灰坊主《あくぼうず》

伝承／陸奥国（岩手）、出羽国（秋田県）
妖怪

囲炉裏《いろり》の灰の中に棲《す》んでいるとされる妖怪で、灰を穿《ほじく》ると出て来るとされる。その他、一膳飯を食べたり、二回風呂に入ったり、裸で便所に入ると遭うとも言われる。姿ははっきりしないが【天邪鬼《あまのじゃく》】の仲間ともされる。

悪樓《あくる》

『日本書紀』『金毘羅参詣名所圖会』／備前国（岡山県）
悪神

穴海《あなうみ》（児島湖《こじまこ》）に棲《す》んでいたとされる巨大魚。日本武尊《やまとたけるのみこと》が熊襲《くまそ》（異民族）討伐《とうばつ》の帰りに襲われ、これを退治したとされる。

麻《あさ》桶《おけ》の毛《け》

『阿州奇事雑話』
阿波国（徳島県）
神

ある晩、山賊《さんぞく》が弥都波能売神社《みつはのめじんじゃ》の祠《ほこら》に集まり盗んだ財宝を分けていたところ、麻桶に入っていた御神体《ごしんたい》の毛（麻の糸）が長く伸びて、山賊達を締め上げた。山賊達はそのまま動けず、朝になって追っ手に捕えられた。

足洗邸《あしあらいやしき》

『本所七不思議』
江戸
妖怪

味野岌之助《あじのきゅうのすけ》という旗本《はたもと》（幕府の上級武家）の本所《ほんじょ》三笠町《みかさちょう》に構える上屋敷《かみやしき》では毎晩、天井裏《てんじょううら》から「足を洗え」という声が響き、天井をばりばりと突き破って、血や泥にまみれた、汚い巨大な足が降りて来るという。

小豆洗い《あずきあらい》

『絵本百物語』『桃山人夜話』『怪談老の杖』他
全国
妖怪

小豆洗いは全国に様々な名前を持つ妖怪で、主に川や井戸などの水辺で小豆を洗うような音を立てる妖怪。小豆は当時とても身近な食べもので、特にお祝いや神事《しんじ》には欠かせないものだったため、未知の世界と結びつけられやすいとされる。

出雲国《いずものくに》（島根県）では、森に現れて人を攫《さら》うとされる。小豆を研《と》ぐ音だけでなく、歌をうたうものもあり、陸奥国（青森県）、信濃国《しなののくに》（長野県）では【小豆磨《あずきと》ぎ】と呼び、「小豆磨ぎやしょか人取って喰いやしょか、しょきしょき」と歌う。越後国《えちごのくに》（新潟県）では、雨の降る日に「小豆磨ごうか人取って噛《か》もうか」と歌い、安芸国《あきのくに》（広島県）では「いっしょう、にしょう、ごしょうごしょう」という音を獺《かわうそ》が立てると言われる。

正体は狐狸《こり》、蝦蟇《がまがえる》だとする地方も多い。他に、井戸に投げ込まれた人や川に身を投げた者の霊ともされる。

＊

【小豆婆《あずきばばあ》】東北から関東地方にかけて、小さな祠《ほこら》に隠れ棲《す》む婆《ばば》で、夜中になると小川で小豆を洗う。または、雨の降りそうな夕方に廃寺《はいでら》に現れ、ギショギショ、ザクザクと音を立て、子供を攫《さら》って食べてしまう。

【小豆《あずき》はかり】江戸の外れ、麻布村《あざぶむら》の武家屋敷で夜に寝ていると、天井《てんじょう》から、「どしどし」と足音のようなものが聞こえ、次には「はらりはらり」と小豆を撒《ま》くような音が聞こえる。

【あずきあらい】あずきとぎ／あずきばばあ／あずきはかり

それが、仕舞《しま》いには一斗《と》（十八リットル）ほどの小豆をばら撒くような音になったという。また、庭先では飛び石を「かつかつ」と下駄《げた》で歩くような音が鳴り、手水鉢《ちょうずばち》からは水を「ぱしゃり」とかける音までもが聞こえて来たという。

しかし、姿は見えない。

【小豆投げ《あずきなげ》】武蔵国《むさしのくに》は秩父《ちちぶ》地方の伝承。夜に川で網を打っていると、「ざらざら」っと小豆を投げる音がする。

【小豆磨げ《あずきとげ》】陸中国《りくちゅうのくに》（岩手県）は雫石地方の呼び名。

【小豆削ぎ《あずきそ》婆《ばばあ》】甲斐国《かいのくに》（山梨県）の伝承。諏訪神社《すわじんじゃ》近くに豆柿《あまんどう》の大木があり、その木の上にいたという。毎夜「ざあざあ」と音を立て「小豆おあんなすって」と通行人を呼び止めると、狼狽《うろた》える者を大きな笊《ざる》ですくい上げるという。

【小豆擂《あずきす》り】小豆洗いの別名。

【小豆《あずき》さらさら】備中国《びっちゅうのくに》（岡山県）。

【小豆漉《あずきこ》し】因幡国《いなばのくに》（鳥取県）。

【小豆ごしゃごしゃ】信濃国《しなののくに》（長野県）。

【砂洗《すなあら》い】伊予国《いよのくに》（愛媛県）。

あすこここ

「あそこにも、ここにも」という意味らしく、正体不明の妖怪、【魑魅魍魎《ちみもうりょう》】。

『百鬼夜行絵巻』
妖怪、魑魅魍魎

安達《あだち》ヶ原《はら》の鬼婆《おにばば》

伝承／陸奥国（福島県）
鬼婆

奈良時代のお話。陸奥国安達ヶ原に棲《す》む鬼婆で、旅人を招き入れては殺して喰っていた。ある年、僧侶が宿を借り正体がばれ、如意輪観音《にょいりんかんのん》によって退治された。

アツゥイラクラ

アイヌ伝承
妖怪

アイヌに伝わる巨大ナマコの妖怪で、内浦湾に棲《す》む。口で流木に吸い付いて海に浮び、近づくチプやニマム（共にカヌーの意）をひっくり返すという。

アッコロカムイ

アイヌ伝承
内浦湾
妖怪

《紐持《ひも》つ神《かみ》》の意。北海道の内浦湾《うちうらわん》（噴火湾）に棲んでいる大蛸《おおだこ》。足を広げると三千坪《つぼ》もの大きさで、舟も鯨《くじら》もひと呑《の》みにしてしまうという。アッコロカムイの付近では、海も空も赤く染まる。アイヌの人々は漁に出る時は魔《ま》除《よ》けに大鎌を持ったという。

後追《あとお》い小僧《こぞう》

伝承
武蔵国（神奈川県）
妖怪

山中を歩いていると、背後から何者かの気配《けはい》がついて来る。振り向いても誰もいない。後追い小僧は四歳から十五歳ほどの少年の姿をしていて、絣《かすり》の着物、毛皮、ぼろ筵《むしろ》を纏《まと》っているという。言葉は話さず物音も立てない。後ろからついて来るだけかと思えば、まるで道案内でもするかのように前を歩く場合もある。午後から夜に現れる。

夜には提灯《ちょうちん》のような火を灯《とも》して人の前後に現れるが、決して人に危害を加えず、山を抜けて里に近づくと消える。夜に現れた場合は声をかければ消えるとの説もある。

何度も後追い小僧が姿を現す場合、持参していた食べ物を辺りの岩や切《き》株《かぶ》の上に置いて行くと払えるという。

あばらぼー

伝承
周防国（山口県）
妖獣

安永《あんえい》九年（一七八〇）に周防国通津《つづ》浜《はま》で捕えられた、長さ九尺《しゃく》（二・七メートル）幅八尺（二・四メートル）厚さ三尺（九〇センチ）の異形の魚。

アプトルヤムペウェンユク

アイヌ伝承／妖怪

空中にいて激しい暴風雨《ぼうふうう》を起こすアイヌの魔。この魔による暴風雨の際は、外に篩《ふるい》を置いて対応するという。

鐙口《あぶみのくち》

『百器徒然袋』
妖怪、付喪神

主人の戦死とともに野に捨てられた馬具《ばぐ》が化けたものとされる。『百器徒然袋』の著者・鳥山石燕《とりやませきえん》の創作した妖怪といわれ、存在だけで何かをするとは説明されていない。

油瓶鬼《あぶらかめのおに》

『今昔物語集』
京都
妖怪

大臣・小野宮《おののみや》が御所《ごしょ》の傍《かたわ》らを通っていると、車の前に油瓶が踊りながら行くのが見えた。油瓶は御所の西に住んでいる人の家の門まで踊って行くと、鍵穴から中に入ってしまったそうで、大臣は邸に帰ってから、使いの者に「あの家に何事か変わったことはあるかと聞いてこい」と言って出した。すると、戻って来た使いは、「あの家には若い病気の娘がおりましたが、今日の昼方死去なされたそうです」と知らせたという。

甘酒婆《あまざけばばあ》

伝承
全国
妖怪

老婆の姿をした妖怪。寒風吹き荒む寒い夜、「甘酒はござらんか？」と家の戸を叩く。これに応えてしまうと病気になるという。文化文政の頃に江戸、名古屋、京都、大坂で都市伝説となり、甘酒婆が来ないように、杉の葉や南天《なんてん》の枝、唐辛子《とうがらし》を門口《かどぐち》に吊るし、《上酒有》と書いた紙を貼った。

天逆毎《あまのざこ》と天魔雄神《あまのさぐがみ》

『和漢三才図会』『今昔画図続百鬼』／荒神

天逆毎は天魔雄神の母で、素戔嗚《すさのお》尊《みこと》の猛気《もうき》から生まれた女神。【天狗《てんぐ》】や【天邪鬼《あまのじゃく》】の祖先とされる。気にくわないことがあると荒れ狂い、どんな太刀も牙《きば》で噛み砕《くだ》き、どんな怪力の神でも鼻に引っかけて、千里の遠方へ飛ばしてしまうという。

天魔雄神は天尊《てんそん》の命にまったく従わず、悪いことばかりする。八百万《やおよろず》の神々は天魔雄神を持てあまし、《九《く》天《てん》の王》とし、荒ぶる神や逆らう神々はこれに属したとされる。天逆毎、天魔雄神親子が取り憑《つ》くと、徳のある人でも心を乱されてしまい、愚かな者は心を惑わされるという。

天邪鬼《あまのじゃく》

伝承
全国
鬼、妖怪

人の心を読み、相手の口真似や物真似をし、人の言葉や心に逆らい、からかう妖怪。他人の心を読むので【覚《さとり》】、口真似をするので【山彦《やまびこ》】【木《こ》魂《だま》】とも呼ばれる。

仏教では四天王《してんのう》に踏みつぶされている、人の煩悩《ぼんのう》の象徴。

出羽国《でわのくに》（山形県）では、もともとは天神だが、人間の要望を聞き入れすぎたために日天、月天から叱られ、へそ曲がりになったとされる。肥後国《ひごのくに》（熊本県）では、天を持ち上げる巨人。備前《びぜん》・備中国《びっちゅうのくに》（岡山県）や武蔵国《むさしのくに》（神奈川県）では岩を積み上げたり山を崩したりする。

【あまねぐ】陸奥国《むつのくに》（岩手県）では、炉の灰の中にいて、灰を弄《いじ》るものを中に引きずり込んで食べてしまう。

【あまのしゃぐ】昔話の『瓜子姫《うりこひめ》』では、意地悪な姫を柿や桃を食べに行こうとおびき出し、「その着物では木に登れない」と、自分の汚い服と姫の着物を取り替える。天邪鬼はきれいな着物を着て、瓜子姫になりすまし長者の家に嫁入りする。

『和漢三才図会』では【天魔雄神《あまのさぐがみ》】が天邪鬼の原型だという。

【あまんじゃく】とも呼ばれる。

【あまんしゃぐめ】九州地方。

【あまのじゃく】さとり・やまびこ・こだま／あまねぐ／あまのじゃぐ／あまんじゃく／あまんじゃぐめ

あまびえ

伝承
肥後国（熊本県）
精霊、招福

弘化《こうか》三年（一八四六）に瓦版《かわらばん》に記された精霊。毎夜、海から輝いて現《あらわ》れたという。長い髪に、尖《とが》った嘴《くちばし》、身体は鱗《うろこ》か羽毛に覆《おお》われていて、脚は三本だったという。役人が行ってみると、精霊が現れ「当年より六年は豊作だが、病が流行したら私の姿の写しを見せなさい」と予言して消えたという。

火斑《あまみ》剥《は》ぎ

伝承
能登国（石川県）他
妖怪

囲炉裏《いろり》や火鉢《ひばち》の火などに長く当たっているとできる《怠《なま》けだこ》を《あまみ・あまめ》と呼び、怠け者の火斑を剥ぎ取りに現れる妖怪。雪深い夜に数匹で現れるという。火斑剥ぎが来ると、甘酒などでもてなし、怠けずに働くことを誓い、許しを乞《こ》う。能登半島の民俗行事でもある。

網切《あみき》り

『百怪図巻』『画図百鬼夜行』
出羽国（山形県）他
妖怪

出羽国庄内《でわのくにしょうない》地方などに現れる、大きな鋏《はさみ》を持った蝦《えび》のような姿の妖怪。寝ているとこっそり入り込んで、吊《つ》った蚊帳《かや》や吊り紐《ひも》を切ってしまう。また、漁師の家に現れ、漁網を切り裂いてしまうという。

雨乳母《あめおんば》

『画図百鬼夜行』
信濃国（長野県）他
招福、妖怪

雨の降る夜に現《あらわ》れる妖怪。その他、雨を呼ぶ神ともされる。信濃国では雨の日に訪れる神が堕落《だらく》して妖怪となったとされる。また、産んだばかりの子を亡くした女の霊ともされ、【産女《うぶめ》】と同じとする地方もある。

雨の小坊主《あめのこぼうず》

『御伽婢子』
京都
妖怪

夜道で雨に濡れた身なりのいい童子《どうじ》を見かけ、不憫《ふびん》に思い家に泊めてあげようと連れて歩くと、途中で顔が五倍に膨《ふく》れあがり、三ツ目になるという。これに笑いかけられると、人は気絶してしまう。気付けば家とは全く別の方向に行って倒れているそう。

雨降小僧《あめふりこぞう》

『今昔画図続百鬼』
『御存之化物』
妖怪

雨の夜道に現れるところは【雨の小坊主】と同じ。破れ笠や竹皮の笠を被った【一ツ目小僧《ひとつめこぞう》】で、両手に何かを持って歩み寄って来るそう。何を持っているのかは不明。『今昔画図続百鬼』では提灯《ちょうちん》を持っていて、雨の神の小僧（下働き）をしているという。

雨《あめ》降《ふ》る音の怪

『猿今昔』
江戸
幽霊

浅草《あさくさ》の待合茶屋《まちあいぢゃや》（ラブホテル）に出る幽霊。茶屋でひとり寝ていると、夜更《よふ》けに雨の音がする。しかし、雨は降っていないので、おかしいな、と思っていると、枕元に銀杏返《いちょうがえ》しに髪を結った女が座っているという。

飴屋《あめや》の幽霊《ゆうれい》

伝承
長崎
幽霊

ある女が難産《なんざん》のため子供を産まずに亡《な》くなり、墓に葬《ほうむ》られた。その夜のこと、夜な夜な飴屋の戸を叩くものがある。飴屋の主人が出てみると、青白い顔をした女がいて、一文銭《いちもんせん》を差し出して飴をくれという。飴を渡すと、次の晩も、その次の晩も現れた。

しかし、七日目の夜には、もうお金がないけれど飴が欲しいという。飴屋は不憫《ふびん》に思って飴を分けると、女は御礼に《井戸の湧く場所》を教えて帰った。これを不思議に思った飴屋は、その夜、女の跡を追った。

すると、女は墓地に入ってある墓の前です～っと消えた。あくる朝、寺の住職《じゅうしょく》に尋《たず》ねると、確かに妊婦《にんぷ》を埋葬したというので、その墓を掘り返してみると、棺桶《かんおけ》の中で、死んだ女は子を産み、飴で育てていたという。

赤子は飴屋に育てられ、女が教えた井戸は、どんな時も涸《か》れることがなかったという。

天降女子《あもれおなぐ》

伝承
奄美諸島
妖怪、幽霊

白い衣を背負い、男を求めて地上に降りて来る。その際は、晴れていても小雨が降るという。天降女子は好みの男を見つけると、にやにやと笑い艶《なま》めかしく誘惑して来る。手に水が入った柄杓《ひしゃく》を持っているが、その水は決して飲んではいけない。誘惑に負けた者は命を奪《うば》われてしまう。

怪し《あやかし》

『今昔百鬼拾遺』『怪談老の杖』
全国
妖怪

上総国《かずさのくに》（千葉県）の大東崎《だいとうざき》の話。ある漁船が、漁の途中で水が切れたので、船を陸に漕《こ》ぎ寄せ、若者に水を貰《もら》って来るように命じた。若者が岸へ上がると、運良く井戸があり、美しい娘が水を汲《く》んでいたので、頼んで水を分けてもらった。

しかし、舟に戻ってそれを話すと、頭は「ここに井戸などあるはずはなか、そりゃ怪しだべ！」と叫び、慌てて船を出すと、女が追いかけて来て船《ふね》縁《べり》に齧《かじ》りついた。漁師達は櫓《ろ》でこれを叩き落として、何とか無事に村に帰ったという。

本来、《怪し》は《怪しいもの》という意味なので、古くは妖怪や幽霊と同義語である。長崎や対馬では海上に現れる【怪火《かいか》】を指す。火の中に童子《どうじ》がいて歩いているように見えたり、目の前に突然、山となって現れるという。肥前国《ひぜんのくに》（佐賀県）、長門《ながと》・周防国《すおうのくに》（山口県）では【船幽霊《ふなゆうれい》】を指す。小判鮫《こばんざめ》が船底につくと船が動かなくなると言われ、当時は怪しと呼ばれた。その他に、大蛇《だいじゃ》も怪しと呼ばれる。

雨《あめ》降《ふ》り入道《にゅうどう》

伝承
信濃国（長野県）

雨の夜に現れる大男の妖怪。入道雲となって、雨の日に現れ。特に夜に人家近くにやって来ると言われる。

アラサラウス

アイヌ伝承

体毛がなく巨大な妖獣。熊のような化け物とされ、山の崖穴《がけあな》に棲《す》み、自在に変化して人間を襲い喰らうという。または全身毛に覆われた王猿の獣や羆《ひぐま》を指すこともある。

粟《あわ》搗《つ》き音《おと》

アイヌ伝承
精霊、招福

囲炉裏《いろり》の側《そば》で寝ていると、戸外や土の中から聞こえる音の怪。粟《あわ》を搗《つ》く音が聞こえて来ると豊作に、空臼《からうす》の音だと冷害になるとされる。

鮑《あわび》の怪《かい》

伝承
安房国（千葉県）
妖怪

安房国御宿《おんじゅく》、または亀ヶ崎に伝わる怪異。大きな傘《かさ》ほどもある鮑の妖怪で触れると嵐になる。漁師と恋仲になった女が、恋人を漁に行かせたくないために、これに触れて暴風《ぼうふう》を起こした。亀ヶ崎では海中に光る大鮑で、七～八間《けん》（十二・七～十四・五メートル）もあるという。

いが坊《ぼう》

『百鬼夜行絵巻』
肥後国（熊本県）
妖怪

顎《あご》が栗《くり》のいがいがのようになった妖怪。姿だけで何をするものか不明。着物から抜け出しているようにも見え、誰かが変化したものか、着物の妖怪か？

池袋《いけぶくろ》の女《おんな》

『十方庵遊歴雑記』『耳袋』
江戸
祟り

演歌のタイトルではなく、江戸末期の都市伝説。池袋や沼袋《ぬまぶくろ》、池尻《いけじり》など江戸田舎《えどいなか》出身の奉公人《ほうこうにん》女性に手をつけると、屋敷で瀬戸物や瓦が降り、行灯《あんどん》や火鉢《ひばち》が踊る怪が起きるもの。女性の村の氏神《うじがみ》の祟《たた》りだとされる。

石投《いしな》げんじょ

伝承
長崎
妖怪

五月靄《さつきもや》の夜に漁をしていると、大岩が崩れる音が聞こえて来るが、実際には何処《どこ》を探しても、崩れていない。

笊転《いじゃろころ》がし

伝承
信濃国（長野県）
妖怪

廃寺《はいじ》のお堂に夜中に現れる妖怪。笊のような形をして転がってきて、人の前で突然、人間に化《ば》け、子供達を脅かす。

異《い》獣《じゅう》

『北越雪譜』
越後国（新潟県）
妖獣、招福

猿に似て頭の毛を長く垂《た》らした大きな獣。越後国《えちごのくに》の山中で弁当を食べていると、どこからともなく現れ、飯を求める。そのお礼《れい》に荷物を背負ってくれる親切な妖怪。

磯《いそ》女《おんな》

伝承
全国
妖怪

全国に様々な伝承がある。磯や浜辺に現《あらわ》れる美女の妖怪。下半身はぼやけていたり、蛇《へび》のようだったりする。後ろ姿は岩なのに、正面に廻ると人であったり、特に特徴のない女の場合もある。

長崎の西郷では、浜辺に沖を眺めてたたずむ女があるので声をかけると、急に鼓膜《こまく》を破るような鋭い叫びを上げ、髪の毛を伸ばして人の身体に巻きつけ、血を吸うという。肥後《ひご》の国天草《くにあまくさ》では、夜中に磯女が舫綱《もやいづな》（船を岸に留める綱）をつたって船に乗り込むと言われ、眠っている漁師に髪の毛を被《かぶ》せ、血を吸うという。

全国では、海辺で寝ていると、誰かが顔を覗《のぞ》き込む気配で目を覚ますと目の前に若い女がいる。驚いて起き上がると、誰もいないという話。

磯餓鬼《いそがき》

『民族語彙』
伊豆七島
妖怪

伊豆利島《いずとしま》の海辺にいると言われる。これに憑《つ》かれると、急に空腹を覚えて倒れる。芋《いも》などを持っていれば憑かれないという。

いそがし

『百鬼夜行絵巻』
肥後国（熊本県）
妖怪

『百鬼夜行絵巻《ひゃっきやぎょうえまき》（松井文庫）』に姿だけが描かれているが、何をする妖怪がはいっさい不明。名前から、この妖怪に取り憑《つ》かれると無性に急ぎたくなると言われる。

磯撫で《いそなで》

『絵本百物語』『本草異考』
肥前国（佐賀県）他
妖怪

鮫《さめ》に似た妖獣で、尾鰭《おびれ》に細かい針が無数に付いている。北風が強く吹く日に現れ、海面を撫《な》でるように漁船に近づき、襲う。尾で漁師を撫でるように引っかけ、海に落として喰《く》らう。

鼬《いたち》

『画図百鬼夜行』『和漢三才図会』／全国
妖獣

長く生きた鼬は《貂《てん》》となるという。「狐《きつね》七化け、狸《たぬき》八化け、貂九化け」と言われ、化けるのが上手《うま》い。普段は「ケチケチケチ」と続けて鳴く鼬が《一声《ひとこえ》鳴《な》き》をするのは凶事《きょうじ》の前兆とされる。「鼬の一声火の用心」と言われる。

一目五先生《いちもくごせんせい》

『十方庵遊歴雑記』『耳袋』／江戸
祟り

疫病《えきびょう》の流行《はや》る年に現《あらわ》れる妖怪。五匹が袂《たもと》を重ねて連なってやって来る。先頭の妖怪は一ツ目で、残りの四匹には目がない。【一目先生《いちもくせんせい》】と呼ばれる先頭の妖怪の号令で動く。寝入った人の床へ現《あらわ》れ、臭いを嗅《か》がれると病気になる。五匹全部に嗅がれると命を落とす重病になるとされる。

一目連《いちもくれん》

『甲子夜話』『東海道名所図会』等／伊勢国（三重県）
龍

多度神社《たどじんじゃ》に祀《まつ》られる龍の名。暴風《ぼうふう》雨《う》の神。神社から一目連が出ると嵐になるとされる。

縊鬼《いつき》

『夜窓鬼談』『反古のうらがき』
江戸他
悪霊

江戸の赤坂《あかさか》にある喰違門《くいちがいもん》に現れる悪霊《あくりょう》で、通る人に「首を括《くく》れ」と取り憑《つ》く。【逢魔時《おうまがとき》】に現《あらわ》れ、姿は見えない。これに憑かれると、断ることができないという。

いっしゃ

伝承
薩摩国（鹿児島県）
妖怪

徳之島《とくのしま》の犬田布岳《いぬたぶだけ》から夜な夜な降りて来る小人《こびと》。破れ傘《かさ》に短い蓑《みの》を着て、片足で跳ねながら走り、出会うと「お前は誰だ」と尋《たず》ねて来る。玉蜀黍《とうもろこし》の茎を尾のようにして、いっしゃの真似をすると、仲間だと騙《だま》せる。いっしゃに漁の手伝いをさせると豊漁になるが、捕れた魚の片眼はすべて食べられてしまうそう。逆に騙されると一晩中森を歩かされたり、海水を飲まされたりする。

一反木綿《いったんもんめん》

伝承
薩摩国（鹿児島県）
妖怪

夜中に空を舞う一反《たん》（十二・五メートル）の白い布の妖怪で、通る者の顔や首に巻きついて命を奪《うば》う。咄嗟《とっさ》に脇差《わきざし》（短い刀）を抜いて、切った者もあるが、一反木綿はすっと消え、跡に血だけが残ったという。微妙な違いだが、**【いったんもめん】【いったんもんめ】**とも呼ぶ。

一本足《いっぽんあし》

伝承
全国
妖怪

遠江国（静岡県）では、誤って足を斧《おの》で切って死んだ木樵《きこり》の【怨霊《おんりょう》】とされる。阿波国（徳島県）では、秋の大潮《おおしお》や大波のあった朝に、波打ち際に足跡を残すという。三河国（愛知県）では、大雪の夜に山小屋の周りで「どすん、どすん」と歩き、二尺（六十センチ）もある、片足の足跡を残す。大和国（奈良県）吉野では【猪《いの》笹王《ささおう》】が一本足の鬼と化したとされる。

一本踏鞴《いっぽんだたら》

伝承／大和国（奈良県）から紀伊国（和歌山県）他
妖怪

紀伊国では、皿のように大きな一ツ目に、一本足の妖怪とされ、山中に現れる。大和国《やまとのくに》の伯母《おば》ヶ峰《みね》では、丸太に目鼻をつけたような姿と言われる。現れるのは十二月二十日で、雪の中に足跡を残す。多くは人に危害《きがい》を加えない。

以津真天《いつまで》

『太平記』『今昔画図続百鬼』／京都
妖怪、幽霊

室町時代に疫病《えきびょう》が流行した時、御所《ごしょ》の上を毎晩のように「いつまでも〜、いつまでも〜」と啼《な》きながら飛び、放置された遺体の供養《くよう》をしろと促《うなが》した怪鳥。死者の霊が鳥となったものとも言われる。公卿《くぎょう》の命令により、矢で射られて絶える。大きさは二丈《じょう》（約六メートル）もあったという。

いでもち

伝承
肥後国（熊本県）
妖怪

肥後国《ひごのくに》にある、さかま淵《ぶち》の主で、淵の底に障子《しょうじ》があり、その中に棲《す》んでいるという。腹に吸盤《きゅうばん》があり、吸いついて人を殺す。

井戸《いど》の神《かみ》

伝承
全国
神

鯰《なまず》のような姿をしていて、釣瓶《つるべ》と一緒に上がって来ることがある。ある娘が井戸の神を引き上げて、話しかけると、これに気に入られて攫《さら》われてしまったという。

糸引《いとひ》き娘《むすめ》

伝承
阿波国（徳島県）
妖怪

道端で美しい娘が糸車《いとぐるま》を回しているのを見た者が、その美しさに惹《ひ》かれて近寄ると、とたんに白髪の老婆に変身し、カラカラと笑うという。

犬神《いぬがみ》

『化物尽絵巻』
全国
憑神

憑神《つきがみ》の一種で【狐憑《きつねつ》き】【管狐《くだぎつね》】に似る。突然憑かれる者もいれば、代々家に憑いている【犬神持《いぬがみも》ち】がある。犬持ちは犬神を操《あやつ》って、人や家に呪《じゅ》術《じゅつ》をかけるという。

猪笹王《いのささおう》

伝承
大和国（奈良県）他
妖獣

大和国《やまとのくに》の伯母《おば》ヶ峰《みね》に現《あらわ》れる妖獣。小山のように大きく背中にクマザサの生えた古猪で、猟師の射場兵庫《いばひょうご》に追われ鬼と化した。脚を撃たれて深手を負った猪笹王は、野武士《のぶし》に化け、湯《ゆ》の峰温泉《みねおんせん》に湯治《とうじ》に行った。

野武士は宿の主人に「絶対に部屋を覗《のぞ》くな」と伝えて眠ったが、主人は約束を破って覗いてしまう。そこには、部屋いっぱいの巨大な猪が横たわっていた。そこで、猪笹王は、主人に漁師の鉄砲と犬を取り上げるように命じる。主人は役人に事の次第を話し、漁師と交渉するが、漁師は聞き入れるはずもなく、猪笹王は【一本踏鞴《いっぽんだたら》】に化け、道行く者を襲うようになった。そのため、東熊野街道を通る者がいなくなったという。その後、丹誠上人《たんせいしょうにん》という僧侶が地蔵尊《じぞうそん》を勧請《かんじょう》して猪笹王を封じるが、十二月二十日だけは法力が解け、一本踏鞴が現れるという。

イベカリオヤシ

アイヌ伝承
妖怪

《食べ物を強請《ねだ》るお化け》の意。木の根元に座って弁当を食べていると、後ろから手だけ出して食べ物を強請る。言われるままに与えると、きりがないので、焼けた炭を手に乗せてやると、慌てて逃げて行く。

井守《いもり》

『伽婢子』
越前国(石川県)他
妖怪、幽霊

塵外《じんがい》という僧が湯尾城《ゆのおじょう》跡の庵《いおり》で本を読んでいる時に現《あらわ》れた小人《こびと》。小人は塵外に語りかけたが無視をされたので怒り、仲間を集めて襲いかかった。戦乱で死んだ武士の霊が古井戸に棲《す》みついたものとされる。佐渡島《さどがしま》では、堀に棲む六尺《しゃく》(一・八メートル)の井守が背丈が一丈(三メートル)もある黒い大入道となって現れたという。

否哉《いやや》

『今昔百鬼拾遺』
妖怪

後ろ姿は美人だが、振り返るとしわしわの翁《おきな》という妖怪（または、悪ふざけ）。中国の故事から引用されたもの。

イワイセポ

アイヌ伝承
霊獣

山に棲《す》む大きな兎《うさぎ》の妖怪。耳が二〜三尺《しゃく》（六十〜九十センチ）と長く、鹿のような声で鳴く。

岩魚坊主《いわなぼうず》

伝承／陸奥国（福島県）、武蔵国（東京都）、美濃国（岐阜県）／妖怪

ある漁師が山奥の沢で、毒を流して岩魚を捕っていると、何処《どこ》からか坊主が現《あらわ》れて殺生を禁じる。漁師は弁《べん》当《とう》をやって坊主をもてなして帰らせるが、その後に捕れた大岩魚の腹を裂くと、食べさせた弁当が入っていた。

いんのもーれい

伝承／薩摩（鹿児島県）／幽霊

下甑島《しもこしきじま》に現れる犬の霊。猪狩りで死んだ犬が【地縛霊《じばくれい》】となっているもので、五月の靄《もや》がかかる夜に、山の中で犬の鳴き声がするという。

インマホ

伝承
奄美諸島
死神

死期が近づいた人のところに現れ、死ぬ直前に魂《たましい》を取りに来るという。もしも、インマホを見てしまうと、不幸に陥《おちい》ると言われる。ふさふさした毛が垂《た》れ下がり、顔はよくわからない。竜宮《りゅうぐう》の神様とされる。

インミャオ

伝承
奄美大島
妖獣

山羊《やぎ》や犬のように見える、耳の大きな妖獣。夜道で出会い、大きな耳がパチャパチャと鳴る音が聞こえるという。しかし、特に悪さはしない。

ウエンレラ

アイヌ伝承
妖怪

《悪い風》の意。畑などに現れる小さな竜巻のことで、ウエンレラが現れたら鎌《かま》を投げつけると治まると信じられている。

うぐめ

『諸国百物語』
全国
木の精

【木魂《こだま》】の一種とも言われる。木の上で赤子の産声《うぶごえ》ような声で泣く、【おごめ】とも呼び、「オゴメ笑い」と呼ばれる不気味な高笑いをすると言われる。姿は見えず、ある者が刀で斬り落としたところ、その正体は大きな五位鷺《ごいさぎ》だったそう。

牛打坊《うしうちぼう》

『阿州奇事雑話』
阿波国（徳島県）
妖怪

夜中に牛小屋に入り込み、牛や馬に僅《わず》かな傷をつけて殺す妖怪。牛打坊に見入られただけでも家畜は病気になり、死んでしまうこともある。狸《たぬき》に似た黒い獣で言葉を話す。牛馬の血を吸い毒を入れるとされる。

牛御前《うしごぜん》

伝承『吾妻鏡』
江戸
祟り神

牛嶋神社《うしじまじんじゃ》に祭られた素戔男尊《すさのおうのみこと》の化身で、牛の妖怪。建長《けんちょう》三年（一二五一）に現れ、浅草寺《せんそうじ》を襲い、食事中だった五十人の僧侶のうち七人が毒気を浴びて即死《そくし》、二十四人が昏倒《こんとう》して、その後、病にかかったと言われる。【牛頭天王《ごずてんのう》】とも呼ばれ、疫病除《えきびょうよ》けの神様でもある。

ウシマジムン

琉球伝承
妖怪

棺桶《かんおけ》を入れる龕《がん》が化けたものと言われ、黒牛の妖怪。

後神《うしろがみ》

伝承／『今昔百鬼拾遺』『画図百鬼夜行』
神

人の後ろ髪を引く神で、決心を鈍らせる。または、再考《さいこう》を促《うなが》す神。

後眼《うしろめ》

『百鬼夜行絵巻』『化物尽くし絵巻』
妖怪

『百鬼夜行絵巻《ひゃっきやぎょうえまき》』に載る妖怪で、坊主頭の後ろに目がついている。手は鉤《かぎ》爪《つめ》で女の着物を着ている。何をする妖怪かは不明。

臼負婆《うすおいばば》

伝承
佐渡島
妖怪

魚がよく釣れると評判《ひょうばん》の《あかえの京》に数年に一度現れる妖怪。その日は魚がさっぱり釣れず、七ツ下《さが》り（十六時過ぎ）に急に辺りが暗くなり、海の底から色白の老婆で両手を腰に回して何かを背負っているような姿で出て来て、周囲《しゅうい》の人を見廻してまた海へと帰ってゆく。何も悪さもしなければ、不幸の前兆でもないという。

臼転《うすころ》び

伝承
美作国（岡山県）他
妖怪

深い谷を歩いていると、いきなり坂の上から臼が転がって来る。人を驚かす妖怪だが、臼を転がすのが妖怪なのか、妖怪が臼に化けて転がるのか不明。各地に《臼転び坂》の名が残る。

嘘峠《うそとうげ》

伝承
肥後国（熊本県）
妖怪

天草《あまくさ》の益田《ますだ》という地の峠で、夜中に嘘をつくとその通りになるという妖怪。ある旅人が友を驚かそうと「昔、ここに人の手が落ちていたそうだよ」というと、「今も！」という声がして、血の滴《したた》る手が転げ落ちて来たという。

虚《うつろ》舟《ぶね》

『兎園小説』
常陸国（茨城県）
宇宙人？

享和《きょうわ》三年（一八〇三）に目撃されたUFOと宇宙人。小笠原越中守《おがさわらえっちゅうのかみ》の知《ち》行所《ぎょうしょ》、《はらやどり浜》の沖に現れ、漁師が船で漕ぎだし、岸に曳航《えいこう》して来たと記録される。舟の長さは三間《けん》（五・四五メートル）で香盆《こうぼん》のような円形。下半分は鉄の板を縞々《しましま》に貼ったような作り。上は硝子《がらす》で中が見える。

中には桃色の顔で、眉も髪も赤く後ろに白い髪を長く垂らした女が乗っていたという。長さ二尺《しゃく》（六十センチ）ほどの箱を持っていたが、誰にも触らせない。村人が協議して、これは蛮国の王の妾《めかけ》で、密会《みっかい》の罪で海に流されたのではないかと推察《すいさつ》し、女を舟に戻してまた沖へ流したという。

発見当時のニュースを
伝えるスケッチに
描かれた女と舟

鰻《うなぎ》男《おとこ》

伝承
陸奥国（岩手県）
妖怪

雫石《しずくいし》村に住むある娘のところに、毎晩美しい若者が尋《たず》ねて来て逢瀬《おうせ》（エッチありのデート）を重ねるが、娘が男に何処《どこ》の者かと尋《たず》ねても答えなかった。しかしある晩、娘の親が軒下《のきした》から「長年の望みどおり、ついに人の娘に種を宿《やど》らせることができた」という囁《ささや》きを耳にする。他の声が「お前の素性《すじょう》がばれて、端午節句《たんごのせっく》の五色の薬草を飲まれたら、宿した子は流れてしまうぞ」という。そこで親は娘にその薬草を飲ませ、事なきを得た。正体は近くの沼に住む古鰻であった。

姑獲鳥《うばめ》

『和漢三才図会』
全国
妖怪

夜に飛び、幼児を害すると言われる怪鳥。幼児のような声で啼《な》き、毛を脱ぐと女の姿になる。夜に子供の衣服を干していると、乳や血で目印をつけ、その毒気《どくけ》で子供が病になったり、魂《たましい》を奪われる。また、その子を攫《さら》う。

産女《うぶめ》

『今昔物語集』
全国
妖怪、幽霊

【姑獲鳥《うばめ》】と同じとされることも多いが、産女は難産《なんざん》で死んだ女の霊。夜中に道や川沿いで赤子を抱いて泣いている。様々な理由でこの赤子を抱いてくれというが、受け取ると手から離れなくなったり、やがて石のように重くなったりして身動きがとれないところを襲《おそ》われるという。

馬《うま》かん

『針聞書』
病

心臓《しんぞう》にいる虫で、長い年月をかけて成長し。心臓病を起こすとされる。

馬《うま》坂《ざか》

伝承
摂津国（大阪府）
妖怪

桜《さくら》井《い》谷《だに》村《むら》から刀《と》根《ね》山《やま》に行く坂で、夜になると馬の首だけが転がって来るという。こうした、夜中に坂の上から何かが転がって来る話はけっこう多い。【臼転《うすころ》び】や【南瓜転《かぼちゃころ》がし】【つちのこ】などもその一種と言える。正体は、人が通って慌てて逃げる虫などを追う、鼬《いたち》やオコジョかもしれない。

馬《うま》鹿《しか》

『百鬼夜行絵巻』
妖獣

角《つの》のある一ツ目の妖獣。何をするものなのかは不明。

馬《うま》の足《あし》

伝承／筑前国（福岡県）、長門国（山口県）
怨霊、妖怪

真夜中に道を行くと、馬の足が木の枝に不自然にぶら下がっている。不思議に思って近づくと蹴《け》り飛ばされるといわれる。垣根《かきね》や塀《へい》越しに伸びる枝にぶら下がっていた、という話もある。長さは最大で一丈《じょう》（三メートル）もあるという。

海女《うみおんな》

伝承／筑前国（福岡県）、長門国（山口県）
幽霊

筑前国《ちくぜんのくに》では、海の上を歩く幽霊。長門国《ながとのくに》では、漁師小屋に水を飲みに現れ、漁師が脅すと、可哀想《かわいそう》に病になって死んでしまった。

海禿《うみかむろ》

伝承
佐渡島
妖獣

人を騙《だま》す獺《かわうそ》のことで、両津《りょうつ》の港に現れたという。海豹《あざらし》や海驢《あしか》ではないかという説もある。

海蜘蛛《うみぐも》

『中陵漫録』
筑前・筑後国（福岡県）
妖怪

南海で漂流《ひょうりゅう》した漁船が、見知らぬ小島に近寄ると、大きな蜘蛛が島から現れ、漁船に向かって白い糸を吐《は》きかけて、物凄《ものすご》い力で引っ張ったという。漁師は捕まっては喰い殺されてしまうと、慌てて刀で白糸を切り払い、切り払い、やっとのことで逃げることができたという。

海女房《うみにょうぼう》

伝承／出雲国（島根県）、陸奥国（岩手県）
妖怪

出雲国《いずものくに》の伝承では、老人がひとり留守《るす》を守っていると、窓から妖怪が覗《のぞ》いているのに気付き隠《かく》れた。すると赤子を抱いた海女房が家に入り込み、魚の塩漬けを赤子と共に盗み喰いし、「爺《じじい》を喰って口直《くちなお》しがしたかった」と言いいながら、口惜《くや》しそうに帰って行った。陸奥国《むつのくに》では、漁に出た夫が帰らないため、妻達《つまたち》が不安に思っていると、海女房が現れ、漁師達の【生首《なまくび》】を風呂敷《ふろしき》に包んで持って来たという。妻達は悲鳴を上げたが、そのまま皆、海女房になってしまった。

海《うみ》の老婆《ろうば》

伝承／駿河国（静岡県）
妖怪、招福

伊豆七島・新島《にいじま》の近くで錨《いかり》を下ろし漁をしてた漁船が、いざ帰ろうとすると錨が上がらない。漁師がひとり海に潜ってみると、錨の上に老婆が座っているという。海の老婆を見たことを言うと、魚が釣れなくなり、黙っていれば大漁が続くとされる。

海《うみ》鳴《な》り小坊主

伝承／能登国（石川県）
妖怪

気多大社《けたたいしゃ》の森をざーざーと鳴らす怪。その昔、上杉謙信《うえすぎけんしん》に攻められ、海に身を投げて死んだ僧兵《そうへい》（お寺の守備兵）達の亡霊《ぼうれい》と言われている。この森は【不入森《いらずのもり》】とも呼ばれ、成仏できない亡霊達が、海から陸へと這《は》い上がり、森の木々にしがみつき、木を鳴らして音を立て、僧兵《そうへい》の悲鳴が海鳴りになって聞こえるとされる。

海坊主《うみぼうず》

【うみぼうず】　いりかめにゅうどう／うみおしょう
『因幡怪談集』『東海道五十三対　桑名』
『天怪着到牒』『奇異雑談集』他
全国／妖怪

古くから様々な伝承が全国にある。妖怪の定番《ていばん》のひとつ。異名や類似した妖怪が多い。現象としては、突発的な高波や、鯱《しゃち》や鯨《くじら》との衝突などが想像される。

姿は黒い巨人や、盲人《もうじん》、中にはクラゲの形をしたもの、顔のないものなど様々。主に夜に漁に出る船を襲う。

【入亀入道《いりかめにゅうどう》】亀型の海坊主で、【和尚魚】に同じ。

【海和尚《うみおしょう》】口が耳まで裂けた人間大の妖怪で、大笑いをすると海が荒れ

海坊主

るという。

【海小僧《うみこぞう》】南伊豆に現《あらわ》れた妖怪。ある男が釣りをしていると、海から目の際《きわ》まで毛を被《かぶ》った小僧が現れ、にやりと笑いかけたそう。恐ろしくなった男は地蔵を建立《こんりゅう》したという。

【海座頭《うみざとう》】『画図百鬼夜行《がずひゃっきやぎょう》』『百鬼夜《ひゃっきや》行絵巻《ぎょうえまき》（松井文庫）』に、杖と琵琶を持った座頭が海の上に立っている。

【海入道《うみにゅうどう》】安房国（千葉県）の方言《ほうげん》で海坊主のこと。

【うんぼつ】愛媛県の方言で海坊主のこと。

【大男《おおおとこ》】瀬戸内海の大崎下島に出る海坊主の一種で、ある男が牡蛎《かき》を採っていると、突然大男が目の前に現れた。男は民家に逃げ込んだ、間もなく死んでしまったという。

【和尚魚《おしょううお》】『和漢三才図会《わかんさんさいずえ》』などに載る。人面の赤い泥亀《すっぽん》のような姿で、大きさは五～六尺（一・五～一・八メートル）。潮に乗ってやって来るという。これを見るとよくない事があるとされるが、捕まえると涙を流して助けを乞《こ》う。

入亀入道、和尚魚

【黒入道《くろにゅうどう》】黒い巨大な海坊主。

【座頭頭《ざとうがしら》】【海座頭】と同じ、盲目の海坊主。伊勢国（三重県）桑名の海で、禁じられた月末に船を出すと現れるとされる。

【蛸入道《たこにゅうどう》】隠岐に現れる海坊主で、船を返したり、人を引き込む蛸の妖怪。

【立烏帽子《たてえぼし》】佐渡島に現れた海坊主で高さは六丈半（十九・五メートル）もあり、船を目がけて倒れて来る。

【のろうま】石見国（島根県）に現れる海坊主。

【船入道《ふなにゅうどう》】海坊主の別名。

有夜宇屋志《うやうやし》

『化け物尽くし絵巻』
妖怪

『化《ば》け物《もの》尽《つ》くし絵巻《えまき》』に描かれた妖怪で、礼儀正しく丁寧《ていねい》であるという意味の《恭《うやうや》しい》の言葉遊びで作られたとされる。恭しい態度はしているものの、どうも心がこもっておらず、何か腹に企《たくら》んでいるよう。

ウルペッシユキ

アイヌ伝承
妖怪

足の指の頭に目のある妖怪。ユカラの英雄神が北方の怪人国を征服《せいふく》した時に闘ったとされる。

うわん

『百怪図巻』『画図百鬼夜行』『化物尽くし絵巻』
幽霊

廃屋《はいおく》に棲《す》む幽霊か？　お歯黒《はぐろ》をつけた三ツ指の姿で描かれているが、『百怪図巻《ひゃっかいずかん》』などに説明がないので、何をする妖怪かは不明。

雲外鏡《うんがいきょう》

『百器徒然袋』
付喪神

鏡の【付喪神《つくもがみ》】。《照魔鏡《しょうまきょう》》という、妖怪や魔物の姿を映し出す鏡が、魂を持ったものとされる。江戸時代の鏡は、金属をツルツルに磨いたもので、定期的に磨かないと曇ってしまうので、鏡をぞんざいに扱うとすぐわかる。

海牛《うんむし》

伝承
薩摩国（鹿児島県）
妖怪

お盆の後、二十七日の海に現れるとされる牛の妖怪で、角のある黒牛の姿をしていて、恐ろしい咆哮《ほうこう》を発しながら現れるという。

エギリ鳥《どり》

琉球伝承
妖怪

石垣島《いしがきじま》に現《あらわ》れる妖獣で、夜に飛ぶ鳥と言われる。上空を通った村は疫《えき》病《びょう》が流行《はや》るとされる。

絵馬《えま》の精《せい》

『御伽婢子』
京都
幽霊

奈良の商人が京都からの帰り道に御香宮神社《ごこうのみやじんじゃ》に泊まった時のこと、夜中に目を覚ますと、直垂《ひたたれ》（平安時代の着物）姿の男が、「偉い人が来るから場所を空けてくれ」という。すると、美しい女性が侍女《じじょ》を連れて現れ、宴会を始めた。

商人も酒を勧められ、そのお礼に女《おんな》主《あるじ》に手箱《てばこ》を、侍女にべっ甲の琴爪《ことづめ》を贈ったが、女ふたりが喧嘩《けんか》になってしまう。しかし、商人が止めようと立ち上がると、忽然《こつぜん》と皆消え失せてしまった。翌朝、社《やしろ》の中の絵馬を見ると、昨夜の直垂の男と、ふたりの女が描かれた絵馬がかかっていた。しかも、女には喧嘩の跡があったという。

煙々羅《えんえんら》

『今昔百鬼拾遺』
妖怪

煙の妖怪で、静かな家の蚊遣《かや》りの煙が怪しい姿に変わる。蚊遣りは、現代でいう蚊取り線香だが、江戸時代の煙には殺虫能力はなく、落ち葉や松葉を焚いて、煙で燻《いぶ》すだけ。

犬《えん》の子《こ》

伝承
遠江国（静岡県）
妖怪

遠江国磐田《いわた》の常光寺山《じょうこうじさん》に出る妖怪。子犬ほどの大きさで、白や赤い色をしているという。何もしないが、猟師《りょうし》には縁起が悪いとされている。

閻魔大王《えんまだいおう》

仏教説話

死出《しで》の旅《たび》（亡くなった人が行く旅路）で【亡者《もうじゃ》】を裁《さば》き、罪を精算《せいさん》していない者を地獄《じごく》へと堕《お》とす。地獄の十王《じゅうおう》のひとりで、帝王《ていおう》とされる。倶生神《くしょうじん》と【泰山府君《たいざんふくん》】を従える。嘘をついて悪事を行なった者の舌を抜くのも閻魔大王。

笈《おい》の化《ば》け物《もの》

『本朝続述異記』
京都
付喪神

仏具などを入れる笈の【付喪神《つくもがみ》】。足利直義《あしかがただよし》（室町幕府初代将軍）の館に現れたと言われる。

雄牛《おうし》

伝承
肥後国（熊本県）
妖怪

道の真ん中に大きな雄牛が横たわり道を塞《ふさ》ぐ。これを踏《ふ》んで越えれなければ、行く先に再び現れ、横たわっているという。ただの嫌がらせか、何かの暗示か？

応声虫《おうせいちゅう》

『新著聞集』『本草網目』他
全国
奇病

寄生虫《きせいちゅう》の一種で、これに侵《おか》されると高熱に苦しんで罵詈雑言《ばりぞうごん》（思いっきりの悪口）を吐いた後、口の形の出来物《できもの》が腹に現れる。やがて患者の口真似《くちまね》を始め、食べ物を求める。『本草網目《ほんぞうこうもく》』（医薬書）では雷丸《らいがん》や藍《あい》が効くとされ、薬を飲ませると十日ほどで肛門《こうもん》から角《つの》のある蜥蜴《とかげ》のような怪虫が出て来る。

王魔《おうま》

『百妖図』
正体不明

白髪でパーマ頭、牛のような角《つの》と耳があり、嘴《くちばし》を持つ。背中には羽根か笠《かさ》を背負っていて、全身は蓑《みの》を着たよう。赤く長い爪をしているが、王にしては質素《しっそ》で、怖くない。

おーいおーい

伝承
越後国（新潟県）
他／妖怪

雨の降る夜などに、山道を歩いていると「おーい、おーい」と人の呼ぶ声がする。

おーか

伝承
越前国（福井県）
狼

化け狼《おおかみ》のことで、夜になると化けて現れるという。

大《おお》禿《かむろ》

『今昔画図続百鬼』
妖怪。幽霊

男色《だんしょく》を好む僧侶が可愛《かわい》がる男の子の妖怪。禿とは幼い娼婦《しょうふ》（夫）のこと。安芸国《あきのくに》（広島県）御手洗《みたらい》では、遊女屋に現れた（この話では名は《禿》）。昔、太夫《たゆう》（最上級の遊女）が禿に煮えた鉄漿《かね》（お歯黒の染め汁でものすごく臭い）を飲ませて殺す事件があり、夜になるとその禿の霊が怨《うら》みを言う声がする。

大亀《おおがめ》

伝承
出雲国・石見国（島根県）他
妖獣

出雲国宍道湖《しんじこ》の主《ぬし》である大亀と越後国の大亀とが喧嘩《けんか》をする話があり、また、松江藩《まつえはん》の殿様が亀を愛《め》でていたため、殿の亡き後大亀の石像を造ったが、この大亀が夜中に城下で暴れ、人を喰《く》うようになった。僧侶が大亀に説法《せっぽう》をすると、大亀は涙を流して「わしにも止められないので、助けて欲しい」と言った。そこで亡き殿の功績《こうせき》を石碑《せきひ》に彫り込み、大亀の背中に背負わせることで封じ込めたと言われる。月照《げっしょう》寺《じ》では、池の主である亀が夜になると大きくなり、寺を抜け出しては城下の子供を攫《さら》い喰っていた。そのため住職は大きな亀の石像を造り、藩主の墓に安置したところ、池の主は出なくなったという話もある。その他、石見国江《ごう》の川《かわ》では、七日淵《なのかぶち》に二畳《じょう》ほどの大亀が棲《す》み、木樵《きこり》を淵に引きずり込んでいたという。

大首《おおくび》

『今昔画図続百鬼』
全国
妖獣

お歯黒《はぐろ》をつけた巨大な女の首の霊。《雨夜の月明かり》に出るとされるが、雨の夜に月明かりが照ることは、普通でない異様な状態。大きな女の生首の妖怪話は各地にあり、江戸時代には代表的な怪談のひとつ。

大蜘蛛《おおぐも》

『耳袋』『宿直草』『狗張子』
京都、信濃国（長野県）
妖怪

京都では五条烏丸《ごじょうからすまる》近くにあった大《だい》善院《ぜんいん》の天井《てんじょう》から、毛だらけの脚《あし》が伸びて来る怪があり、斬《き》り落としてみると、二尺《しゃく》八寸《すん》（八十四センチ）もある大蜘蛛が死んでいた。信濃国《しなののくに》では大蜘蛛が農民の生気を吸ったり、老女に化《ば》けるという話がある。

大酒虫《おおざけむし》

『針聞書』
妖虫

江戸時代の東洋医学書『針聞書《はりききがき》』に描かれた病の虫。この虫に憑《つ》かれると、腹の中に巣くい大酒飲みになるとされる。

大座頭《おおざとう》

『今昔百鬼拾遺』
京都

雨の夜に京都を徘徊《はいかい》する巨大な座頭。よれよれの袴《はかま》を着け、杖《つえ》をついている。「何処《どこ》へ行くのか?」と尋《たず》ねると、「遊廓《ゆうかく》へ三味線を弾きに」と答えるそう。悪さをするものではないという。

大鯰《おおなまず》

伝承
全国
地震の主

大鯰は地中にいて、暴れると地震を起こすという。地震を起こさないように常陸国（茨城県）鹿島大社《かしまたいしゃ》で建御雷神《たけみかづちのみこと》によって、《要石《かなめいし》》を載《の》せられ抑えられた。

大入道《おおにゅうどう》

伝承
全国
妖怪

入道といっても、僧侶とは限らず、単なる巨人や真っ黒い姿のものもいる。アイヌ伝承にもあり、支笏湖《しこつこ》に現れた大入道は村人を睨《にら》み、睨まれた村人は気が触れてしまったという。

越中国（富山県）の釣鐘温泉《つりがねおんせん》に現れた大入道は、身の丈《たけ》五〜六丈《じょう》（十五〜十八メートル）あり、七色の後光をまとい十六体も現れたそう。阿波国（徳島県）では、二丈八尺（八・四メートル）の大入道が小川の水車に現れ、米などを置いておくと水車を足で踏んで廻し、搗《つ》いてくれるという親切さ。しかし、姿を見られるのを嫌ったとされる。

大百足《おおむかで》

伝承
全国
妖虫

大きさは十丈《じょう》（三十メートル）もあるという百足。伝承では大蛇《だいじゃ》より強く、最強の悪妖虫である。また、毘沙門天《びしゃもんてん》の【神使《しんし》】とされ、《御銭《おあし》が多い》という語呂《ごろ》合わせから、商売繁盛に御利益《ごりやく》があるとして、江戸時代には商人に厚《あつ》く信仰された。

ある山に大百足の妖怪が棲《す》んでおり、毎年、秋の名月《めいげつ》が近づくと白羽《しらは》の矢《や》を立て、若い娘を人身御供《ひとみごくう》（生け贄）に要求した。断《ことわ》ると、田畑を破壊《はかい》するという。ある年、武士の石黒伝右《いしぐろでんえ》衛門《もん》の家に白羽《しらは》の矢が立った。その家には十六歳になる美しい娘がいた。伝右衛門は娘に成り代わって棺桶《かんおけ》に入り、大百足と闘ってこれを討《う》ち取ったとされる。近江国（滋賀県）や下野国（栃木県）などでは、大蛇に化けた山の神と、大百足に化けた山の神の闘いの伝承がある。

お菊虫《きくむし》

『絵本百物語』『耳袋』
播磨国（兵庫県）、大和国（奈良県）他／妖怪

怪談『播州皿屋敷《ばんしゅうさらやしき》』で、お菊が投げ込まれたとされる井戸から発生する妖虫。後ろ手に縛られたような姿の蛹《さなぎ》（ジャコウアゲハ）で、寛政《かんせい》七年（一七九五）に姫路城で大発生した。大和国では、貧しい櫛屋《くしや》の娘・お菊が米を盗もうとして殺され、以来、蛍のように光る虫が、お菊虫と呼ばれ、怨念《おんねん》となって現れるとされる。

オキナ

アイヌ伝承
妖怪

鯨《くじら》をひと飲みにするほどの巨大魚。秋になると南からやって来て、海が荒れ、雷のような轟《とどろ》きと共にオキナが現れるという。

おぎゃあ泣《な》き

伝承
四国
妖怪

長月《ながつき》（十月）の夜。山から帰るある者が後ろからいきなり大童《おおわらわ》に羽交《はが》い締《じ》めにされた。しかし、焚き火に引きずって行き、焼き殺そうとすると逃げて行った。土佐国（高知県）では、山の中で赤子の声が聞こえ、見に行くと女の子が岩の上に座っていたという。こちらの正体《しょうたい》は狸《たぬき》だとされる。

送《おく》り鼬《いたち》

伝承／伊豆国（静岡県）、武蔵国（埼玉県）
妖獣

夜道を行く者の跡《あと》をカサコソとついて来る。立ち止まると音も止まり、歩くと音もまたついて来る。江戸時代の夜は真っ暗だった。頼りは月明かりと星明かり。提灯《ちょうちん》の火は頼りなく、ほんの数メートル先しか照らさないから、たとえ動物の足音でも、「何かいる！」と思ったらドキドキである。

送《おく》り犬《いぬ》

伝承／信濃国（長野県）、播磨国（兵庫県）
招福

山中で出産した女性を狼《おおかみ》から守り、女の夫を呼びに行き、迎えをよこしたという、親切な犬の怪。

送《おく》り提灯《ちょうちん》

『本所七不思議』
江戸
怪異

提灯を持たずに夜道を歩くと、その先にポッっと提灯が現れる怪。誰かいるのかと追って行くがなかなか追いつけず、ときおりフッと消える。

送《おく》り提灯火《ちょうちんび》

伝承
江戸
招福

【送り提灯】に似るが、こちらは提灯は見えずに光りだけが足元を照らしてくれるという親切なもの。秋田の久保田藩士・三浦儀右衛門が向島《むこうじま》で出会い、牛島神社《うしじまじんじゃ》の加護《かご》であるとして、提灯を奉納《ほうのう》した。

送《おく》り拍子木《ひょうしぎ》

『本所七不思議』
江戸
怪異

本所割下水《ほんじょわりげすい》の近くに現れた。火廻《ひまわ》り（火の用心に廻る者）拍子木を打って夜廻《よまわ》りする者の跡《あと》をついて、拍子木を打ってついて来るという怪。

長壁姫《おさかべひめ》

『今昔画図続百鬼』『甲子夜話』
播磨国（兵庫県）
招福、妖怪

姫路城の天守閣《てんしゅかく》に棲《す》むと言われる妖怪。年に一度、城主と面会し、城の運勢を告げる。人嫌いで、何者かが近づくと一丈《じょう》（三メートル）の巨人に化けて追い払うという。

長冠《おさこうぶり》

『画図百器徒然袋』
妖怪

『画図百器徒然袋《がずひゃっきつれづれぶくろ》』に描かれた妖怪。長冠の【付喪神《つくもがみ》】か？　中国の故事から引用されたもので、保身のために能力がないのに位を譲《ゆず》らない者の邪《じゃ》念《ねん》が、冠に憑《つ》いたものとされる。

お白様《しらさま》

伝承
陸奥国（東北全域）
招福

農業、馬、蚕《かいこ》の神様。桑《くわ》の木で男女や馬の顔を彫った一尺《しゃく》（三十センチ）ほどの木像を神棚《かみだな》や床の間に祀《まつ》り信仰する。娘と馬との恋仲に怒った父親が馬を斬《き》り殺し、嘆《なげ》いた娘はその馬の首に娘が跨《また》がり天に昇ったとされる。その後、娘は両親の夢枕に立ち、養蚕《ようさん》を伝えたとされる。

白粉婆《おしろいばば》

『今昔百鬼拾遺』
大和国（奈良県）
妖怪

吉野の十津川《とつがわ》流域に出る老婆の妖怪。大きな破れ笠《かさ》を被《かぶ》って、鏡を引きずって音を立てながら現れるという。顔中に厚く、まばらに白粉を塗っていて、白粉の神・脂粉仙娘《しふんせんじょう》の御使《おつか》いとされる。

おとろし

『百怪図巻』『画図百鬼夜行』『化物尽くし絵巻』他／全国／妖怪

江戸時代の妖怪本の数々に登場する妖怪の重鎮《じゅうちん》だが、何をするのかは語られていない。《おとろし》には「おそろしい」「みだれた」という意味がある。姿は長い毛に獅子頭のような頭、鉤爪《かぎづめ》のある手をしており、『画《が》図《ず》百《ひゃっ》鬼《き》夜《や》行《ぎょう》』では、鳥居の上にいる。

お

鬼《おに》

伝承
全国
鬼

【おに】あおおに・あかおに／あくろおう／あぜくらのおに

青鬼・赤鬼

鬼は様々な妖怪や怪異に使われる名称。古代（平安中期以前）の王朝と闘う異部族や怪異など、外敵の他、人の心の中が変化する鬼もある。実態のあるものもあれば、実態のないものもあり、また、悪の象徴でもありながら、地獄では番人をする仏教を守る側にもいるという、様々な面で両極に存在する怪である。

牛の頭に、虎の腰巻《こしま》き（パンツと呼ばれるのは明治以降）として描かれる姿は、江戸時代に固定化された。これは「凶事《きょうじ》は丑虎《うしとら》の方向から来る」という唐（中国）の教えによる。また、流行病《はやりやまい》も鬼の仕業とされた。他の病気は《罹《かか》る》と呼ばれるが、風邪は鬼が悪い病気を引き込むので《引く》と呼ぶ。

＊

【青鬼《あおおに》・赤鬼《あかおに》】物語には、赤・青の鬼が登場する。色の他にも目がひとつや複数あるもの、口がないものなど、様々な姿が語られ、描かれ、《異形《いぎょう》》を象徴する。さらに黄・緑・黒などが加えられ、赤は悪心《あくしん》の、青は怒り、黄は執着《しゅうちゃく》、緑は不摂生《ふせっせい》、黒は愚痴《ぐち》の象徴とされるようになる。

【悪路王《あくろおう》】陸中国（岩手県）・常陸国（茨城県）の鬼。坂上田村麻呂《さかのうえのたむらまろ》に討《う》たれ、鹿島《かしま》神宮《じんぐう》に納められたとされる。

【校倉鬼《あぜくらのおに》】『今昔物語集《こんじゃくものがたりしゅう》』に登場する

鬼。在原業平《ありわらのなりひら》がある美しい姫を我が物にしようと攫《さら》い、北山科《きたやましな》の荒れ果てた山荘にある校倉（丸太組の倉）に寝かせた。すると突然雷鳴《らいめい》が轟《とどろ》いたので、業平は姫を奥に隠し、刀を抜いて戸口に立ちはだかった。しかし、雷鳴がやんだ後に奥を見ると、そこには女の頭と着物だけが残って、あとは校倉の鬼に食われていた。『伊勢物語《いせものがたり》』の六段・芥川《あくたがわ》も同じ。

【悪鬼《あっき》】世に悪をバラ撒《ま》く鬼達のこと。かつて流行病は鬼の仕業とされていたので、蔓延《まんえん》すると、人々は鬼の退散をひたすら神仏に願った。

【板の鬼《いたのおに》】『今昔物語集』に登場する鬼。平安時代、ある屋敷に仕える侍《さむらい》達が宿直《とのい》（夜間警備）をしていると、ひとりの侍が寝る寝所《しんしょ》に、一枚の板が入って行った。他の者がその部屋へ行ってみると、寝ていた侍は圧死《あっし》（つぶされて死ぬこと）して、板が鬼に変わっていたという。

【一条桟敷屋の鬼《いちじょうさじきやのおに》】『宇治拾遺物語《うじしゅういものがたり》』に登場する鬼。ある男が都の一条桟敷屋（床の高い建物）で遊女と臥《ふ》していると、夜中に嵐となった。すると「諸行無常《しょぎょうむじょう》」と言いながら通りを歩く者がいるので、蔀《しとみ》（上げ戸）を少し開けて覗《のぞ》くと、背丈は建物の軒《のき》ほどあり、馬の頭をした鬼だった。驚いて戸を閉めて刀を抜き怯《おび》えていると、鬼は戸を押し開けて顔を差し入れ「よくもご覧《らん》になったな！よくよくご覧になれよ」と言って去って行った。それから男は、夜遊びを止《や》めた。

【茨木童子《いばらぎどうじ》】【酒呑童子《しゅてんどうじ》】の家来。

【牛鬼《うしおに》】『化物尽絵巻《ばけものつくしえまき》』『画図百鬼夜行《がずひゃっきやこう》』に載る鬼で、石見国《いわみのくに》（島根県）で語ら

牛鬼

れる。水辺で赤子《あかご》を抱いた女が声をかけてきて、赤子を抱いてくれと言ったり、食べ物を求めたりする。赤子を受け取ると急に石のごとくに重くなり、動けなくなったところで牛鬼が現れ襲われるという。

また、牛鬼が女に化けて出て騙《だま》す。四国や近畿地方には《牛鬼淵》や《牛鬼滝》など、牛鬼の棲《す》む場所が多くある。紀伊国（和歌山県）では出会っただけで病に倒れるとされ、牛鬼は影を舐《な》めるだけで人を喰い殺すことができるという。【磯女《いそおんな》】が牛鬼に変化する話もある。出雲国（島根県）では雨の続く日に、身体に纏《まと》わりついて来る白い光を牛鬼と呼ぶ。

【馬鬼《うまおに》】馬の怪。伊予国《いよのくに》（愛媛県）では、蔵川《くらかわ》にあった城の城主・左京之介《さきょうのすけ》が、白馬と共に谷底に落ち死んで以来、【逢魔時《おうまがとき》】になると鈴の音と馬の嘶《いなな》きが聞こえ、巨大な馬の霊が現れるという。豊後国《ぶんごのくに》（大分県）では、嵯峨明神《さがみょうじん》の神馬《しんば》を黒岳に放牧していたが、ある年から放牧した神馬が消えるようになり、黒岳《くろたけ》や阿蘇野《あその》を通る人が、巨大な馬に襲われた。口は耳まで裂け、鬣《たてがみ》は六尺《しゃく》半（二メートル）もあったという。

【海鬼《うみおに》】松前《まつまえ》（北海道）の海に現れ、子供がよく噛まれるという。

【温羅《うら》】かつて吉備国《きびのくに》（古代の領地・岡山県〜広島県）に渡って来た鬼の集団で、鬼ノ城を築き周辺を支配した。天王に対峙したため、吉備《きびつ》津彦《ひこのみこと》に討ち取られた。斬《き》られた首は死なず、犬に喰わせて骨にしても静まらず、地中に埋めても十三年間もうなり声を発していたと言われる。

【大幣《おおぬさ》】『百鬼夜行絵巻《ひゃっきやぎょうえまき》』に描かれた赤鬼で、大幣を持っている。【付喪神《つくもがみ》】

大幣

の一種。

【悪勢《おぜ》】 上野国《こうずけのくに》（群馬県）の武尊山にいた鬼。付近の村を荒らし、日本武尊《やまとたけるのみこと》に退治された。

【鬼熊《おにぐま》】 『絵本百物語《えほんひゃくものがたり》』に載る凶暴な熊。木曽の山に棲《す》む老熊で、夜に村の牛馬を襲って食べていた。猟師に打たれ、剥《は》がされた皮は六畳もの広さがあったという。

【鬼の手形《おにのてがた》】 陸奥国（岩手県）伝承。盛岡の町では【羅刹《らせつ》】に荒されて困っていた。そこで、人々は町の神である《三ツ岩様》に祈願すると、羅刹はこの岩の霊力で、岩に貼《は》りつけられてしまう。堪忍《かんにん》した鬼は、二度と現れないという誓《ちか》いを立てて放免《ほうめん》してもらい、その証《あか》しに三ツ岩に手形を残して行ったという。これが県名《岩手》の由来とされる。

【元興寺《がごぜ》】 『日本霊異記《にほんれいいき》』『画図百鬼《がずひゃっき》夜行《やこう》』に記される、大和国《やまとのくに》（奈良県）の元《がん》興寺《ごうじ》に現れた鬼。現れたのは飛鳥時代と古い。正体は死んだ寺男《てらおとこ》が鬼と化したもので、明け方に出没して寺に奉公《ほうこう》する童子《どうじ》を喰っていた。そのため、雷神《らいじん》の申し子といわれる怪力の童子が退治を申し出、現《あらわ》れた鬼の頭の毛を剥《は》がし、懲《こ》らしめた。

懸衣翁

【鬼女紅葉《きじょもみじ》】 信濃国（長野県）戸隠《とがくし》や鬼無《きな》里《さ》に伝わる鬼。平安中期のこと、公家・源経基《みなもとのつねもと》の子を宿した紅葉は、嫉妬《しっと》のために御台所《みだいどころ》（正妻）に呪いをかけ、その罪で都を追われる。鬼無里に流された紅葉はやがて怨念《おんねん》で鬼となり、戸隠山を根城にして、付近の村を襲った。そこで都から平維茂《たいらのこれもち》が討伐《とうばつ》に出《しゅつ》陣《じん》し、観音の御使いから授かった《降魔剣《こうまのつるぎ》》で退治される。しかし、鬼無里伝承では、都の文化を伝えた貴女とされて、尊ばれている。

【懸衣翁《けんえおう》】 【奪衣婆《だつえば》】と共に地獄の十

王の配下で、衣脱婆が奪った着物を衣領樹《えりょうじゅ》の枝にかけ、その枝の垂《た》れ具合で亡者の生前《せいぜん》の罪の重さを測《はか》る翁。また、服を着ていない亡者の皮を剥《は》ぎ取る。

【下食《げじき》】この鬼に頭を舐《な》められると銭禿《ぜにはげ》げ（十円禿げ）ができるという。

【牛頭馬頭《ごずめず》】地獄の鬼のこと。定番の牛の頭の他に、地獄には馬の頭をした鬼もいる。

【猿鬼《さるおに》】能登国《のとのくに》（石川県）柳田村を襲った、一本角の猿のような鬼。村の岩穴に棲《す》みついたため、氏神《うじがみ》によって弓で射殺されたという。

【酒呑童子《しゅてんどうじ》】丹波国（京都府）大江山を根城にする、日本を代表する鬼。『大《おお》江山絵詞《えやまえことば》』等の絵巻物に登場し、沢山《たくさん》の手下の鬼を抱え、都で人を攫《さら》っては、喰らっていたという。勅命《ちょくめい》により討《とう》伐《ばつ》に出た源頼光《みなもとのよりみつ》らに退治された。

【瀬田《せた》の鬼《おに》】『今昔物語《こんじゃくものがたり》集《しゅう》』東国の国司《こくし》（地方官）が都に上り、瀬田の橋近くの荒《あば》ら家《や》に泊まった夜に出た鬼。逃げて瀬田の橋の下に隠れると、追いかけて来た鬼が、侍を見失ってしまう。しかし、何処《どこ》かから声がして、「下におります」とばらしてしまう。声の主は

酒呑童子

何者か知れず、その後、国司がどうなったかも、知る者はいない。

【奪衣婆《だつえば》】【三途の川《さんずのかわ》】にいて、六文《ろくもん》銭《せん》を持っていない死者から衣服をはぎ取る鬼。六文は川の渡し賃。衣脱婆信仰は疫病除けや咳止め祈願で行われる。【衣脱婆《えだつば》】とも呼ばれる。

奪衣婆

【なまはげ】陸奥国（青森県）五所川原《ごしょがわら》などに伝わる正月の行事で、悪い子を攫《さら》いに来る厄除け行事に現れる赤鬼。【火斑剥《あまみは》ぎ】に似る。

【火の車《ひのくるま》】『奇異雑談集《きいざつだんしゅう》』『宇治拾遺《うじしゅうい》物語《ものがたり》』などに載る。地獄の鬼が燃え盛る車を引いて、生前の行ないのよくない死者を迎えに来る。『因果物語《いんがものがたり》』では、強欲で行ないのよくない庄屋《しょうや》の妻を、八尺《しゃく》（二・四メートル）もある大きな男が連れて行ったとある。連れて行かれる先は地獄。

【方相氏《ほうそうし》】『今昔百鬼拾遺《こんじゃくひゃっきしゅうい》』に載る鬼。

【羅城門鬼《らじょうもんのおに》】『平家物語《へいけものがたり》』に登場する、京都の羅城門に棲む鬼。【酒呑童子《しゅてんどうじ》】退治から戻った渡辺綱《わたなべのつな》と戦い、腕を斬られて奪われる。その後、鬼は一条戻橋で綱の乳母に化けて現れ、斬られた腕を取り返す。

【羅刹《らせつ》】『鬼の手形』に登場する鬼。

火の車

お歯黒《はぐろ》べったり

『絵本百物語』
妖怪

美しい着物をまとい角隠しをした女性がしゃがみ込んでいるので声をかけると、振り向いたその顔には目鼻がなく、お歯黒を塗った口がニヤリと笑う。角隠《つのかく》しをしているが花嫁ではなく、暮らしのいい女性の外出の身《み》形《なり》。驚かすだけで祟《たた》りはなく、狐狸《こり》の仕業とも言われる。

オハチスエ

アイヌ伝承
妖怪

《空き家の番人》の意。樺太のコタンケシという村に現れた妖怪で、空き家に棲《す》みついた毛むくじゃらの老人。暗がりで訪れて来た人の真似《まね》をし、刀で犬橇《いぬぞり》の犬を殺す。

おばりよん

伝承
越後国（新潟県）他
妖怪、招福

夜中に山道をひとりで歩いていると、藪の中から「おばりよん、おばりよん（負ぶってくれ）」と叫ぶものが飛び出し、背中に飛び乗って来る。小さな子供のようであるが重たい。ひと足進めるごとにどんどん重くなり、振り払おうにも離れなくなる。似たような話に、【泣息屋敷《なきやみやしき》】などのように、負ぶったものが金塊に変わる話も多くある。

おぼ

伝承
全国
妖怪、幽霊

《おぼ》とは《初《うぶ》》の意で、全国に様々な妖怪、幽霊が存在する。

越後国（新潟県）のおぼは、埋葬《まいそう》されたばかりの墓を暴《あば》き、死者の脳味噌《のうみそ》を喰らう妖怪。野犬に似ているとされるが、姿は見せない。

佐渡島《さどがしま》では、水子《みずこ》や赤子の【亡霊《ぼうれい》】とされ、大きな蜘蛛《くも》となって夜道を行く人を襲う。赤子の声で鳴き、さささささささっと人に近づき喰らう。おぼが出たら、草履《ぞうり》を肩越しに投げて「母はこれだ！」と言って逃げる。

上野国（群馬県）では、山の中で赤子の鳴き真似をしたり、夜、山道を行く人の足に纏《まと》わりついて邪魔をする。追い払うには、刀の下緒《さげお》や着物のこづまを切って投げる。正体は鼬のような妖怪とされる。

陸奥国《むつのくに》（福島県）会津では【産女《うぶめ》】に似る。川辺に立つ《おぼ桂《がつら》》の下に出る、難産で亡くなった女性の幽霊で、通りかかった者に赤子を預け、その間に自分で念仏を唱えて成仏して消えると言われる。

朧《おぼろ》車《ぐるま》

『今昔百鬼拾遺』
京都
妖怪

真夜中の都大路《みやこおおじ》に現れる半透明の牛車の妖怪。大きな般若《はんにゃ》のような顔が覗《のぞ》いている。『源氏物語《げんじものがたり》』六条御息《ろくじょうのみやす》所《ところ》をモチーフにした貴族女性の怨念《おんねん》が化けたもの。

おまんの母《はは》

伝承
讃岐国（香川県）
妖怪

山の中にある《おまんの岩》を通ると、突然「おまんの母じゃ」と言って、ひとりの老婆が現れるという。そうして人を惑わし……何をするのかは不明。《おまん》とは《お前》の意なので、何だか現代の《おれおれ詐欺《さぎ》》を連想させる手口。江戸時代の追いはぎは、よく大岩の陰から現れたとも言われるので、街道を夜に歩く者が一番、緊張し警戒する場所なのかもしれない。

おもゐ《い》つゝ《づ》ら

『新形三十六怪撰』
怪異

【魑魅魍魎《ちみもうりょう》】が詰め込まれた《重たい葛籠《つづら》》のことで、民話『舌切《したき》り雀《すずめ》』で悪いお婆さんが担いで来たもの。

面影《おもかげ》

伝承
全国
生霊

臨終《りんじゅう》の間際に魂《たましい》が身体を抜け出して、家族や知人の処《ところ》へ訪れること。現代の怪談にもよく登場するこの現象は、江戸時代の怪談でもすでに使われていた。

女《おんな》の首《くび》

伝承
土佐国(高知県)他
妖怪

海や川で女の【生首《なまくび》】が泳ぐという怪。何者なのか不明。元文《げんぶん》年間(一七三六〜一七四一)に室戸岬《むろとみさき》の沖合で、江戸に赴《おもむ》く和田某《なにがし》という侍が、女の首だけが水面をスイスイ泳ぎ廻るのを見たと記録される。

おんぼのやす

伝承/陸奥国
(福島県)
妖怪

山を行く者に霧《きり》を吹きかけ惑わす妖怪。おんぼのやすに霧をかけられた人は、どんなに勝手知ったる土地でも、方角を失って迷うと言われる。

陰摩羅鬼《おんもらき》

『今昔画図続百鬼』
『大蔵経』
妖怪

人間の死体から漏《も》れる気【積屍気《せきしき》】が固まってできた妖怪。鶴《つる》や鷺《さぎ》のような姿で、身体は黒く目は燈火《とうか》のように光る。供養《くよう》の足らないことで積屍気が漏れるので、生臭坊主《なまぐさぼうず》のところに出る。または、不信心《ふしんじん》な者が仏殿に近づくと出ると言われる。羽を震わせて声高に啼《な》く。

カーカンロー

琉球伝承
妖怪

井戸に棲《す》む妖怪で、子供が井戸を覗き込むと、水面に映った影を取ったり、井戸に引き込んだりする。

怪《かい》火《か》

伝承
全国
幽霊、怨霊、妖怪

古くから日本各地で見られる、夜空を浮遊《ふゆう》する炎。多くは雨の夜や雨上がりの夜に現れる。名前や物語も様々だが、主に三種類に分けられる。①神仏の罰で【迷《ま》い火《び》】となった。②成仏できない霊の【迷い火】。③正体不明のものが為す【鬼火《おにび》】。

*

【逢火《あいび》】比叡山《ひえいざん》に出る【人魂《ひとだま》】。『雍《よう》州府志《しゅうふし》』では西麓《にしろく》にある森に南北から幾つかの怪火が飛んできて消えるという。四～五月から梅雨の夜に特に多く現れるそう。昔、比叡山に淫《いん》僧《そう》がいて、ある男の子を寵愛《ちょうあい》していたという。しかし、その童《わらわ》が病死してしまったため、僧は嘆き、後を追うようにして亡くなった。その後、逢火となって、相逢の森で逢瀬《おうせ》を重ねるのだという。

【あおだま】美濃国（岐阜県）に出る怪火。

【悪路神《あくろじん》の火《ひ》】『採薬記抄録《さいやくきしょうろく》』『閑窓《かんそう》瑣談《さだん》』などに載《の》る怪火。伊勢国（三重県）の唐津谷《からつや》というところに猪草《いのくさ》ヶ淵《ふち》という難所がある。そこに高さ十間《けん》（十八メートル）長さ十間の丸木橋があり、提灯《ちょうちん》ような火が往来するという。怪火は特に雨降る夜に現れ、出会った者は地に伏《ふ》して通り過ぎるのを待つ。慌てて逃げると追われ、近づけば大変な病を患《わずら》うとされる。

【遊《あそ》び火《ひ》】高知県や土佐に現《あらわ》れる怪火。海上や城下にも現れ、目の前にあったかと思えば、あっと言う間に遠くに離れ、いくつもに分かれたり、まとまったりする。UFOのような感じである。人に害はなさない。

悪路神の火

【油赤子《あぶらあかご》】『今昔画図続百鬼《こんじゃくがずぞくひゃっき》』に載る怪火。近江国（滋賀県）大津に、不思議な幼児が現れて、行灯《あんどん》の油を舐《な》めるという怪事があった。昔、近隣の者が大津辻の地蔵から盗んだ油を売っていたが、死んだ後に成仏できずに【迷《まよ》い火《び》】になったと語られている。

【油返《あぶらがえ》し】摂津国（大阪府）伊谷《いたに》にある昆《こ》陽池《やいけ》の北堤に現れる【鬼火《おにび》】。池の南にある千僧《せんぞ》の墓から出て、中山寺《なかやまでら》へ行く。正体は中山寺の油を盗んだ者の【人魂《ひとだま》】とも、北堤にいる【狐《きつね》の嫁入《よめい》り】とも、千僧の墓にいる狼《おおかみ》が灯《とも》すとも言われている。

【油《あぶら》なせ】越後国（新潟県）の旧家である、滝沢家に出た怪火。家の者が灯油を粗末《そまつ》にすると、病死した次男が「油なせ、油なせ（油を返せ）」と言って、怪火となって出て来るという。

油なめ赤子

【油《あぶら》なめ赤子《あかご》】火の玉が飛んで来て、行灯《あんどん》の前に来ると赤子《あかご》や童子《どうじ》の姿になり、油をなめ尽《つ》くして、再び火の玉になって消える。旅の女が連れて来た赤子が舐《な》める話もある。街道で休む時、子供を下ろすと鞠《まり》のように跳《は》ねるらしい。

【油坊《あぶらぼう》】近江国（滋賀県）で、春の末から夏にかけて、夜に現れる怪火。その火が僧侶《そうりょ》の姿に見えるのでそう呼ばれる。比叡山《ひえいざん》の【逢火《あいび》】も油坊と呼ばれる。

【あやかしの怪火《おにび》】対馬列島《つしまれっとう》に現れる怪火。夕暮れの海岸を火の玉が流れ、火の中に子供が歩いているように見えるという。

【いげぼ】伊勢国（三重県）の【鬼火《おにび》】で民家に火を点《つ》けるという。

【磯天狗《いそてんぐ》】伊勢国（三重県）、紀伊国（和歌山県）に出る怪火で、磯や海上を炎が飛ぶ。磯天狗が現れたら、頭に草履《ぞうり》を乗せて念仏《ねんぶつ》を唱《とな》えると消えるという。しかし、捕った魚はなくなっている。

尾張国（愛知県）では、海上に現れる白い回転する煙をさす。正体は【天狗《てんぐ》】とも【河童《かっぱ》】とも言われる。

【遺念火《いねんび》】【迷い火】の一種で成仏できない、または成仏前の魂がさ迷うものとされる。琉球では【イニンビー】と呼ぶ。

【インヌフィークーテアッチュン】琉球伝承で、火を咥《くわ》えて歩く犬の妖怪。

犬の姿は見えず、火だけが歩いて行く。

【インマーザアービ】 琉球伝承にある下半身が真っ赤で、長い髪を垂《た》らした妖怪で、夜中に海や浜を彷徨《さまよ》うという怪火。

【姥《うば》が火《び》】『画図百鬼夜行《がずひゃっきやこう》』『百妖図《ひゃくようず》』などに記される。河内国（大阪府）牧岡《まきおか》神社《じんじゃ》に現《あらわ》れる【鬼火《おにび》】で、大きさは一尺《しゃく》（三十センチ）ほどあり、神社から付近の村を飛び廻る。

神社の灯油を盗んでいた老婆がなったとされる。丹波国保津川《ほづがわ》では、子供を里子に斡旋《あっせん》すると偽って親から金を取り、預かった子供を川に捨たり、売り飛ばしたりした老婆がなったと伝えられる。

【大鐘婆《おおがねばば》の火《ひ》】 遠江国（静岡県）の横須賀《よこすか》で、大富豪・大鐘家《おおがねけ》に出る怪火。何かの祟《たた》りに遭《あ》ったのか、家族が皆亡くなり、最後に残った老婆が天涯孤《てんがいこ》独《どく》になって死んだ。その後、五月雨《さみだれ》の夜になると、提灯《ちょうちん》ほどの青い火が「うちの畑じゃ」と、田畑の上を飛ぶ。

【狼《おおかみ》の送《おく》り火《び》】 美濃国（岐阜県）長良川《ながらがわ》下流に出る【鬼火《おにび》】。家まで送り届けてくれるが、転ぶと喰われてしまう。

【沖龍灯《おきりゅうとう》】 摂津国（兵庫県）芦屋《あしや》の海に現れる怪火。魚が龍神を祀《まつ》った灯明《とうみょう》と言われる。

【おぐめ】 肥前国（長崎県）諫早《いさはや》に出る怪火。三度柏手《かしわで》を打つと、山から飛んで来るという。【産女《うぶめ》】が【人魂《ひとだま》】となって現れたものとされる。

【送《おく》り火《び》】 尾張国（愛知県）のある村で、夜道を歩いていると提灯《ちょうちん》のような火が先に立って送ってくれるという怪。村の古い榎《えのき》の下まで来ると消えるため、その榎を切り倒してみると、それきり出なくなったという。

【筬火《おさび》】 日向国（宮崎県）に出る怪火。雨の降る夜に延岡《のぶおか》の三角池《さんかくいけ》にふたつ並んで現れるという。昔、ある女が筬（織機の縦糸を揃える櫛状の部品）を他の女に貸したが、後に「返した、返してない」で喧嘩《けんか》になり、ふたりとも池に落ちて死に【迷い火】となったとされる。筬火を見ると、よくないことが続けて起こるとも言われる。

【おぼら】【おぼら火】伊予国（愛媛県）大《おお》三島《みしま》に伝わる【迷い火】。海上や墓地に現れるもの。

【風魂《かぜだま》】上総・安房国（千葉県）。大風の起こる前兆。

【片輪車《かたわぐるま》】『今昔画図続百鬼《こんじゃくがずぞくひゃっき》』に載《の》る。牛車《ぎっしゃ》の片方の輪車が炎に包まれ、中に女の顔が浮かぶ、という妖怪。京都

片輪車

の町を走り、見た者の子供を攫《さら》う。

滋賀では、母親が「子供から目を離していた私にも罪がある。反省してるから返してください」という歌を書き片輪車に送ると、子供を返してくれ、もう二度とその村には現れなかったという。

【金《かね》の神《かみ》の火《ひ》】伊予国（愛媛県）怒和島《ぬわじま》で、大晦日《おおみそか》の夜に神社の後ろに現れる提灯《ちょうちん》大の怪火。島では歳徳神《としとくじん》（その年の幸福の神）の出現とされている。人がわめいているような音を出す。

【嘉平火《かへいび》】紀伊国（和歌山県）に出る怪火で田植えが終わる頃、新田《しんでん》の堤に現れるという。新田を開いた嘉平の霊が夜に見廻りに来るのだとされる。

【川蛍《かわぼたる》】 利根川《とねがわ》や上総国（千葉県）印旛《いんば》沼《ぬま》にでる、蹴鞠《けまり》ほどの大きさの怪火。水上を舞い、舟竿《ふなざお》で叩《たた》くと砕け散り生臭い匂いがして、舟に油のようなヌルヌルしたものが付くという。

【狐火《きつねび》】 ←【化け狐】の項を参照。

【金火《きんか》】 江戸時代の奇談集『三州奇談《さんしゅうきだん》』にあるもの。近江国（滋賀県）の上使街道八幡《じょうしかいどうはちまん》などに現れるという、火縄のような怪火。

【蜘蛛火《くもび》】 大和国（奈良県）に伝わる怪火。数百匹の蜘蛛が塊《かたま》り、怪火となって空を飛ぶもの。これに当たると死んでしまうという。備中国（岡山県）倉敷《くらしき》では、稲荷神社の森に現《あらわ》れる赤い怪火で、流星のように飛び廻っては消えるという。

人魂・迷い火

【海月火《くらげび》】 加賀国（石川県）海の近くに現れる海月に似た怪火。

【けち火《び》】 土佐国（高知県）の【人魂】。

【小右衛門火《こえもんび》】 大和国（奈良県）の怪火で、雨の夜に川堤に提灯《ちょうちん》大の火が飛び廻るという。これに頭上を飛び越えられると病を患《わずら》い、死に至ると言われる。

【古戦場火《こせんじょうのひ》】 『今昔画図続百鬼《こんじゃくがずぞくひゃっき》』『宿直草《とのいぐさ》』に載《の》る怪火。多くの人間が死んだ戦場に、数え切れないほどの怪火が現《あらわ》れる。『今昔画図続百鬼』では、地面に染み込んだ死者の血から発生するとされている。怪火とともに、首のない兵《つわもの》の亡霊が、自分の首を捜《さが》してうろつく姿も見られたという。

【権五郎火《ごんごろうび》】 越後国（新潟県）三条《さんじょう》に現れる怪火。博徒《ばくと》（博打中毒の者）の権五郎が大勝ちした帰り道に殺され、その怨念《おんねん》が【迷《まよ》い火《び》】になったものとされる。また、雨の降る前に現れるため、農

不知火

家は権五郎火が出ると、干し稲《いね》を仕《し》舞《ま》ったという。

【地黄煎火《じおうせんび》】江戸時代の読本『絵本《えほん》小夜時雨《さよしぐれ》』に載《の》る怪火。近江国（滋賀県）甲賀《こうか》で、地黄煎（生薬飴）を売っている者が、盗賊に金品を奪《うば》われ殺された。その怨念が【迷《まよ》い火《び》】となり、雨の夜に漂《ただよ》ったという。

【じゃんじゃん火】大和国（奈良県）に現れる怪火で、じゃんじゃんという音と共に現れる。

【不知火《しらぬい》】『今昔画図続百鬼』『諸国《しょこく》里人談《りじんだん》』などに載《の》る海の怪火。夏の新月《しんげつ》の夜八ツ半（深夜三時頃）から、有明海《ありあけかい》、八代海《やつしろかい》に現れる。沖合に《親火《おやび》》という火が、ひとつふたつ現れ、それが次第に分れて最後は水平線に数百が連なるという。【蜃気楼《しんきろう》】の類《たぐい》とされる。

【すうりかんこ】《汐入村《すりむら》のかん子》の意で、陸奥国（青森県）八戸《はちのへ》に伝わる怪火。このかん子という娘はとても美しく、多くの男から求婚されたが、断られた事に腹を立てた男達に攫《さら》われ、新井田川《あらいだがわ》に生き埋《う》めにされてしまった。以来、この【迷い火】が出るようになったという。

【煤《すす》け提灯《ちょうちん》】越後国（新潟県）に伝わる【迷い火】。雨の夜、湯灌《ゆかん》の捨て場（死者の身体を洗う湯を捨てる場所）から【人魂《ひとだま》】が飛び出し、ふわふわ辺りを飛び廻るという。

【叢原火《そうげんび》】『画図百鬼夜行《がずひゃっきやこう》』に載《の》る、京の壬生寺《みぶでら》の近くに現れる怪火。【宋源火】とも書く。

【たくろう火】瀬戸内海に出る怪火。非業の死を遂げたふたりの女性の霊が起こすものとされる。【比べ火】とも呼ばれる。

【提灯火《ちょうちんび》】『今昔画図続百鬼《こんじゃくがずぞくひゃっき》』に載る。田んぼの畦道《あぜみち》などに現れる**【鬼火《おにび》】**で、人が提灯を持つほどの高さに数十も並んで表れるという。狐《きつね》や狸《たぬき》の仕業とも言われる。大和国（奈良県）では**【小右衛門火《こえもんび》】**と呼ぶ

【釣瓶火《つるべび》】【釣瓶落し】『画図百鬼夜《がずひゃっきや》行《こう》』に載《の》る怪火。木の枝からぶら下がり、釣瓶のように上がったり下がったりする。

【とびもの】常陸国（茨城県）や伊豆神津《いずこうづ》島《しま》のヨタネ様神社に出る怪火。

【野火《のび》】土佐国（高知県）の長岡《ながおか》に伝わる怪火。傘《かさ》程度の大きな怪火が漂《ただよ》って来て、突然弾《はじ》けて数十個もの星のような光となると、地上から高さ四～五尺（一・二～一・五メートル）ほどの場所で広がり、時には幅数百間《けん》（一間は一・八メートル）にもなるそう。草履《ぞうり》に唾《つば》をつけて野火を呼ぶと、頭上を煌々《こうこう》と舞うとされる。

ぶらり火

【墓の火《はかのひ》】『今昔画図続百鬼』に載《の》る。字の如《ごと》く、墓から火が現《あらわ》れる怪異。

【ふらり火】『画図百鬼夜行』『百怪《ひゃっかい》図巻《ずかん》』『化物尽くし絵巻《ばけものづくしえまき》』に描かれた怪火。

【ぶらり火】越中国（富山県）に現れる、女の生首《なまくび》の怪火。戦国武将・佐々成《さっさなり》政《まさ》の側室《そくしつ》が、小姓《こしょう》と密通《みっつう》（浮気）していたと疑われ、成政によって榎《えのき》に吊《つる》されて斬殺《ざんさつ》された。その後、女の生首と怪火が現れ「佐々家を呪《のろ》い殺す」と恨んで出るようになったと言われる。ぶらり火が現れる榎の下を「小《さ》百合《ゆり》、小百合」と七回呼びながら廻ると、亡霊が現れるとも言われる。

【坊主火《ぼうずび》】能登国（石川県）の怪火。油売りが桝《ます》の隅に鬢付《びんづ》け油を塗って容量を誤魔化《ごまか》して売っていたため、死後、成仏《じょうぶつ》できずに**【迷い火《まよいび》】**となったと伝わる。

海人《かいじん》

『大和本草』
妖怪

海の妖怪。人のようだが手足に水かきがあり、腰に袴《はかま》のような肉皮《にくひ》がひらひらしている。言葉はしゃべらず、数日陸《おか》にいると死んでしまう。

貝児《かいちご》

『画図百鬼徒然袋』
付喪神

《貝合《かいあ》わせ》（平安時代に貴族女性に好まれた貝で作ったカルタのようなもの）の貝を入れておく《貝桶《かいおけ》》が化けたものと言われる。《這子《はいこ》》という、はいはいをした赤子の人形の【付喪神《つくもがみ》】と兄弟という。

かいなで

山城国（京都府）、陸前国（宮城県）他
妖怪

節分の夜中に厠《かわや》（トイレ）に現れる妖怪で、便坪《べんつぼ》から毛むくじゃらの手を伸《の》ばして、厠でしゃがむ女性の尻などを撫《な》でると言われる。「赤い紙やろうか、白い紙やろうか」と呪文《じゅもん》を唱《とな》えたり、厠の神が夜中に用をたすのを嫌がるため、「明日から来ませんと、事前に土下座をして入ると避けられるとされる。赤白の紙は厠神に供える人型のこと。

かいなんぼう

伝承／美濃国（岐阜県）
妖怪

囲炉裏《いろり》の中の鉄輪《てつわ》（五徳）を叩《たた》くと現《あらわ》れるという。出て来ると、その人の持っていないものをくれと、無理難《むりなん》題《だい》を言うらしい。

海難法師《かいなんほうし》

伝承
伊豆七島
亡霊

寛永《かんえい》五年（一六二八）。八丈島《はちじょうじま》に住む若者らが、伊豆七島《いずしちとう》の悪代官《あくだいかん》を嵐の海で暗殺《あんさつ》する事件があった。その代官の怨念《おんりょう》が海難坊師となったと言われる。毎年一月二十四日に現れ、島々を巡《めぐ》るという。

別説では、海難坊師になったのは、暗殺を実行した八丈島の若者達の霊とされる。暗殺の後、船で逃亡した若者達は難民となったが、どの島でも受け入られず、裏切られて難破《なんぱ》してしまう。そして、怨霊となって今も島々を巡るとされる。

餓鬼《がき》

仏教
地獄の一歩手前、
亡者

仏教で輪廻転生《りんねてんせい》（生まれ変わること）する六道《ろくどう》のうち、地獄《じごく》のひとつ上にある《餓《が》鬼道《きどう》》に生まれ変わった【亡者《もうじゃ》】のこと。餓鬼道には三種あり、

①《無財餓鬼《むざいがき》》は何も食べられない飢えの餓鬼。

②《少財餓鬼《しょうざいがき》》汚物《おぶつ》（ウンチやゲロ）のみを食べられる餓鬼。

③《多財餓鬼《たざいがき》》何でも食べられるが満足できない餓鬼。

他に三十六種類あるとする経典もある。餓鬼道に堕《お》ちるのは、自殺、無縁仏、現世に未練があり成仏できない者とされる。江戸時代には、瘧《おこり》（マラリア、三日熱）を起こす鬼とも、飢え死にをしたり、行き倒れた者の幽霊を指すようになる。

【餓鬼憑《がきつ》き】全国で言われる妖怪。道を歩いていると突然、空腹《くうふく》になり目眩《めまい》などがして、動けなくなること。餓鬼に取り憑《つ》かれた者は何かを食べないと追い払えない。何もない時は掌《てのひら》に米の字を書いて飲み込む。土佐国（高知県）では《餓鬼飯《がきめし》》と言って、山へ行ったら弁当をひと箸《はし》分残しておくという。

柿《かき》男《おとこ》

伝承
陸前国（宮城県）
精霊

あるお屋敷《やしき》に若い娘がいた。この娘は柿が大好物だった。庭には大きな柿の木があり、そこに実る一番大きな柿の実を食べたくてしかたなかったが、どうやっても採《と》れず、毎年諦《あきら》めていた。

ある夜のこと、娘の枕元《まくらもと》に男が立っていた。柿色の肌をした男は娘に棒《ぼう》を差し出すと、尻《しり》をまくり、「おらの尻穴をこの棒でほじってくれろ」と言う。

娘はそれに従《したが》って棒でほじると、今度は、「それを舐《な》めてみろ」と言う。

娘がそれを舐めると、うっとりするほど甘い柿の味がしたという。それから娘は夢中《むちゅう》になって、男の尻の穴をほじり棒を舐め、を繰り返した。

気付くと朝になっており、男は消えていた。慌てて戸を開けて、庭の柿の木を見上げると、一番大きな実に、尻の辺りを棒でほじったような穴が開いていたという。

かくらした

伝承
信濃国（長野県）
妖怪

正体不明の妖怪で《かくらした》は妖怪に憑《つ》かれた状態をいう。春の彼岸《ひがん》近くに女性によく起こるものとされ、急に体調を崩《くず》したり、腹痛を起こしたりするが、すぐに回復するものだそう。

隠《かく》れ里《ざと》

『今昔百鬼拾遺』
桃源郷

猟師《りょうし》や旅人が深い山で迷い、偶然に辿《たど》り着く、夢のような里のこと。食べものが豊かで、人々が仲良く暮らしている理想郷《りそうきょう》で、山の竜宮城《りゅうぐうじょう》とも言える。深山の他、川の上流や、塚穴《つかあな》の底とする説もある。『おむすびころりん』など民話に登場する動物の里も一種の隠れ里と言える。

隠《かく》れ座頭《ざとう》

伝承
武蔵国（関東）以北
妖怪、招福

隠れ座頭は、同名で各地に様々なものがいる。常陸国（茨城県）や武蔵国（埼玉県）秩父《ちちぶ》では【隠《かく》れ婆】に同じで人《ひと》攫《さら》いの一種。

常陸国（茨城県）では、隠れ座頭の餅を拾《ひろ》うと長者になれるともいう。

相模国（神奈川県）や下総国（千葉県）では、夜中に米を搗《つ》くような音を立てる妖怪で、手箕《てみ》を外に出しておくと借りて行くとされる。

陸奥国（青森県）以北では、踵《かかと》のない盲人《もうじん》の神とされ、市の立つ日に隠れ座頭を見ると、福が舞い降りるとされる。

隠《かく》れ婆《ばばあ》

『今昔百鬼拾遺』
桃源郷

子供を攫《さら》って【神隠《かみかく》し】をする妖怪とされる。路地《ろじ》や袋小路《ふくろこうじ》にいて、夕方に隠れん坊をする子を攫う。

影女《かげおんな》

『今昔百鬼拾遺』
出羽国（山形県）
亡霊

出羽国鶴岡《つるおか》の酒井吉左衛門《さかいきちざえもん》の屋敷に出る女の影の幽霊。友が訪ねて来て、酒を飲んでいると、障子《しょうじ》越しに女の影が見えるという。

影《かげ》の病《やまい》

伝承
病

病人の姿が、ふたりに見える病。その他、もうひとりの自分の姿を見てしまい、死に至《いた》るという怪。代々の当主が、影の病を見て早世《そうせい》（早死にすること）する家があるとされる。

陰虫《かげむし》

『針聞書』
病

男女和合《わごう》（セックス）の時に出る虫とされる。この虫に憑《つ》かれると、昼夜なく抉《くじ》られて、淫乱《いんらん》な気持ちになる。

影鰐《かげわに》

伝承
石見国（島根県）
妖魚

石見銀山《いわみぎんざん》の近く、温泉津《ゆのつ》の海に現《あらわ》れる鮫《さめ》の妖怪。水面に映る人の影を呑《の》む妖怪で、呑まれると命を失うとされる。漁師が鉄砲で撃ち殺したが、岸に上がって浜を歩いていると、影鰐の骨を踏んで、足の裏に刺さって死んでしまったという。江戸時代には、《鰐》は《鮫》と同義として使われる。

傘《かさ》お化《ば》け

『百鬼夜行図巻』『百種怪談妖物双六』
妖怪

江戸時代にキャラクター化された妖怪で、一ツ目の唐傘《からかさ》のお化け。さらに、一本足に進化し下駄《げた》を履《は》いてピョンピョン跳《は》ね、赤い舌をぺろりと出すようになった。夜道に現れて人を脅《おど》すのが、主な仕事。

風《かざ》おり

伝承
伊豆大島
病

女性が高熱を出し、【狐憑《きつねつ》き】のような状態になることをいう。

鍛冶《かじ》が婆《ばば》

『絵本百物語』
土佐国（高知県）、安芸国（広島県）／幽霊

名刀・野根助四郎国延《のねすけしろうくにのぶ》の三代目、重国《しげくに》の妻が、土佐国室戸《むろと》に納めた刀の代金を受け取りに行ったが、夜道に迷い狼に喰い殺されてしまった。それから亡霊となって白狼《はくろう》に取り憑《つ》き、人を殺《あや》めるようになったという。

安芸国では、夜道に迷った臨月《りんげつ》の女性と助太刀《すけだち》に入った飛脚《ひきゃく》を襲う狼の親分。古鍋を被《かぶ》った老狼で、飛脚が道中差《どうちゅうざ》し（旅行用刀）で鍋を割ると退散した。朝になって血の跡を追うと、佐喜浜《さきはま》の鍛冶屋《かじや》に辿《たど》り着き、その女房がこの老狼であった。床下には沢《たく》山《さん》の骸骨《がいこつ》があったという。

がしゃ髑髏《どくろ》

伝承
妖怪

野垂《のた》れ死にした骸骨が幾つも集まって化《ば》けた巨大な髑髏の妖怪。夜中にガシャガシャ音を立てて歩き、人を喰《く》らうとされる。

果進居士《かしんこじ》

『御伽婢子』
京都

室町時代末期の幻術師《げんじゅつし》。『義残後覚《ぎざんこうかく》』など、様々な書物で語られる。織田信長《おだのぶなが》、豊臣秀吉《とよとみひでよし》、徳川家康《とくがわいえやす》とも会っていると言われる。果進居士が笹を池に投げ込むと魚になったり、秀吉の秘密の過去を暴《あば》いて磔《はりつけ》にされそうになり、鼠《ねずみ》に化けて逃亡したなどと語られる。【果心居士】【因心居士】とも書く。

カスンテ

アイヌ伝承
妖怪

人間とパイカイカムイという疱瘡《ほうそう》神《しん》の子供で、不死身《ふじみ》の妖怪。厚岸《あっけし》のアイヌが退治したが、彼らは疱瘡や津波で死んでしまったという。

風《かぜ》の神《かみ》

『絵本百物語』
神

風を司《つかさど》る神。『日本書紀《にほんしょき》』では、級長津彦命《しなつひこのみこと》が風神とされている。江戸時代には風邪《かぜ》をひかせる悪神・妖怪としても扱われた。また、農業や漁業にも影響を与えるとされた。

風邪虫《かぜのむし》

『針聞書』
病

東洋医学書『針聞書《はりききがき》』に載《の》る病の虫。風邪をひいた時に出る虫で、虫の欲望に支配されると、好色《こうしょく》になるという。何故《なぜ》かはわからない。

火前坊《かぜんぼう》

『今昔百鬼拾遺』
妖怪

公家《くげ》の墓がある、京都の鳥辺山《とりべやま》に現れる妖怪で、炎を纏《まと》った坊主。炎を纏っているのは、《焚死往生《ふんしおうじょう》》という、自ら火を点《つ》けて絶命《ぜつめい》する修行を行なった僧の亡霊であるとされる。また、この世に未練《みれん》があったために【往生《おうじょう》】できずにいるという。

片脚上臈《かたあしじょうろう》

伝承
尾張国（愛知県）
妖怪

山中に出る片足の女の妖怪で、猟《りょう》師《し》の獲物《えもの》を横取りしたり、紙製の草《ぞう》履《り》を履《は》いていると奪われるという。片足なのは【一本踏鞴《いっぽんだたら》】など山の神が片足であることから来ているとされる。《上臈》は身分の高い女中のことだが、そこまでの意味を持っているかは不明。

がたがた橋《ばし》

伝承
美濃国（岐阜県）
亡霊

美濃国にある板橋で、立山《たてやま》に向かう亡者の群れが渡ると言われる。夜中にガタガタと音がするのは、地獄へ向かう人々の足音。

片葉《かたば》の葦《あし》

『本所七不思議』
江戸
怪談

本所に住むお駒という娘が、近所の男に言い寄られ、断ったために、両国橋の近くで殺され、堀に投げられてしまった。以来、その付近の葦は片側にしか葉をつけないという。

帷子辻《かたびらがつじ》

『絵本百物語』
京都
風葬

嵯峨天皇《さがてんのう》の皇后《こうごう》・橘嘉智子《たちばなのかちこ》はとても美しい后《きさき》であったが、仏教に深く帰依《きえ》して、《諸《しょ》行無常《ぎょうむじょう》》の教えから、自分の死後は埋葬《まいそう》せずに辻《つじ》に捨《す》てるように遺《ゆい》言《ごん》した。帷子辻は后の遺体が風葬《ふうそう》された場所であり、日々腐《くさ》り、蛆《うじ》が湧き、動物に喰われるのを人々は見て過ごしていたとされる。

河童《かっぱ》

『今昔百鬼拾遺』『宿直草』他
全国
妖怪、水神

相撲に勝って
尻小玉を抜く河童

か
【かっぱ】

河童は川・池・海などの水辺に棲《す》む妖怪であり、水神であり、獺《かわうそ》などの動物でもある。

全国的に現れ、様々な名で呼ばれる。特に紀伊国～四国～九州では多い。姿は童と泥亀《すっぽん》を合わせたようで、または獺に似た毛むくじゃらのものもいる。多くは甲羅《こうら》を背負い、頭に皿、髪はおかっぱである。頭の皿が乾くと【神通力《じんつうりき》】を失ったり死に至るとされる。腕は伸縮自在に伸びる話もある。

河童伝承は、

①姿の目撃談。
②相撲《すもう》を挑み、人や馬を水中に引き込む。
③泳いで遊ぶ子供を襲い、尻の穴から手を入れて【尻子玉《しりこだま》】を抜く。
④女性に悪戯《いたずら》をして腕を斬《き》られ、その腕を取り返すために《腕繋《うでつ》ぎ》の治療法を伝授《でんじゅ》する。
⑤冬の間は山に住む。と多彩。

また、好物は胡瓜《きゅうり》とされるのは、江戸時代後期まで胡瓜は美味《おい》しくない野菜だったので、変わったものを好むという意味か、姿が似ているためか。

豊前国（福岡県）の北野天満宮《きたのてんまんぐう》には河童の手のミイラが伝わる。江戸時代には河童のミイラは猿の赤子とエイなどを組み合わせ作られた。

河童の異名はとても多く、代表的なのは【水神《すいじん》】【河太郎《かわたろう》】で、全国で使われる。また、同じ地域でも別の呼び名があるのも面白い。それは、村々で、おらが村の河童を競った感がある。学校の怪談のように、お話は似ていても、少し名前が違うといった現象ともいえる。

＊

【海御前《あまごぜん》】《うみごぜん》とも読む。筑前・豊前国（福岡県）で河童の女親分。

伊万里市の松浦一酒造に祀られる河童のミイラ

壇《だん》ノ浦《うら》の戦いで、海へ身を投げた平教経《たいらののりつね》の奥方が福岡まで流れ着き、河童に化身《けしん》したものとされる。

【伊草の袈裟坊《いぐさのけさぼう》】武蔵国（埼玉県）の河童の親分。

【磯ん子《いそんこ》】トカラ列島の海の磯《いそ》に現れる。

【いどぬき】阿波国（徳島県）。《いど》は方言で尻のこと。

【エラシラシケポンヘカチ】アイヌ伝承の河童。森の中で朽ち木が倒れた音がすると、エラシラシケポンヘカチの悪戯《いたずら》とされる。

【猿猴《えんこう》】【えぬこ】『絵本集艸《えほんあつめぐさ》』などに載《の》る。中国・四国地方の河童の呼び名で、毛むくじゃらで猿に似ている。海や川に棲《す》み人間の【尻子玉《しりこだま》】を狙《ねら》う。

【かーす】駿河国（静岡県）の獺《かわうそ》のこと。

【かーすっぱ】【がーすっぱ】駿河国（静岡県）、九州で使われる。《すっぱ》は忍者のこと。

【があたろう】五島列島で呼ぶ河童。河童というと、川の妖怪の印象が強いが、【海御前《うみごぜん》】が河童の女親分と言われるように、海にも多くいる。

【がーたろー】【かわたら】【がわた】全国。祇園祭《ぎおんさい》（七月）の頃に川に入る者の【尻子玉】を抜く。小さな河童という説があり、人に憑《つ》いて子供を攫《さら》うことがある。

【かうそ】越中国（富山県）の獺《かわうそ》のこと。

【かしゃんぼ】紀伊国（和歌山県）、伊勢国（三重県）の河童、【山童《やまわろ》】。芥子坊主頭《けしぼうずあたま》の六〜七歳の子供で、青い着物を着ている。

【がっこ】豊前国（福岡県）の河童で、春の彼岸に山から川に入り、秋の彼岸に山に入る。移動の際は夜明けに「ひょうひょう」と鳴く。山に入ると【せこ】と呼ばれる

【河童憑《かっぱつ》き】女性が水辺でふしだらな姿を見せると取り憑《つ》かれるという。憑かれると淫乱《いんらん》になったり、衰弱して死に至るとされる。

【河童松《かっぱまつ》】常陸国（茨城県）牛久沼《うしくぬま》の河童。悪さをするので懲《こ》らしめられたが、以来《いらい》、約束を守って悪さをしないので、村人は、毎年十二月一日に、水の安全を祈る行事として、沼に餅を投げ河童に報いる。

【がめ】越中国（富山県）、能登国（石川県）、筑後国（福岡県）の河童。筑後国久留米では女性に取り憑き病気にする。能登国ではよく子供に化け、越中国では鱗形《うろこがた》の模様のある甲羅《こうら》に、腹には赤いふさふさの尾があるとされ、千年生きて【かーらぼーず】になると言われる。

【川赤子《かわあかご》】『今昔画図続百鬼《こんじゃくがずぞくひゃっき》』に描かれた河童の類《たぐい》。水辺で赤子の泣き声が聞こえるという。

【川子《かわこ》】【川小僧《かわこぞう》】【川小坊主《かわこぼうず》】【川小《かわこ》坊師《ぼうし》】播磨国（兵庫県）以西、尾張国（愛知県）

河童のいろいろ

常陸国（茨城県）水戸で捕獲された河童

文政六年に現れた越後国（新潟県）の河童

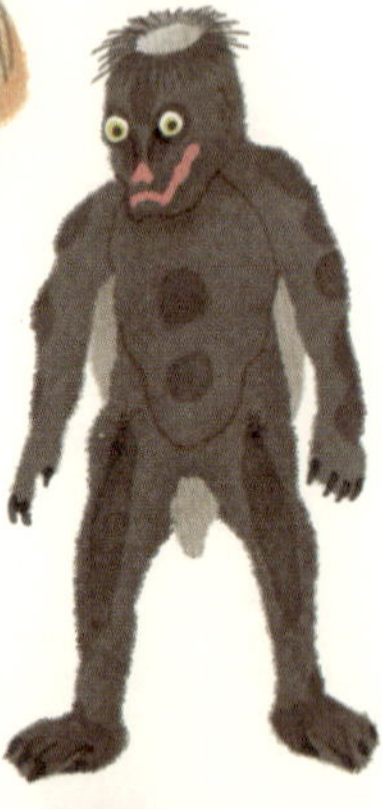

文政三年に江戸深川に現れた水虎

寛永七年に豊後国（大分県）肥田に現れたもの

寛政二年に柔道師範・平野尚賢が捕えた河童

葛飾北斎が描いた河童

肥後国（熊本県）栄川で捕獲された「川太郎」大きさは七寸（二一センチ）

他。川小僧は祇園祭《ぎおんさい》の時に現《あらわ》れ、人を水中に引き込むとされる。

【川猿《かわざる》】遠江国（静岡県）に出る妖怪で、獺《かわうそ》、河童の類《たぐい》とされる。子供に化けて現れ、馬を病にしたり殺すと信じられている。また、人間の皮膚を掻きむしるともされる。

【かぶそ】能登国（石川県）で夜道を歩く人の持つ提灯の火を消したり、後ろから呼びかけたり、人を誑かして、石や木と相撲を取らせたりするという。正体は獺とされる。

【岸涯小僧《がんぎこぞう》】『今昔百鬼拾遺《こんじゃくひゃっきしゅうい》』に描かれる、河童の一種。川辺にいて、魚を捕って喰らう。歯はやすりのようだという。

【川天狗《かわてんぐ》】武蔵国（東京都・神奈川県・埼玉県）。多摩川では悪さはしない河童。村人に熱病に効くみみずの煎じ薬を伝えた。津《つ》久井《くい》では夜の川漁に現れ、大きな火の玉を出したり、網打ち音の真似《まね》をする。《天狗のような河童》と、《川に現れた天狗》の、ふた通りがあると考えられる。

【くさびら】大和国（奈良県）で茸《きのこ》のことだが、夜の山で青い光りを放つ【山《やま》童《わろ》】の一種とされ、子供の姿の妖怪。体重は七～八貫（二十六～三十キロ）くらいあるという。

【九千坊《くせんぼう》】肥後国（熊本県）の河童の親分。唐（中国）の黄河《こうが》から球磨川《くまがわ》に渡来し、九千匹に増えたという。

【ごーらい】紀伊国（和歌山県）他。山にいると【かしゃんぼ】になる種類の河童。山でも馬にいたずらをしたり、隠したりする。また、牛小屋の牛にも悪さをする。

【芝天《しばてん》】河童に似た妖怪。土佐国（高知県）や阿波国（徳島県）に現れる。三尺《じゃく》三寸《ずん》（百センチ）ほどの毛深い子供のような姿で、川辺で相撲を挑んで来る。これを受けると一日中相撲をさせられたり、気付くと石や藁束《わらたば》と相撲をさせられているとする。

【正吉河童《しょうきちかっぱ》】豊後国（大分県）の正吉という少年と河童の話。昼間に川で河童に足を引っ張られた正吉が、真夜中に水浴びをしたくて堪《たま》らなくなり川で泳いでいると、数人の子河童が現れ、相撲《すもう》を挑む。正吉は相撲取りの子なので、力に自信があった。そして、河童を頭の上に高く持ち上げ、岩に叩《たた》きつけ殺してしまった。すると残りの河童が怒って一度に飛びかかって来たため、正吉は必死に闘い続けた。

家の者が心配して探しに来ると、闇の中にひとり素《す》っ裸《ぱだか》で叫び暴《あば》れている正吉が発見された。正吉は父親が声をかけてもわからず、ただひとりで暴れ続けた。河童の憑依《ひょうい》を取るため、父親が河童の弔《とむら》いをすると、やっと正気に戻ったという。

【水虎《すいこ》】『今昔画図続百鬼《こんじゃくがずぞくひゃっき》』などに記される河童。生け捕りにすることができれば、鼻をつまむことで使い走りにすることができる。

【兵主部《ひょうすべ》】『百怪図巻《ひゃっかいずかん》』『画図百鬼夜行《がずひゃっきやこう》』に載《の》る河童。九州地方や近江国（滋賀県）に伝わる。

【山童《やまわろ》】秋から春の間、越冬のために山中に棲《す》むとされる河童。**【山𤢖】とも書く。別名【おじどじ】【山者《やまんもん》】【山人《やまんと》】【山の若衆《やまんのわっかし》】【山の伯父《やまんのおじ》やん】【山ん太郎】【やまんぼ】**とも呼ばれる。

山童

その他の異名

【あわ】備前・備中国（岡山県）。

【いがらぼし】【いんがらぼし】紀伊国（和歌山県）。

【ウエンブタカムイ】アイヌ伝承の河童。

【おしっこさま】陸奥国（青森県）津軽。

【おんがらぼーし】紀伊国（和歌山県）。

【がーたろ】豊後国（大分県）、長崎、紀伊国（和歌山県）、播磨国（兵庫県）。

【がーっぱ】相模国（神奈川県）、豊後国（大分県）。

【がーばこ】陸奥国（福島県）。

【がーら】但馬国（兵庫県）。

【かーらーぼーず】越中国（和歌山県）。

【かーらんべ】美濃国（岐阜県）。

【がーろ】日向国（宮崎県）、薩摩国（鹿児島県）。

【がいたる】紀伊国（和歌山県）。

【がいたるぼうず】播磨国（兵庫県）。

【かいろ】紀伊国（和歌山県）。

【かうこ】備前国（岡山県）。

【がうる】トカラ列島。

【かおーら】対馬《つしま》列島。

【がおら】阿波国（徳島県）、美濃国（岐阜県）。

【ががま】石見国（島根県）、出雲国（島根県）。

【ががも】越中国（富山県）、飛騨国（岐阜県）、若狭国（福井県）。

【がったい】【がったら】【がったる】紀伊国（和歌山県）。

【がったろ】壱岐《いき》、肥後国（熊本県）、備前国（岡山県）。

【がらっぱ】【がらっぽ】日向国（宮崎県）。

【がらよー】喜界島他。

【がらんどん】薩摩国（鹿児島県）他。

【かりこさま】日向国（宮崎県）。

【がろー】大和国（奈良県）。

【がろぼし】伊勢国（三重県）。

【かわいろ】【がわいろ】【かわえろ】【がわう】美濃国（岐阜県）、日向国（宮崎県）。

【かわしょうじもん】陸奥国（青森県）。

【がわっぱ】薩摩国（鹿児島県）。

【川《かわ》の殿《との》】【川の人《ひと》】肥後国（熊本県）。

【川の者《もの》】豊後国（大分県）。

【川ばば】尾張国（愛知県）。

【がわら】越中国（富山県）、紀伊国（和歌山県）、日向国（宮崎県）。

【がわわっぱ】尾張国（愛知県）。

【川童《かわわろ》】肥後国（熊本県）。

【かんちき】甲斐国（山梨県）。

【がんば】薩摩国（鹿児島県）。

【尻曳《しりひき》まんじゅ】丹波・丹後国（京都府）

【尻《しり》こぼし】志摩国（三重県）。

【すじんこ】越後国（新潟県）。

【せえしん】信濃国（長野県）。

【せっこうさま】陸奥国（宮城県）。

【どちろべ】美濃国（岐阜県）。

【淵猿《ふちざる》】陸奥国（岩手県）、安芸国（広島県）。

【ぼし】紀伊国（和歌山県）。

【みずち】越前国（富山県）。

【めどち】陸奥国（宮城県）。

【わらんべ】信濃国（長野県）、美濃国（岐阜県）。

【祇園坊主《ぎおんぼうず》】駿河・遠江国（静岡県）。

桂男《かつらおとこ》

『拾遺抄』『絵本百物語』
紀伊国(和歌山県)
月の人

月の宮殿《きゅうでん》に住む絶世《ぜっせい》の美男子《びなんし》で、月の中に現《あらわ》れ、人を招《まね》く。招かれた者は寿命《じゅみょう》が縮まるとされるが、なにせ美男子。多くの女性が魅了《みりょう》され、知らず知らずの内に……。

金槌坊《かなづちぼう》

『百鬼夜行絵巻』『化物尽くし絵巻』
妖怪

姿は描かれているが解説のない妖怪で、何をするのか不明。『化物尽《ばけものづ》くし絵巻《えまき》』では【大地打《だいちうち》】とされ、赤いぶよぶよした妖怪を打とうとしているようにも見える。

蟹鬼《かにおに》

『化け物尽絵巻』
妖怪

お歯黒《はぐろ》をつけた化け蟹だが、解説がないので何をするのかは不明。目が明王《みょうおう》のようなので、何かを諌《いさ》める妖怪か、それとも【蟹坊主《かにぼうず》】の仲間か？

蟹坊主《かにぼうず》

伝承
全国
妖怪

廃寺《はいじ》に棲《す》む沢蟹《さわがに》の妖怪で、旅の僧が寺に泊まると、巨大な坊主に化けて出て、問答《もんどう》（仏教の知識や知恵くらべ）を挑むという。旅の僧に化け蟹であることを見破られて退治される。

金玉《かねだま》

『狂歌百物語』『兎園小説』
安房・下総国（千葉県）、武蔵国（東京都）／招福

文政《ぶんせい》八年（一八二五）に安房国の丈助《じょうすけ》という農民が畑仕事をしていると、空に雷鳴《らいめい》のような音が轟《とどろ》き、光り輝く卵のようなものが落ちて来たという。武蔵国千住宿《せんじゅじゅく》や下総国印旛沼《いんばぬま》でも金玉が落ちて来たと言われる。金玉はそのまま保存すれば家の繁栄《はんえい》を導《みちび》くと言われ、傷つけると滅ぼされるという。

金霊《かねだま》

『今昔画図続百鬼』『怪談摸摸夢字彙』『古今百物語評判』
福招

《無欲《むよく》で善行《ぜんぎょう》を行なう者に福が訪れる》ことを象徴《しょうちょう》する怪。空からお金が飛んで来るように描かれているが、実際にはこういう事が起る怪ではなく、あくまでもイメージらしい。

金《かね》ん主《ぬし》

伝承
肥後国（熊本県）
招福

天草《あまくさ》にある石の眼鏡橋《めがねきょう》に大晦日《おおみそか》に現《あらわ》れる神。武士の姿で立っていて、力比《ちからくら》べをして勝つと、大金持ちになれるという。

かぶきり小僧《こぞう》

伝承／下総国（千葉県）他
妖怪

丈《たけ》の短い着物を着た、かぶきり頭（おかっぱ頭）の小僧で、山道や夜道に現れて「水飲め、茶飲め」と言って来る。狢《むじな》が化けたものともされる。

禿《かぶ》切《き》れ童子《わらし》

伝承
陸中国（岩手県）
妖怪

普段はまだの木（大葉菩提樹。根元に大きな洞を作る）に棲《す》み、童子に化けて座敷に忍び込んで、娘に悪戯《いたずら》する。胡桃《くるみ》の木の三《み》つ叉《また》（枝分かれしたところ）に赤い顔をした子がいたら、それもこの妖怪だと言われる。

南瓜転《かぼちゃころ》がし

伝承
備後国（広島県）
妖怪

大きな南瓜を転がす妖怪。南瓜を盗むのではなく、南瓜が転がって慌《あわ》てる人間を見て喜ぶ。

蝦《が》蟇《ま》

『耳袋』他
全国
妖怪

実際に、蝦蟇が出す分泌物《ぶんぴつぶつ》は、強《きょう》心《しん》作用、鎮痛《ちんつう》作用、止血《しけつ》作用があることから、蝦蟇は古くから妖術《ようじゅつ》を使うと信じられており、様々なお話に登場する。巨大化したり、何十人もの武士に化けたり、人の精気《せいき》を吸うとされる。千年生きた蝦蟇は角を生やして腹の下が赤くなるとされ、これを食べると、仙人《せんにん》になれると言われる。

＊

【大蝦蟇《おおがま》】岩国では山奥に八尺（二・四メートル）の大蝦蟇がいて、口から虹のような気を吐いて、虫や鳥、蛇など、何でも吸い込んでいたという。越後国では、ある侍が渓谷の岩の上で釣りをしていたが、実はそれが蝦蟇で、大きさは三畳もあったという。比叡山にも同じような伝承がある。

【蝦蟇仙人《がませんにん》】出羽国（山形県）に現れる妖怪で、長く生きた蝦蟇や、霧や雨を司る神とされる。子供が悪戯《いたずら》で蝦蟇を殺そうとすると「雨が降るからやめろ」と叱られるという。

【蝦蟇憑《がまつ》き】陸奥国（岩手県）の怪で、蝦蟇を殺すとその人に蝦蟇が憑《つ》くという。また、夜中に寝床に蝦蟇が入り込んで来るともいう。

鎌鼬《かまいたち》

『狂歌百物語』『今昔百物語評判』『耳嚢』／全国
妖怪

旋風《つむじかぜ》と共にやって来て、人の足や腕などを斬りつける妖怪で、実際の現象でもある。鎌鼬に斬られると、その場では気付かないが、少ししてから出血と痛みを感じるという。また、旋風そのものも鎌鼬または《鎌《かま》風《かぜ》》と呼ばれる。

蟷螂坂《かまきりざか》

伝承
越後国（新潟県）
祟り

越後国のある坂で、人を喰らうほどの大きさの蟷螂が現れた。しかし、冬に大雪が降り圧死してしまったという。それ以来、その坂で転ぶと、鎌傷《かまきず》ができて黒い血が出てとても痛いと言われる。

竈《かまど》の怪《かい》

『耳袋』
江戸
怨霊

江戸の内藤新宿《ないとうしんじゅく》に住む者が、古道具屋で竈を買ったが、夜になると竈の中から薄汚い法師《ほうし》の手が出て来るというので返品する。不思議に思った道具屋が竈を壊してみると、中に五両の金が塗り込められていた。この金を隠したまま死んだ乞食法師《こじきほうし》が、死んでなお、お金に執着して出て来たと言われる。

髪鬼《かみおに》

『百器徒然袋』
怨念

嫉妬《しっと》や怨念《おんねん》が髪にこもって妖怪となったもの。髪が伸びて角《つの》のように逆立つ。

神隠し《かみかくし》

伝承
全国
怪異

【逢魔時《おうまがとき》】まで隠れん坊をしている子供が忽然《こつぜん》と消えてしまう怪。犯人は【隠《かく》し神《がみ》】【隠《かく》れ婆《ばばあ》】【籠背負《かごしょ》い】【叺親父《かますおやじ》】【袋担《ふくろかつ》ぎ】【化物婆《ばけものばば》】など様々。実際にも、昔は子供や女性を攫《さら》う者は多かった。

神風《かみかぜ》

伝承
常陸国（茨城県）
病

神風に遭《あ》うと体調を崩したり、集中力を失うという。また、ちょっとした傷も治りにくくなると言われる。どんな場所でどのように神風に遭うのかは不明。

髪《かみ》切《き》り

『化物尽絵巻』『耳袋』『諸国里人談』
全国／妖怪

夜中に歩いていると、髪の元結《もとゆい》辺りからバッサリと髪を切ってしまう妖怪。家の中でも、厠《かわや》（トイレ）からの帰りなどに襲《おそ》われるという。正体は【髪切り虫《むし》】という虫や黒い大男ともされる。

襲われるのは主《おも》に奉公女性。実際に元禄時代（一六八八〜一七〇三）と寛永十四年（一六三七）、文政四年（一八二一）、弘化元年（一八四四）とたびたび事件が起った。

瓶《かめ》長《おさ》

『図画百鬼徒然袋』
付喪神、招福

いくら汲《く》んでも水が尽きない、幸運の詰まった水瓶《みずがめ》。江戸時代は、飲み水は井戸から汲《く》んで、水瓶に溜めて使っていたので、水汲みは重労働だった。それから解放されるのは、現代なら《いくら捨ててもいっぱいにならないゴミ箱》に近い有り難さ。

亀《かめ》積《しゃく》

『針聞書』『五臓之守護幷虫之図』
妖虫

この妖虫は二種の東洋医学書に載《の》っていて、『針聞書《はりききがき》』では、赤い体で、傘のようなもので薬を防ぐ厄介《やっかい》な虫で、腹の飯を食べる。野豆《のまめ》（ツルマメ）を食べると退治できるという。『五《ご》臓《ぞう》之《の》守《しゅ》護《ご》幷《ならびに》虫《むし》之《の》図《ず》』の虫はさらに厄介で、憑《つ》かれると死ぬという。治療には箒草《ほうきぐさ》を食べると、消滅させることができるとされる。

『針聞書』の亀積

『五臓之守護幷虫之図』の亀積

亀《かめ》姫《ひめ》

『老媼茶話』
陸奥国（福島県）
妖怪

亀《かめ》ヶ城《じょう》と呼ばれる陸奥国《むつのくに》の猪苗代《いなわしろ》城《じょう》の主とされる妖怪で、姉は白鷺城《しらさぎじょう》（姫路城）の【刑部姫《おさかべひめ》】と言われる。寛永十七年（一六四〇）に城代・堀部《ほりべ》主膳《しゅぜん》の前に子供が現《あらわ》れ、亀姫に挨拶《あいさつ》をするように要求したが、断ったために死んでしまう。亀ヶ城では代々、城代が亀姫に臣下の礼を取るのが習わしだったそう。また、翌年の夏に、田んぼに七尺《しゃく》（二・一メートル）の大入道が現れ、ある武士が斬《き》り殺すと、古い貉《むじな》であったという。それ以来、怪異は起きなくなったとも言われる。

空木倒し《からきだおし》

伝承
越後国（新潟県）他
怪異

山の中から斧《おの》で木が切られて倒れる音が聞こえる。しかし、倒れて地面にドスンと響く音は聞こえないという怪異。もちろん、どこを探しても、実際に木は倒れていない。

伽藍様《がらんさま》

伝承
備前国（岡山県）
妖怪

祠《ほこら》や寺の境内《けいだい》に潜む妖怪。神聖な場所を荒らされるのを嫌い、寺に下《げ》駄《た》を履いて行くのも避《さ》けるとされる。女性が近づいてはいけない場所もある。決まりを破ると災いや病《やまい》が襲うという祟《たた》りがあり、恐れられる。

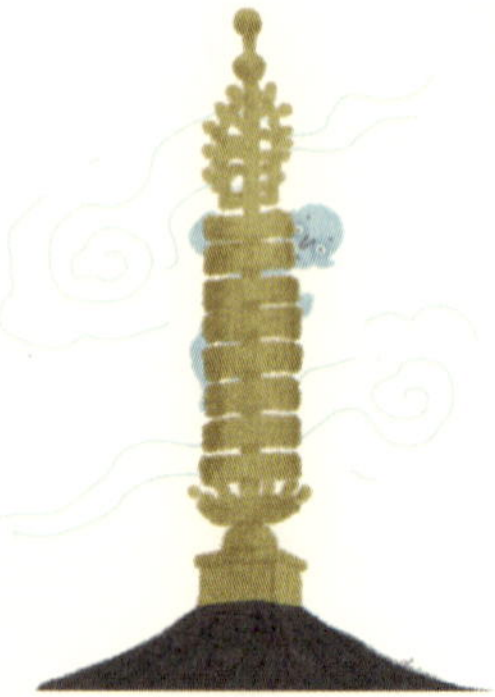

画霊《がれい》

『落栗物語』
付喪神

勧修寺《かじゅうじ》という公家の家に伝わる土《と》佐《さ》光起《みつおき》作のぼろぼろの屏風《びょうぶ》から、女性が抜け出す怪。試しに絵の女性の額に細く切った紙を貼り付けたところ、毎夜現《あらわ》れる怪しい女の額にも同じ紙が付いていたことから、これは屏風を大切にしろという警告《けいこく》だと受け取り、修繕《しゅうぜん》した。すると、女の怪は現れなくなったという。

川赤子《かわあかご》

『今昔画図続百鬼』『絵本小夜時雨』
妖怪

『今昔画図続百鬼《こんじゃくがずぞくひゃっき》』に描かれ、川の藻屑《もくず》の中にいるだけで、正体も行為も不明。【河童《かっぱ》】の仲間とも、【人魚《にんぎょ》】の仲間ともされる。

獺《かわうそ》

『図画百鬼夜行』『太平百物語』他／全国
妖獣

狐狸《こり》と同じように人に悪戯《いたずら》をするとされる。また、能登国（石川県）、土佐国（高知県）では【河童《かっぱ》】に安芸国（広島県）では【見越入道《みこしにゅうどう》】【大坊主《おおぼうず》】の正体とも言われる。陸奥国（青森県）では人に取り憑《つ》いたり、生首《なまくび》に化けて川漁師の網にかかって驚かすこともある。その他、美人に化けて人を騙《だま》し、殺すこともあると言われる。

川男《かわおとこ》

『和訓栞』『和漢三才図会』
妖怪

美濃・飛騨国（岐阜県）に現れる色黒で背の高い妖怪。高山《たかやま》の大川《おおかわ》などに棲《す》み、夜に網を打ちに行くと、川岸にふたり並んでおり、物語を語り合っているという。人に危害は加えないようだ。【魍魎《もうりょう》】や【河童】と同じとも言われる。

河《かわ》女《おなご》

伝承
陸奥国（青森県）
妖怪

陸奥国津軽《つがる》の十川《とがわ》に架《か》かる釜石橋《かまいしばし》の近くの土手に現れる妖怪。通る男性に取り憑《つ》き、大飯を喰《く》らいにさせる。自分のうんちまで喰うようになる。家の者が寝た頃に出かけ、河女に逢《あ》いに行くようになり、最後は精神異常を来《きた》してしまうと言われる。

河《かわ》熊《くま》

伝承／出羽国（秋田県）、越後国（新潟県）
妖怪

陸奥国の雄物川《おものがわ》では、川底から黒い毛の生えた手が伸びて、舟にあった鉄砲を奪ったという。越後国信濃《しなの》川《がわ》では、河熊は堤《つつみ》を壊して洪水《こうずい》を起こすとされる。共に凶悪な妖怪。

川《かわ》女郎《じょろう》

伝承
讃岐国（香川県）
精霊、招福

大水《おおみず》が出て川の堤防《ていぼう》が決壊《けっかい》しそうになると「家が流れるわ」と泣くように告げるという。幽霊というよりは、人々を守る精霊。

川手《かわて》

伝承
信濃国（長野県）
妖怪

信濃国佐久《さく》にある、あさみ原に現《あらわ》れた目が皿のように大きい妖怪。甚《じん》兵衛《べえ》という者が薪拾《まきひろ》いに行った帰りに出会い、慌てて逃げ帰った。が、夜になって「山から川手が呼ぶ」と言い出した。そして、「川手や〜い」と叫びながら山へ走っていこうとし、皆に取り押さえれたという。

川姫《かわひめ》

伝承／土佐国（高知県）、豊前国（福岡県）、豊後国（大分県）
妖怪

土佐国では四万十川《しまんとがわ》の川辺に糸を紡《つむ》ぐ怪しい女が出た。声をかけると振り返ってニヤリと笑い、川に飛び込んだという。

豊前国では、水車小屋《すいしゃごや》などに若者が集まっていると、怪しい女がやって来る。見とれると精気を抜かれる。

豊後国では、下流から川面を歩いて来て、ひらりと橋の欄干《らんかん》に飛び乗ったりする怪しい女。

厠神《かわやがみ》

伝承
全国
神

裸で厠（トイレ）に入ると、厠神にお尻を引っかかれると言われる。

厠に現れる神の話は、【かいなで】のように節分に夜に限って現れたり、夜中に用をたすのを嫌ったりする他、【加牟波理入道《がんばりにゅうどう》】のように福を招くものなどがある。

江戸時代の厠は、家の隅や、母屋から離れた場所にあるので、夜中に用をたすのは、少しだけ勇気が必要だった。

髪《かん》切《ぎ》りっ子《こ》

伝承　越後国（新潟県）
妖怪

おかっぱ頭の子供の妖怪で、夜に決まった場所に現れるという。

鑵《かん》子《す》転《ころ》ばし

伝承／周防・長門国（山口県）
怪異

お酒に燗《かん》をつける鑵子が、崖《がけ》の上から転がって来る怪。驚いてしまうと、腰が抜けて足が立たなくなるという。鑵子とはいわゆる《茶釜《ちゃがま》》のことで、【南瓜転《かぼちゃころ》がし】と同じような怪異かもしれない。ただし、南瓜転がしは、何処《どこ》で転がすのかはわかっていない。

肝《かん》積《しゃく》

『針聞書』
妖虫

肝臓《かんぞう》にいる虫。酸っぱいものが好きで油臭い物が嫌いという。東洋医学書の『針聞書《はりききがき》』には「常に怒っているような顔の色をしている」と、書かれているが、表情の方はそうでもない感じもする。

龕《がん》のマジムン

琉球伝承
妖怪、死神

龕は棺桶《かんおけ》を運ぶ輿《こし》のこと。これが大きな牛馬に化けて、ギ～ギ～と棺桶を担ぐ音を立てながら、臨終間際《りんじゅうまぎわ》の者の家とを往復しているという。また、葬儀《そうぎ》に赤い着物や帯をして行くと、龕のマジムンに魂を奪《うば》い取られるとされ、龕の前で死者の悪口を言うと、連れに来ると言われる。

加年波理入道《がんばりにゅうどう》

『今昔画図続百鬼』『甲子夜話』
神、招福

大晦日《おおみそか》の夜に厠《かわや》に現れる妖怪。「がんばり入道ほととぎす」と呪文《じゅもん》を唱えると消え去る。呪文《じゅもん》を三回唱《とな》えると生首が落ちて来て、それが黄金に変わったり、下から入道が現れ、その頭を取って左袖に一度入れ、取り出すと小判に変わる、という話もある。

肝虫《かんむし》

『針聞書』
妖虫

辛いものが好きで、背骨に喰《く》らいつく寄生虫《きせいちゅう》。背中が反る「そり」という病気を起こす凶悪な虫というが、そのわりには描かれている姿はまったく凶悪な感じはしないが。木香《もっこう》、白朮《びゃくじゅつ》で退治する。

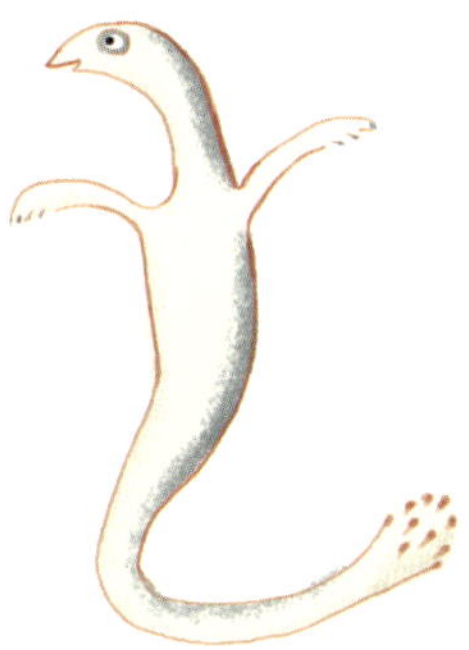

きうかん

『針聞書』
妖虫

肺《はい》にいるとされる病《やまい》の虫。病が進行すると牛のような姿に変化し、病気が治り難くなるという。針で退治できるようだ。

祇園鮫《ぎおんざめ》

伝承
尾張国（愛知県）
妖魚

祇園祭《ぎおんさい》の日に渥美半島《あつみはんとう》の海岸に出没《しゅつぼつ》するという妖魚。土地の人は祇園祭の日には海に入らないという。

雉《きじ》喰《く》い

『姫国山海録』
筑後国（福岡県）
未確認生物

享保《きょうほう》十一年（一七二六）、筑後国《ちくごのくに》に出たとされる妖獣。未確認生物の記録『姫国山海録《きこくせんがいろく》』に載るが、名前は記載されていない。野《の》の雉を喰《く》い、捕えようとすると、風のように早く走り、洞窟に逃げ込んだという。この姿で駿足《しゅんそく》というのが驚きだ。

キジムナー

琉球伝承
精霊、妖怪

ガジュマル、赤榕《あこう》、福木《ふくぎ》、梅檀《せんだん》の古木に棲《す》むと言われる精霊。

姿は様々で、髪は肩まであり、全身毛で覆《おお》われているとも。髪や全身が赤い子供、または小人で、手は木の枝のようだとも言われる。地域によっては真っ黒な大人サイズだったり、睾丸《こうがん》が大きいとされることもある。

木に棲んでいるが、主食は魚介類《ぎょかいるい》で、グルクン（タカサゴ）の頭や、魚の左目が好物だと言われる。魚好きなので仲の良い漁師の手伝いをするというが、蛸《たこ》や屁《へ》が嫌いなので、魚を捕っている時に屁をひると、消えてしまうらしい。

悪戯《いたずら》もよくする。人を誑《たぶら》かし、土を飯だと騙《だま》して食べさせたり、木の洞《うろ》に閉じ込めたり、寝ている人に乗ったりもするし、夜道を行く人の灯を消すのも十八番《おはこ》だ。

さらに、木を伐ったり、虐《いじ》めたりすると、家畜を殺したり、船を沈めたりもする。昼間は人間には見えないので、キジムナーの悪口を言うと、意外に側《そば》にいて聞いていて、夜になって仕返しされるという。

異名は多く、【アカカナジャー】【アカカナジャイ】【アカガンター】【キジムン】【キムヤー】【セーマ】【セーマグ】【ブナガヤー】【ミチバタ】【ハンダンミー】【ワラビ】など。

【キジムナ火《ひ》】は【怪火《かいか》】の一種で、屋根の上にキジムナ火が昇ると、その家の人は死期が近いと言われる。

【キジムナー】アカカナジャー・アカカナジャイ・アカガンター・キジムン・キムヤー・セーマ・セーマグ・ブナガヤー・ミチバタ・ハンダンミー・ワラビ／キジムナひ

気《き》積《しゃく》

『針聞書』
妖虫

油っぽい食べ物を好み、魚や鳥も食べる。虎《とら》の腹を食べると退治できると言われる。虎には弱そうだが、姿を見ると、確かに虎には手に入らないだろう。

黄《き》粉《な》坊《こぼう》

『百鬼夜行絵巻』
妖怪

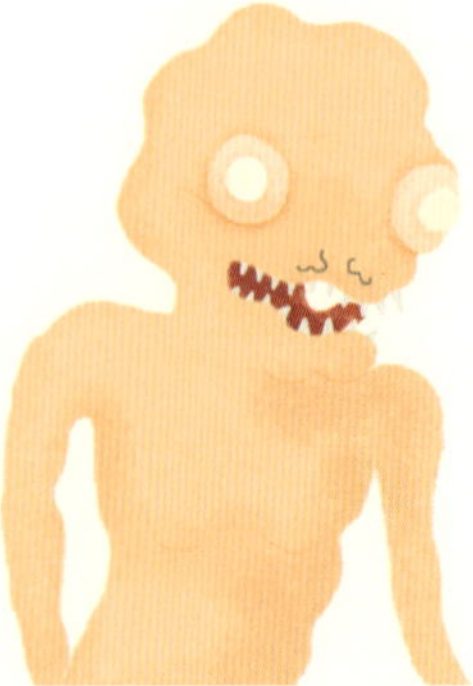

解説がないので、名前と姿から想像するしかない妖怪。しかも、肩から上しか描かれていない。黄粉と水飴で作る菓子《黄粉棒《きなこぼう》》が化けたものであろう。妖怪と知らずに食べてしまうと、お腹《なか》を壊しそうだ。

キナポソインカラ

アイヌ伝承／妖怪

野道の両脇に茂る雑草の間から覗《のぞ》いていて、人に悪さをする妖怪だと言われる。

木《き》の子《こ》

伝承
大和国（奈良県）
妖精

青い服を着た幼児の姿の木の妖精。服は木の葉でできているともされる。姿を直視しても影のようで、いるのか、いないのかよくわからないという。気をそらされているうちに弁当を盗むという。

キムナイヌ

アイヌ伝承
妖怪

犬の妖怪ではなく、山の人もしくは神という意味。石狩川《いしかりがわ》の上流の大《たい》雪山《せつざん》に棲《す》み、足が速くて、なんと熊も手掴《てづか》みで取って喰《く》うという。煙草《たばこ》好きなので煙草を分ければ、人には危害を加えないとされる。しかし、人に近づいて朽《く》ち木を倒したり、殺《あや》めることもある。

キムンカムイ

アイヌ伝承
妖怪

普通は熊のことを指すが、妖怪では山犬を連れた山の妖怪という。

肝《きも》取《と》り

伝承／信濃国（長野県）、
薩摩国（鹿児島県）
妖怪

夕ご飯を食べない人を攫《さら》って行く妖怪。

また、葬式《そうしき》の後に墓場に登場する【怪火《かいか》】も指す。

旧《きゅう》鼠《そ》

『絵本百物語』『翁草』／出羽国（山形県）、尾張国（愛知県）他／妖獣

千年を生きた鼠《ねずみ》が化ける猫ほどの大きさの妖獣。出羽国では厩《うまや》の猫と仲良くしていて、猫が死んだ後、その猫が産んだ子を育てた、という話がある。尾張国では、屋敷の灯油が旧鼠に盗まれ、退治するために猫を飼ったが、その猫は旧鼠に噛み殺されてしまったという。

九《きゅう》虫《ちゅう》

『針聞書』
妖虫

腹の中に生ずる五色の虫。この中から、さらに凶悪な虫が生まれるという。東洋医学書の『針《はり》聞《きき》書《がき》』に載《の》る妖虫の絵は、どれもあまり怖くないのが特徴。

狂《きょう》骨《こつ》

『今昔百鬼拾遺』
怨霊

井戸の中の白骨《はっこつ》が化《ば》けたもの。『今《こん》昔《じゃく》百《ひゃっ》鬼《き》拾《しゅう》遺《い》』の解説には、「この怨《うら》み甚《はなは》だしい〜」と書いてあるので、殺した人間を怨んで現れる怨霊と思われる。

狂人石《きょうじんせき》

伝承
飛騨国（岐阜県）
怪異

飛騨国高山《たかやま》にある櫻山八幡宮《さくらやまはちまんぐう》の境《けい》内《だい》にある奇石。神仏自然を敬《うやま》わず、境内を汚したり壊したりした者がこの石に触れると、たちまち発狂《はっきょう》してしまうと言われる。

蟯虫《ぎょうちゅう》

『針聞書』
妖虫

六十日に一度巡《めぐ》って来る、《庚申《こうしん》の夜》に体から抜け出て、【閻魔大《えんまだい》王《おう》】にその人の悪事を告げる虫。庚申講の【三尸《さんし》】に似るが、言いつける相手が異なる。何しろ、江戸時代は《お酒を薄めて売る》だけでも、専用の地獄に落ちると信じられたため、気が抜けない。

経凛々《きょうりんりん》

『百器徒然袋』
付喪神

「人を呪《のろ》わば穴ふたつ」と言われるように、これは呪詛《じゅそ》をした者に取り憑《つ》く経文《きょうもん》の妖怪。

キラウシカムイ

アイヌ伝承
神

有珠岳《うすだけ》に落とされた雷を司《つかさど》る神。天が人間に幸福を授けるために使わせたが、幸せを独《ひと》り占《し》めしようとして、神に罰せられた。

桐一兵衛《きりいちべい》

伝承
越後国（新潟県）
妖怪

山に棲《す》む妖怪で、これを刀で斬《き》っても、倍に増えるだけで討《う》ち取れないという。【切一倍《きりいちばい》】とも呼ぶ。

深夜に、おのぼり峠を歩いていた侍が後ろから小さな子供に追いかけられ、「早く歩いて父様に抱かれ」と言いながら迫《せま》って来る。妖怪だと判断して斬ったが、子供はふたりになり四人になりして襲って来て、最後は数え切れないほどになったという。あわやというところで、夜明けを知らせる鶏《にわとり》の声が鳴き、桐一兵衛は退散した。しかし、それは本当の夜明けではなく、刀の柄《つか》にある鶏の目貫金具《めぬきかなぐ》の鳴き声だったそう。

麒麟《きりん》

中国伝承
霊獣

唐（中国）神話に登場する伝説の霊獣で、百獣の王とされる。一頭の名ではなく、雄が《麒》で雌が《麟》。一本角に龍の顔、鹿の体に牛の尾、馬の蹄《ひづめ》。体は五彩で腹は黄色い。温和《おんわ》で殺生《せっしょう》を嫌うという。政治が正しければ姿を現すと言われる。動物のキリンは、この麒麟に似ているので名付けられた。

クウケェシュキとクウケエパロ

『和漢三才図会』『今昔画図続百鬼』
親子／天狗／荒神

肩の上に眼《め》がある妖怪と肩の上に口がある妖怪。アイヌの英雄ポンヤウぺが怪人の国を征服した際に激しく抵抗したという。

ぐず

伝承
能登国（石川県）
妖魚

巨大な鰍《かじか》（魚川）の妖魚で、秋になると人身御供《ひとみごくう》（生け贄）を要求し、逆らうと火を吹いて田畑を荒らしたと言われる。

件《くだん》

伝承
全国
妖怪

件は、証文などの終わりに書く「件の如《ごと》し」（「以上の事を確認」の意）で、書式を知らないものが「件のような、もの」の意に勘違《かんちが》いすることをからかったもの。そのため、文字に合わせて人と牛を合わせた姿として描かれる。中国地方から西では、疫病《えきびょう》を予言する妖怪とされ、人と牛の間に生まれて、予言をして死んでしまうと言われる。

沓《くつ》頬《つら》

『百器徒然袋』
妖獣

唐（中国）伝承で、頭に沓を乗せている妖獣。瓜《うり》の畑を荒すという。

くね揺《ゆ》すり

伝承
出羽国（秋田県）
妖怪

生垣《いけがき》をガッサガッサと揺すり、人を脅かす妖怪。【小豆磨《あずきと》ぎ】の近くに現れるという。

首《くび》かじり

伝承
幽霊

秋、彼岸花《ひがんばな》の咲く頃に墓場に現《あらわ》れ、夜中に死体の首を齧《かじ》る女の幽霊。

首《くび》切れ馬《うま》

伝承
全国
妖怪

首のない馬の妖怪で、大晦日《おおみそか》や節《せつ》分《ぶん》の夜に現れると言われる。殺された馬の亡霊ともされるが、神が乗っているともいう。近くを首だけが飛ぶこともある。

首切《くびき》れ地蔵《じぞう》

伝承
阿波国（徳島県）
妖怪

妖怪が首のない地蔵に化《ば》け、夜中に竹藪《たけやぶ》に現れるという。

くへた

伝承
越中国（富山県）
神、招福

越中国立山《たてやま》の予言神で、五年以内に疫病《えきびょう》の流行《りゅうこう》すると予言しに現れた。自分の姿を写し、それを見れば病を避けられると告げた。

倉坊主《くらぼうず》

『耳袋』他
甲斐国（山梨県）、江戸他
妖怪

甲斐国《かいのくに》では、蔵の中にいる妖怪をお倉坊主と呼ぶ。旧家の土蔵などに棲《す》む。糸車の音がしたり、朱塗り桶を提げていたりするという。江戸の本所《ほんじょ》では、蔵から物を出す時は倉坊主に、「何の品、明日入用《いりよう》」と頼むと、戸前に出してあったという。

鞍野郎《くらやろう》

『画図百鬼夜行』
付喪神

源義家《みなもとのよしいえ》の家臣・鎌田政清《かまたまさきよ》の鞍とされ、政清が殺され、うち捨てられた鞍が妖怪となったものという。

黒玉《くろだま》

伝承
全国
妖怪

夏の夜、人が寝入った頃の蚊帳をすり抜けて入り、足に止まると、体を伝って胸を押さえつけて苦しめ、最後は顔を覆《おお》って寝苦しくするという妖怪。

くろっぽこ人《じん》

伝承／越中国
（富山県）
小人

身長三尺（九十センチ）そこその小人で、洞窟《どうくつ》に棲《す》み、狩猟生活をしているとされる。

黒仏《くろぼとけ》

伝承
紀伊国（和歌山県）他
招福

黒仏は火事が出た時に家々の上を飛んで「おーい、おーい」と叫び、火事を知らせるという。

桂積《けいしゃく》

『針聞書』
病の種

江戸時代の東洋医学書『針聞書《はりききがき》』に載《の》る病の種。桂が枝を伸ばすように五臓六腑《ごぞうろっぷ》を巻き込んで機能不全にすると書かれている。癌《がん》の一種だろうか？

芸州五日市の雷獣《げいしゅういつかいちのらいじゅう》

『雷獣幻獣尽くし絵巻』／妖獣

雷獣《らいじゅう》の一種。雷と一緒に降りて来ると信じられていた妖獣で、落雷した木や家に爪痕《つめあと》を残すという。これは享和《きょうわ》元年（一八〇一）に雷雨《らいう》の際に安芸国（広島県）五日市《いつかいち》に落ちて来たという。顔や手が蟹《かに》のようで身体には毛が生えていたという。

毛有毛現《けうけげん》

『今昔百鬼拾遺』
妖怪

唐（中国）伝承の妖怪から引用された全身毛むくじゃらの妖怪。絵では庭先にいる大きな狆《ちん》（小型犬）のよう。【希有希見】とも書く。

蹴転《けころ》がし

伝承
備前国（岡山県）
怪異

猫ほどの大きさの袋が、突然落ちて来て、人を転がせるという。

芥子坊主《けしぼうず》

伝承
備前国（岡山県）
妖怪

阿波国《あわのくに》の彦太郎谷《ひこたろうだに》に多く出る赤子の妖怪《芥子坊主》は子供の髪型のこと。ぎゃあぎゃあと鳴きながら出て来るという。

毛倡妓《けじょうろう》

『今昔画図続百鬼』
幽霊

遊廓《ゆうかく》に現《あらわ》れる幽霊。顔は毛で覆《おお》われており、目も見当たらない。打ち振り乱した髪で、廊下《ろうか》に立っているという。

袈裟羅婆裟羅《けせらんぱせんらん》

伝承
全国
謎の生物

空を飛んでやって来ると言われる謎の生物。白い毛の玉で、白粉を食べて育つという。植物の綿毛や、動物の毛とも言われる他、枇杷《びわ》の木の精ともされる。

血塊《けっかい》

『耳袋』
武蔵国（神奈川県・埼玉県）他
妖怪

人の出産の時に赤子《あかご》の代わりに生まれるもので、絵では渦だけだが、舌が二枚あり牛に似た顔の毛むくじゃらの妖怪という。生まれるとすぐに囲炉裏《いろり》の自在鉤《じざいかぎ》（鍋などを吊す道具）を登って逃げてしまうとされる。逃げられると産婦の命が奪《うば》われるという。

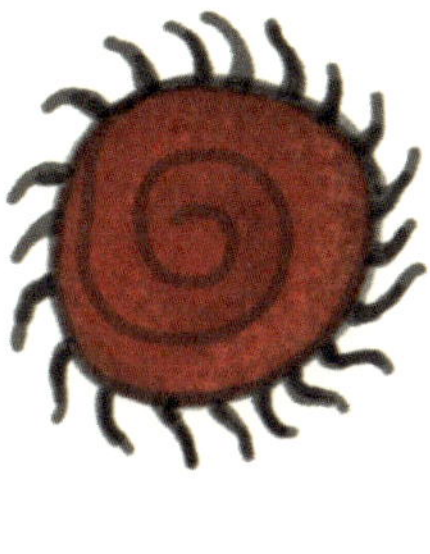

血積《けっしゃく》

『針聞書』
妖虫

江戸時代の東洋医学書『針聞書《はりききがき》』に載《の》る、病を起こす妖虫。大病《たいびょう》をした者の胃にいるとされる虫の妖怪で、縮砂《しゅくしゃ》（漢方の胃の薬）をかけると退治できるという。

倩兮女《けらけらおんな》

『平家化物たいぢ』『今昔百鬼拾遺』
幽霊

男に笑いかけて誑《たぶら》かす、淫婦《いんふ》の幽霊とされる。『平家化物《へいけばけもの》たいぢ』では、笑う美女の巨大な生首で、『今昔百《こんじゃくひゃっ》鬼拾遺《きしゅうい》』では塀越《へいご》しに覗《のぞ》くおかめのような女。

ケンムン

伝承
奄美諸島
妖怪

【キジムナー】と【河童《かっぱ》】を合わせたような妖怪。姿は様々だが、ほとんどが、五～六歳の子供のようで、全身赤みがかった肌に毛が生えているそう。頭には皿があり、油や水が入っているという。ガジュマルの木に棲《す》み、木の精霊ともされ、勝手に木を伐《き》ると、眼を突かれて腫《は》れてしまうとされる。蝸牛《かたつむり》や蛞蝓《なめくじ》が好物で、ケンムンの棲む木の下には蝸牛の殻が多く落ちている言われる。

河童のように相撲《すもう》を取ったり、片方の手を引っ張ると、もう片方と繋《つな》がって抜けるともいう。性格は友好的だが、中には悪いのもいて、子供を攫《さら》って魂を抜くとも言われる。

虎隠良《こいんりょう》

『百器徒然袋』
付喪神

爪《つめ》のような槍《やり》を持ち、頭に印籠《いんろう》のようなものを乗せている、謎の妖怪。革製の巾着《きんちゃく》の【付喪神《つくもがみ》】らしく、何《な》故《ぜ》か足が非常に速く、千里《せんり》を走るという。

虚空太鼓《こくうだいこ》

伝承
周防国（山口県）
怪異

水無月《みなづき》（六月）になると、どこから太鼓の音が聞こえて来るという怪。その昔、芸人一座を乗せた船が遭難し、太鼓を鳴らして助けを求めたが、報われずに遭難したため、その【亡霊《ぼうれい》】の仕業とされる。

古庫裏婆《こくりばばあ》

『今昔百鬼拾遺』
妖怪

山中の寺の僧が妻を囲い、庫裏（寺の中で、僧侶の住居、食堂）に住まわせていたが、非常に長生きで、住職が七代に変わる頃には妖怪と化した。そして、寺のお供えや金銭を盗むようになり、さらに葬《ほうむ》られた遺体を掘り起こし、皮を剥《は》いで死肉を喰《く》らったとされる。ついには、成仏《じょうぶつ》させてくれるという僧侶も喰ってしまった。

こさめ小女郎《こじょろう》

伝承／紀伊国（和歌山県）
妖魚

日高川《ひだかがわ》に棲《す》む妖魚で、竜神村《りゅうじんむら》のおえがうら淵《ふち》で、美女に化けて木樵《きこり》などを誑《たぶら》かしては、淵に引きずり込んで喰《く》っていたという。正体は永く生きた鱒《ます》であった。そこで、鵜匠《うしょう》が賢い鵜を使って退治したと言われる。

小雨坊《こさめぼう》

『今昔百鬼拾遺』／陸奥国（青森県）、大和国（奈良県）
妖怪

雨降る夜に、大峰山《おおみねさん》や葛城山《かつらぎさん》に現れて物乞《ものご》いをするという妖怪。ふたつの山は、ともに修験道《しゅげんどう》の地として有名。通る者の多くは、信仰のある者だろうから、易々《やすやす》と食べものや小銭を得られただろう。雨の夜に限って出るところが、正体を知る手がかりか？

腰抜け幽霊《こしぬけゆうれい》

『西鶴名残の友』
出羽国（山形県）
怨霊

出羽国《ではのくに》の恋《こい》の山《やま》（湯殿山《ゆどのさん》）で泣き崩れていた怨霊。作家・井原西鶴《いはらさいかく》が俳諧《はいかい》の友と、日暮れに湯殿山に登ると、木陰に髪を振り乱した女がいる。清水を手ですくっては飲み、息をつくたびに炎を吐きながら、身をよじって苦しんでいたという。

友の僧が訳を聞くと、病になるほど恋をした男と契《ちぎ》りを結んだが、すぐに余所《よそ》に女をつくって裏切られた。そこで、呪《のろ》い殺してやると念じつつ怨《うら》み死にしたという。

そして、今日、女と二階座敷にい

るところを見つけたので、いざ、取り殺してやろうと階段を駆け上がったが……。途中で踏《ふ》み外し、腰を激しく打ってしまった。それでここまで這《は》って来て、嘆《なげ》いていたそう。西鶴は「最近の若い者は気力がないから、幽霊になっても怨念《おんねん》が相手に届かない。口ばかり達者《たっしゃ》で困ったものだ」と思ったという。

腰虫《こしのむし》

『針聞書』
妖虫

腰に巣くうとされる妖虫で、この虫に憑《つ》かれると腹を下したり、汗が出たり、胸元が苦しくなるそう。木香《もっこう》・甘草《かんぞう》などの薬草で退治できる。

小姓《こしょう》

『針聞書』
妖虫

物を言う妖虫。笠《かさ》を被《かぶ》り薬を避《さ》ける耐性《たいせい》がある。胴は蛇《へび》のようで、白くて長い髭《ひげ》が生えているという。甘酒が好きという甘党《あまとう》。

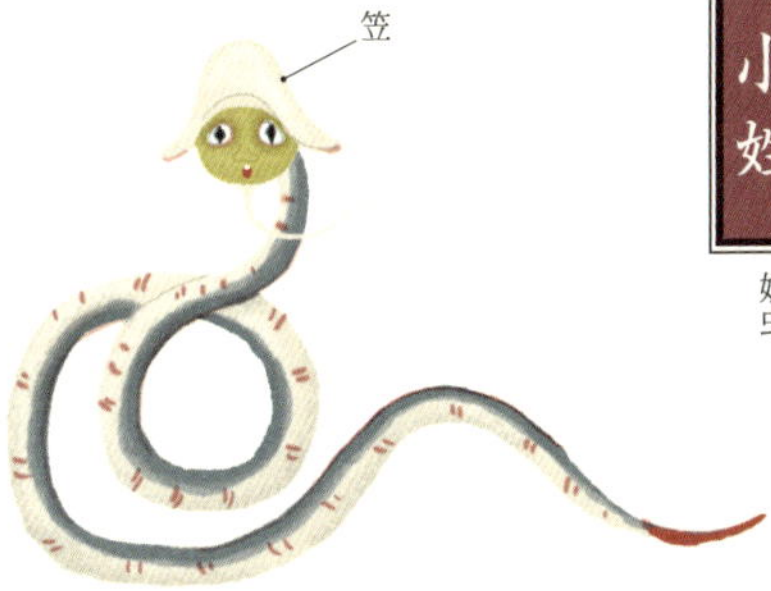

こそこそ岩《いわ》

伝承
備前国（岡山県）
怪異

こそこそ岩と呼ばれる巨岩の怪。深夜に側を通ると、岩の中から「こそこそ」という音が聞こえるという。何を言っているのか気になる。こうした岩に宿る霊の話は江戸時代に多い怪談のひとつ。

小袖《こそで》の手《て》

『今昔百鬼拾遺』『狂歌百物語』
幽霊

小袖から女の手が伸び出るという怪。高価な小袖は死後に売られることが多く、それと知らずに買ったために出遭《であ》う。死んだ遊女がこれを着て身請《みう》け（妻や妾として遊廓から引き取ること）されるのを夢見ていたとか、奉公先で手打ちにされた娘の怨霊などなど。

五体面《ごたいめん》

『百鬼夜行絵巻』
妖怪

胴はなく、大きな梅干し頭に直接手足の生えた妖怪。説明がないので、何するものかは不明だが、髭や髪型、ポーズからすると奴《やっこ》・中間《ちゅうげん》（武家奉公人）の妖怪で、行く手を阻むものかもしれない。

木魅《こだま》

『図画百鬼夜行』他
全国
妖怪、精霊

古木に宿《やど》る【精霊《せいれい》】をいう。また は、精霊の宿った木を指す。その姿は仙人《せんにん》から幼児、男女と様々に語られ、【木霊】【木魂】【谺】【古多万】とも書く。木霊と木魅を使い分ける場合もある。その場合、木霊は森の神に近く、木魅は妖精に近いとらえ方をする。

木魅は木だけに現れるものではなく、【不入山《はいらずのやま》】や【いせち】など、立ち入りを禁ずる聖域全体に現れ、侵入《しんにゅう》者《しゃ》を見張《みは》っているという。禁忌《きんき》を破《やぶ》る者があれば怪異を起こしたり、崇《たた》ったりして排除する。そのため、木樵《きこり》や杣人《そまびと》は木魅を畏《おそ》れ、古木を伐《き》る時には、《木霊供養《こだまくよう》》や《木霊抜《こだまぬ》き》などを行なうという。

現代日本の人口は一億二千万人で、国土の六十八%が森林である。江戸中期の人口は三千万人なので、どれほど森が濃かったか想像してみると、木魅の勢力《せいりょく》の大きさが伺《うかが》える。一方で、木々は電波を使って意《い》思疎通《しそつう》を図《はか》っていることが科学的に証明され、森に人が入ると山の反対側に瞬時《しゅんじ》に情報が走るそうで、木魅の存在は一部実証されている。

＊

【キヌーシー】 琉球伝承の木魅。大木に宿る精霊で、庭の大木を伐《き》る時は必ずキヌーシーに祈願する。夜中に木が倒れて来る音がする時は、キーヌシーが苦しんでいるもので、数日後に枯れると言われる。

【聖天宮《しょうてんぐう》の木霊《こだま》】 出羽国（山形県）最上《もがみ》の聖天宮で、杉の大木を伐り出そうと、太い幹に斧《おの》を打ち込むと、切口から血が噴《ふ》き出したという。それでも伐り倒し、川まで降ろして、筏《いかだ》を組んだが、その筏は突然上流へ向かって進み、沈んだと伝えられる。

【月堂見聞集《げつどうけんもんしゅう》の木魅《こだま》】 木の根元に埋められた者が木魅となる話もある。八代吉宗《よしむね》将軍の時代、ある屋敷で建て替えに邪魔《じゃま》になった古い柿の木を伐ろうとした。大工は慎重にするようにと注意したが、その家の下男《げなん》（雑用をする召使い）が「木魅が化けて出たら、おらが相手になってやる」と豪語してこれを嘲《あざわら》った。

その夜から、天から声がして、この下男が宙《ちゅう》に浮くという怪事が起こった。そこで主人が天に尋《たず》ねると、「自分は百年以上前に殺され、木の根元に埋《う》められた下女《げじょ》だ。この木を神として祀《まつ》れば、家を守ろう」と告げた。そこで主人はその木を伐らず、社《やしろ》を建立《こんりゅう》したという。

【木の中の硯《すずり》】 変わった話では、『黒甜瑣語《こくてんさご》』に木の中から硯が見つかる怪が記録されている。出羽国（秋田県）で、木樵が山で木を伐っていると、急に火花が散ったという。調べてみると、端渓《たんけい》産の物によく似た高級な硯が出て来たという。

小玉鼠《こだまねずみ》

伝承
出羽国（秋田県）他
妖獣

マタギの伝承で、小さな丸い鼠が現れ、ぽんっ!と破裂《はれつ》するという。これは雪崩《なだれ》などの災害や獲物が捕れない知らせであるとされる。正体は小玉流の猟師で、山の神の禁忌《きんき》に障《さわ》り、鼠にされたものと言われる。

コチウツナシュグル

アイヌ伝承／妖怪

《早瀬《はやせ》の男》という意味で、川の激流に棲《す》む魔物。

琴古主《ことふるぬし》

『百鬼夜行絵巻』『百器徒然袋』
付喪神

『百鬼夜行絵巻《ひゃっきやこうえまき》』『百器徒然袋《ひゃっきつれづれぶくろ》』では琴の【付喪神《つくもがみ》】とされる。伝承では、遠い昔、景行天皇が肥前国（佐賀県）で宴《うたげ》を催《もよお》した時、丘の上に古い琴を置くと、琴が楠木《くすのき》に姿を変えたという。以来、夜にこの木の側《そば》を通ると琴の音が聞こえるという。

児《こ》泣《な》き婆《ばば》

『御伽婢子』
京都

行松《ゆきまつ》という男が夜の山で迷っていると、ひとりの翁《おきな》が助けてくれる。翁について行くと、あちこちで赤子《あかご》が捨てられて泣いている。抱き上げようとすると顔は老婆《ろうば》で石のように重い。男には持ち上げられないが、翁は軽々と拾い上げて行く。翁の家に着くと、それは赤子ではなく南瓜《かぼちゃ》でその鍋を御馳走《ごちそう》になる。

翌朝、里に下りる道へ案内してもらうと、男は翁に尋《たず》ねた「昨夜の御馳走はただの南瓜ですか?」すると老人は「あれは、児泣き婆じゃよ」と答えたという。

子《こ》投《な》げ婆《ばば》

伝承
越中国（富山県）
妖怪

ある椎《しい》の木の下を夜中に通ると、老婆が現《あらわ》れ赤子を投げつけて来るという【産女《うぶめ》】に似た怪。受け取ったり、刀で斬《き》ったりすると石に変わるという。ある男が老婆を斬《き》ると正体は貉《むじな》であったそう。

小《こ》林《ばやし》朝《あさ》比《ひ》奈《な》三《さ》郎《ぶろう》

戯作
怪人

鎌倉時代の豪傑《ごうけつ》・朝比奈三郎だが、江戸時代の戯作《げさく》『一百三升芋《いっぴゃくさんしょういも》地獄《じごく》』では、《地獄《じごく》の温泉巡《めぐ》り》が趣味で、百三十六の全ての地獄を巡ったとされる。地獄を観光するとは、立派な妖怪。

御免橋《ごめんばし》

伝承
播磨国（兵庫県）
怪異

西宮《にしのみや》にあったこの橋を、夜に渡る者は、必ず「ごめん」と言わなければいけないという。挨拶《あいさつ》なしで渡ろうとすると、何者かに川へ投げ込まれたという。

古籠火《ころうか》

『百器徒然袋』
付喪神

灯籠《とうろう》の【付喪神《つくもがみ》】。古い石灯籠から鬼が現れ、口から火を吹いている。【鬼火《おにび》】の類ともされる。

虎狼狸《ころうり》

『藤岡屋日記』
全国
妖怪

幕末に流行《りゅうこう》したコロリ（コレラ）を媒介《ばいかい》したとされる妖怪で。コロリに感染した家の軒下《のきした》から逃げ出す虎狼狸が目撃されたという。

コロポックル

アイヌ伝承／小人

《蕗《ふき》の下に住む人》の意。アイヌ以前に北海道に住んでいたとされる小人で、アイヌ伝承に登場する。

住んでいたのは、北海道から樺《から》太《ふと》、南千島《みなみちしま》列島《れっとう》におよび、各地に伝承が残されている。蕗の下というのは、蕗を傘にしている他、蕗で屋根を葺いた家に住んでいたからとされる。慎重は一尺（三十センチ）くらい。それよりも小さい、一～二寸（三～六センチ）の小人は【ニングル】と呼ばれる。

＊

十勝《とかち》地方の伝説では、コロポックルは、昼は隠れて暮らし、夜になると五人から十人くらいで、川に数艘《すうそう》の丸木舟を浮かべ、魚を捕っていた。捕った魚の一部はアイヌの村に持って行き、チセ（家）の戸の隙間《すきま》から手だけを出して差し入れしていた。これは土地の恵《めぐ》みを分かち合う、当然の行為《こうい》だったのだろう。しかし、決して姿は見せなかった。

ある時アイヌの若者が正体を見届《みとど》けてやろうと、魚を差し入れた手首を掴《つか》んで強引にチセに引き入れたという。すると、とても小さな美しいメノコ（女性）で腕と顔に、綺麗《きれい》な入墨《いれずみ》をしていた。コロポックルは姿を見られたことを非常に怒って、アイヌを怨み、舟に乗って何処かへ去って行ってしまったという。そして、アイヌを呪って、その土地に《涸れる》という意味の《トカチ》という名をつけて行ったそう。

他の呼び名

【クルプンウンクル】【コロポクウンクル】【コロボックル】【トイチセヌンクル】【トイセコッチャカムイ】【トンチトンチ】など。

衣蛸《ころもだこ》

伝承
丹後国（京都府）
妖怪

一見《いっけん》、普通の蛸のようだが、近づくと衣のように足を広げて、人や船を襲い、海に沈めてしまう。その大きさは畳六畳《たたみろくじょう》ほどにもなるという。

狐者異《こわい》

『絵本百物語』
幽霊

食に卑《いや》しい者が死後も執着《しゅうちゃく》を捨てられずに亡霊となって現れるもの。店にある食べものやゴミ箱を漁《あさ》って喰《く》らう。幽霊なのでいくら食べても満たされることはない。

蒟蒻橋《こんにゃくばし》の幽霊《ゆうれい》

伝承
大和国（奈良県）
幽霊

蒟蒻橋という石橋に出る幽霊で、蒟蒻ひとつという些細《ささい》なことで夫婦喧嘩《ふうふげんか》をして、死んだ女房が愚《おろ》かな喧嘩を悔いて嘆くという。

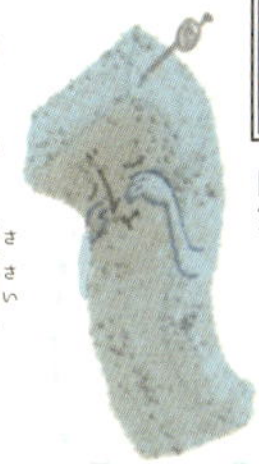

蒟蒻坊《こんにゃくぼう》

伝承
紀伊国（和歌山県）
妖怪

古い蒟蒻が人間に化けて、一夜の宿を借《か》りに来る怪。風呂に灰が入ってないか尋《たず》ねるので、逆に入れてみると、蒟蒻に戻ってしまうという。

ザー

琉球伝承
幽霊

宮古島《みやこじま》の女の幽霊。失恋した女性が身を投げ【地縛《じばく》】したものと言われ、髪の毛を垂《た》らした姿で現れるという。

さいきょう鼠《ねずみ》

伝承
尾張国（愛知県）
憑神

さいきょう鼠を降ろして占《うらな》うもの。これに憑《つ》かれると、催眠状態《さいみんじょうたい》になって、要求すると、歌ったり踊《おど》ったり、何でもするようになるという。若者が遊びでやるもの。

囀石《さえずりいし》

伝承
上野国（群馬県）
怪異

親の仇《あだ》を討《う》つ旅をしていた男が、この岩の上で一夜を明かすことにした時、夜中に人の声で眼《め》を覚《さ》ました。よく聞くと声は岩の中から聞こえ、男が探す敵《かたき》が何処《どこ》にいるのか語っている。男は早速その場所に行くと、確かに敵がおり、仇討ちを果たせたという。

逆髪《さかがみ》

『百鬼夜行絵巻』
怨霊

『百鬼夜行絵巻《ひゃっきやこうえまき》』に載《の》る幽霊だが、説明がないので詳細は不明。裸の女の怨霊が髪の毛を逆立《さかだ》てているというもので、怒りに狂っている状態だろう。

さかさま幽霊《ゆうれい》

『諸国百物語』
怨霊

妾《めかけ》と夫に殺され、怪異を起こせないように逆さまに埋められた庄屋《しょうや》の女房の【怨霊《おんりょう》】。化けて出たが逆さまのため、うまく川を渡れない。そこに川を渡れずに難儀《なんぎ》している豪胆《ごうたん》な武士がいた。女房の亡霊は、逆さまのまま、口から火を吹きながら武士の前に舟を運び、訳を話し、庄屋の家の前まで送ってもらう。川を渡ることができた女房の亡霊は、跳ねるように庄屋へ向かい、敵《かたき》である妾の首をもぎ取って戻って来たという。

鮭《さけ》の大助《おおすけ》小助《こすけ》

伝承
武蔵国以北
妖魚

川の王とされる鮭の夫婦で、大助が夫、小助が妻。十一月十五日、十二月二十日などに、川を遡《さかのぼ》るとされ、その時には「鮭の大助・小助、今のぼる」と大声で叫ぶ声が聞こえるというが、これを聞いた者は三日後には死んでしまうという。

栄螺鬼《さざえおに》

『百鬼徒然袋』『百鬼夜行絵巻』
妖怪

三十年生きた栄螺が成《な》るとされるもので、月夜に踊る姿は龍のようでもあるという。安房国（千葉県）では、ひとり旅の女が夜に宿を借りに来るのは、栄螺鬼が化けたもので、夫を寝取られたり、殺されると言われた。栄螺鬼は交わりの後に、睾丸《こうがん》を食いちぎるとされる。

座敷童《ざしきわらし》

伝承
全国
妖怪、招福

座敷童は陸奥国（岩手県）を中心に全国で信じられている家の妖怪。座敷や蔵に棲《す》み、その家の繁栄《はんえい》を守っていると言われる。

おかっぱ頭の幼児が最も多く、家によっては十五歳くらいの子供もいる。また、老婆の場合もあり、性別も一定していないし、複数が現れる家もあるという。

座敷や土間《どま》で、幼い子供と遊ぶが、糸車や紙、板戸を鳴らすなど悪戯《いたずら》もする。座敷童が消えた家は、衰退《すいたい》したり火事や災害に見舞《みま》われるという。その場合、逃げて行く座敷童に道で出会うことがある。「何処《どこ》へ行くのか?」と声をかけると、「あの家はもう終わりだ」と答えるという。

＊

【アカガンダー】 琉球の精霊で、赤い髪をした赤ん坊または赤い衣を着た幼児。広間で寝ている人の枕を返すなどの悪戯《いたずら》をする。

【あかしゃぐま】 四国地方の座敷童。

【臼搗童《うすひきわらし》】【のたばりこ】 土間から現《あらわ》れる座敷童で、夜中に座敷を這《は》い廻ったり、臼《うす》を搗《つ》く音を立てる。時には枕返しなどの悪戯もする。間引《まび》きした赤子の霊ともされる。産後すぐに間引かれた子は、家の土間に埋められたという。

【御倉坊主《おくらぼうず》】 甲斐国（山梨県）の蔵の中に現れる座敷童。

【おしょぼ】 讃岐国（香川県）の座敷童。《おしょぼ》は髪型のこと。

【カラコワラシ】 陸奥国（岩手県）に伝わるちょっと変わった座敷童。夜中に座敷に黒い衣物を着たものが現れ、柄杓《ひしゃく》を出して水をくれと言う。水をあげると、その水で悪戯をするので、柄杓の底を抜いて渡すと、姿を消すという。

【蔵《くら》ぼっこ】陸奥国花巻《はなのまき》、遠野《とおの》の蔵に現れる座敷童。蔵の中に籾殻《もみがら》などを撒《ま》いておくと、朝には小さな子供の足跡が残されているという。

【蔵童子《くらわらし》】陸奥国盛岡《もりおか》、遠野。蔵の中から、足音や「ほいほい」という声がするという。

【米搗童子《こめつきわらし》】土間《どま》に現れる座敷童。

【座敷《ざしき》ばっこ】【座敷ぼっこ】【座敷もっこ】座敷童の別名。老婆の座敷童もいるとされる。

【座敷坊主《ざしきぼうず》】【座敷小僧《ざしきこぞう》】遠江国（静岡県）、三河国（愛知県）の座敷童子で、殺された者の霊とされる。陸奥国（岩手県）では、赤い顔をした小さな座敷童。

【ちょうびらこ】振袖《ふりそで》を着た少女の座敷童。

【のたばりこ】夜中に茶の間を這い廻る座敷童。

【細手《ほそで》】【細手長手《ほそでながて》】蔓《つる》のように細い手を出して、災害を知らせるという座敷童の類《たぐい》。

【反枕《まくらがえし》】『狂歌百物語《きょうかひゃくものがたり》』『画図百鬼夜行《がずひゃっきやこう》』に載《の》る座敷童。返すのは枕だけでなく畳も返す。陸奥国（東北地方）では座敷童の悪戯とされ、岩手では狸《たぬき》や猿《さる》の仕業という村もある。また、上野国（群馬県）では【火車《かしゃ》】の仕業という。陸奥国以外では、その部屋で殺された者の霊だとするところもある。

【枕小僧《まくらこぞう》】駿河・遠江国（静岡県）、讃岐国（香川県）でいう【返枕】のこと。

くらぼっこ／くらわらし／
こめつきわらし／ざしきばっこ

ざしきぼっこ／ざしきもっこ／ざしきぼうず／ざしきこぞう／ちょうびらこ／
のたばりこ／ほそで／ほそでながて／まくらがえし／まくらこぞう

ざつくわ

『新説百物語』
讃岐国（香川県）
妖獣

妙雲寺《みょううんじ》という寺に、美男の若僧がいた。ある夜、色の白い美女がやって来て、この若僧を口説いた。朝になると若僧は狂気になってその美女のことばかり口にするようになり、寺は大騒ぎとなった。護摩《ごま》を修すると、七日目になって犬ほどの大きさの奇怪な動物が天井から落ちて来たという。

雑談岩《ざつだんいわ》

伝承
信濃国（長野県）
怪異

母袋山《もたいさん》にあるふたつの大岩が夜中になると、岩同士で話をしているという。何を話しているかはわからないそう。

覚《さとり》

『今昔画図続百鬼』
全国
妖怪

【天邪鬼《あまのじゃく》】の類にも同名のものがいるが、こちらは唐（中国）伝承の妖怪。体中黒い毛に覆《おお》われた霊獣で飛騨《ひだ》や美濃《みの》の山深くなどに棲《す》む。人の言葉を話し、人の心を読む。人に害はおよばさず、捕まえようとしても、人間の意思を読んで、先回りして逃げてしまうという。

寒戸《さむと》の婆《ばば》

伝承
陸奥国（岩手県）
妖怪

寒戸という村に住む娘が、ある日【神《かみ》隠《かく》し】にあって姿を消した。しかし、三十年後の風が強い日のこと、親戚《しんせき》が集まっているところに、ふいに帰って来たという。すっかり歳《とし》を取っていたが、「また山に帰らねば」と言って消えたそう。以来、風の強い日のことを「寒戸の婆が帰ってきそうな日」と呼ぶという。

さめ

伝承
隠岐
妖怪

隠岐《おき》の伝承で、海ではなく山奥にいるという妖怪。誰も姿を見たことがないが、近づけば異様な気配で気がつくという。さめの存在に気付いたら、すぐに山を降りる。

皿《さら》かぞえ

『今昔画図続百鬼』『播州皿屋敷』『番町皿屋敷』
怨霊

皿を数えるお菊《きく》の幽霊。家宝《かほう》の皿を割ってしまった科《とが》で折檻《せっかん》され。井戸に身を投げて死んだお菊の霊が、「一枚、二枚、三枚」と泣きながら皿を数え九枚まで数えると、泣き叫ぶというもの。

ざらざらざったら

伝承／遠江国（静岡県）／妖怪

【覚《さとり》】と同じように人の心を読む妖怪。ある男が山小屋で火にあたって夜を明かしていると、突然、南瓜《かぼちゃ》のようなものが入って来た。

妖怪は男の考えていることを読み取ってみせようと言う。男は不安に思い、早く帰って欲しいと思うと、「じきに帰るよ」と答えたという。

しかし、男が何も考えず、薪《まき》を折って火にくべようとすると、木片《もくへん》が跳《は》ねて妖怪のおでこに当たったという。すると、「これは読み取れなかったでござんす！」と言って逃げだしたという。

さら蛇《へび》

『化物尽くし絵巻』
妖怪

『化物尽《ばけものづ》くし絵巻《えまき》』に描かれた妖怪で体が蛇で頭は女。何をする妖怪なのかは不明。

猿神《さるがみ》

『今昔物語集』『早太郎説話』
全国
妖怪

美作国《みまさかのくに》（岡山県）の中山にいた妖怪。年に一度、人身御供《ひとみごくう》を要求し、娘を喰《く》らっていた。ある若い猟師が猿神を退治しようと、娘に代わって生け贄《にえ》の櫃《ひつ》に入って、神社の境内で待った。すると百匹の猿を連れた身長七〜八尺（二・一〜二・四メートル）もある大猿がやって来た。猟師は櫃から躍り出て、猿達と闘った。最後に残った猿神は、宮司《ぐうじ》に乗り移って許しを乞《こ》うたという。

三尸《さんし》

庚申講
全国
妖虫

道教《どうきょう》の教えで、六十日に一度巡って来る、《庚申《こうしん》の夜》に体から抜け出て、天帝《てんてい》にその人の悪事を告げる二寸（六センチ）程《ほど》の虫。その裁きによって寿命が短くなるとされ、江戸の人々はこれを妨げるために、庚申の夜には【庚《こう》申《しん》待《ま》ち】をして、眠らないようにした。

山精《さんせい》

『今昔画図続百鬼』『和漢三才図会』
妖怪

唐（中国）伝承の一本足の山の精。日本にはいないらしいが、この妖精の一本足が【一本踏鞴《いっぽんだたら》】などに影響を与えていると言われる。

桟俵被り《さんだわらかぶり》

伝承
信濃国（長野県）
妖怪

松原《まつばら》諏訪《すわ》神社《じんじゃ》の妖怪。猪苗代《いなわしろ》湖畔の家に、桟俵（俵の蓋にする丸い笠のようなもの）を被《かぶ》った妖怪がやって来ては、縁側に上がって「長太がきくぞ、さっさと踊れ」と言って自分で踊るという。後をつけると、神社の鳥居のところで消えたので、そこに祠《ほこら》を建立すると、それ以来、出没しなくなったという。

三目八面《さんめやづら》

伝承
土佐国（高知県）
妖怪

土佐国《とさのくに》の申山《さるやま》に出る妖怪で、目が三つで顔が八つある大男。山道を行く者を捕って食べる。豪族・注連太夫《しめだゆう》という者が、山鎮《やましず》めの御幣《ごへい》を立て、山に火を放って退治したという。《みつめやづら》とも読む。

山本五郎左衛門《さんもとごろうざえもん》

『稲生物怪録絵巻』
広島／魔王

『稲生物怪録絵巻《いのうもののけろくえまき》』で稲生武太夫《ぶだゆう》（平太郎《へいたろう》）にひと月にわたって様々な怪異を起こした魔物。神野悪五郎《しんのあくごろう》と魔王の頭《かしら》の座をかけて、豪胆者《ごうたんもの》を百人連続で驚かせるという賭《か》けをした。友人の権八《ごんぱち》は簡単に驚かせたが、平太郎は三十日続けても動じなかったため、頭の座を逃した。

黒眚《しい》

『和漢三才図会』『斎諧俗談』他／紀伊国（和歌山県）、周防・長門国（山口県）他／妖怪

牛馬に害をなすと信じられている妖怪で、姿は斑犬《ぶちいぬ》のよう。または【山《やま》あらし】に同じとされる。長門国では端午節句《たんごのせっく》から八朔《はっさく》まで、他の村の牛馬を入れないなどの掟《おきて》があり、破ると黒眚が牛を喰《く》い殺すとされた。

塩《しお》の長司《ちょうじ》

『絵本百物語』／亡霊

《塩の長司》は長者《ちょうじゃ》（金持《ち》）の名。長司は三百頭の馬を飼い、手荒に使っていた。そして、死んだ馬の肉を味噌《みそ》漬《づけ》にして食う、悪食《あくじき》を好んだ。

ある日、その肉が尽きたので、老馬を殺して漬けた。それ以後、馬を殺した時刻になると、老馬の霊が現れて長司の口の中に無理矢理《むりやり》入り込むと、腹の中で暴《あば》れるようになった。長司は酷《ひど》い苦しみに遭《あ》い、自分が今までして来た悪事を、汚い言葉で吐《と》露《ろ》し、百日後に死んだ。

その死に姿は重い荷を背負《せお》った老馬のようだったという。

塩《しお》の目《め》

『画図百鬼夜行』／全国／妖怪

夜光虫《やこうちゅう》のように波が光ることをいう。災いの前兆《ぜんちょう》とされる。

汐吹《しおふき》

『化物尽くし絵巻』
妖怪、未確認生物

『化物尽《ばけものつ》くし絵巻《えまき》』に描かれた妖怪。説明がないのでどんな妖怪か不明。汐を吹くといえば、鯨《くじら》だが、耳があるのは海驢《あしか》だろうか？　また、唐（中国）伝承の動物の可能性もある。

氷柱女房《しがまにょうぼう》

伝承／陸奥国（青森県）、越後国（新潟県）他
妖怪

越後国では【氷柱女房《つららにょうぼう》】と呼ぶ。ある若者が軒《のき》にできた氷柱《つらら》を見て「このような美しい女房が欲しい」と呟《つぶや》く。するとその夜に氷柱のように美しい女が訪《おとず》れ、「女房にして欲しい」と言う。若者は喜んで妻にしたが、女は何故《なぜ》か風呂に入ることを嫌った。男は思いやりのつもりで、無理矢理《むりやり》に女を風呂に入れた。しかし、湯に浸かったかと思うと、女は間もなく姿を消してしまい、湯舟《ゆぶね》の中には氷の欠片《かけら》が浮かんでいたという。

式神《しきがみ》

伝承
京都
妖怪

陰陽師《おんみょうじ》・安倍晴明《あべのせいめい》が操《あやつ》ったと言われる、主に紙の鬼神。人の心の善悪を見定《みさだ》める。陰陽道の文献《ぶんけん》にはほとんど登場しないため、後世のお話で活躍を始めたものとされる。

敷次郎《しきじろう》

伝承／伊予国（愛媛県）、備中国（岡山県）
幽霊

鉱山《こうざん》に出る幽霊で、一見、青白い顔をした普通の人だが、口をきかない。敷次郎が現れる前には、両足の爪《つめ》が剥《は》がれるような感じがし、鳥肌《とりはだ》が立ち、背筋がゾッとするという。備中国小泉鉛山《こいずみえんざん》では、食べものをねだって来るが、断ると噛《か》みつかれるという。

醜女《しこめ》

『百鬼夜行絵巻』
亡霊、鬼

異形《いぎょう》となった醜《みにく》い女の【亡霊《ぼうれい》】で、主役ではあまり登場しない。または黄泉《よみ》の国の鬼。生きている人間にも使われる言葉で、男の場合は《醜《しこ》男《お》》だが、こちらは妖怪名ではない。

静《しず》か餅《もち》

伝承
下野国（栃木県）
招福

夜中にコツコツという餅の粉をはたくような音が家に近づいて来ると、運が開けるという。この時は後ろ手に箕《み》を出すと財産が入ると言われる。反対に音が遠ざかって行くと、運が萎《な》えると言われる。これを「搗《つ》きこまれた」「搗き出された」と呼ぶ。

舌長婆《したながばばあ》

『老媼茶話』
全国
妖怪

越後国（新潟県）から江戸へ旅するふたりの男が荒れ野で遭遇《そうぐう》した【山姥《やまんば》】の類《たぐい》。【朱《しゅ》の盆《ぼん》】と一緒に登場する。

旅人は荒れ野で日が暮れてしまい、老婆がひとり暮らす荒《あば》ら家《や》を見つけ一夜の宿《やど》を乞《こ》う。老婆はふたりを気安く泊めて、貧《まず》しいながらももてなしてくれる。

旅の疲れか、ひとりが囲炉裏端《いろりばた》で横になったとたんに眠ってしまう。すると、老婆は舌を五尺《しゃく》（一・五メートル）も伸ばして、眠る男の顔を舐《な》め始めた。まだ起きていた男が咳払《せきばら》いをすると、老婆はシュルリと舌を引っ込め、何事もなかったように手仕事に戻った。すると今度は外から「婆、何故《なぜ》早くやらねぇか?」と声が聞こえ、戸を打ち破って【朱《しゅ》の盆《ぼん》】が現れる。男は刀を抜いて闘《たたか》うが、眠った友は舌長婆に攫《さら》われ喰《く》われてしまったそう。

シチ

伝承
琉球、奄美諸島
怪異

難産《なんざん》で死んだ女性の【亡霊《ぼうれい》】が作る、天と地を繋《つな》ぐ黒い柱のようなものと言われる。琉球伝承のシチ（ヒチ）は、山道で前に立ちはだかる、真っ黒いものとされる。

七人同行《しちにんどうぎょう》

伝承
讃岐国（香川県）
亡霊

四つ辻《つじ》に現れるという七人連れの亡霊で、これと出遭うと死んでしまうとされる。しかし、普通の人には見えず、気付かない。牛には事前にわかるので、辻で急に止まったら、牛の股《また》の下から覗《のぞ》けば、七人同行の姿が見えるとされる。股から見ても死なないという。耳を動かせる人は直接見えるとも言われる。

七本足《しちほんあし》

伝承
筑前国（福岡県）、壱岐
妖怪

蛇《へび》が磯《いそ》で頭をぶつけて蛸《たこ》と化したもので七本しか足がないという。捕っても臭《くさ》くて食べられないと言われる。何故《なぜ》、そんなところで蛇が頭をぶつけるのか、そして、何故、蛸になってしまうのか、謎がいろいろ。

しっけんけん

伝承
信濃国（長野県）
妖怪

【雪女《ゆきおんな》】の類《たぐい》だが、諏訪《すわ》の雪山に現れ、片足で跳ねて移動し、捕まえた人を縄で縛《しば》るというＳＭ女王的な妖怪。縛ってどうするのか気になるが、雪の中で縛られては凍死してしまうだろう。

死《し》の沼《ぬま》

伝承
出羽国（山形県）
怪異

出羽国上山《かみのやま》にあるとされる魔の沼で、四年に一度ずつ村人を飲み込むという。

しばがき

伝承
肥後国（熊本県）
妖怪

夜に道を行く者に路傍《ろぼう》から石を投げつけて来る妖怪。妖怪でなくても普通に悪い奴。

死人憑《しびとつ》き

『御伽婢子』
京都
亡霊

遺体《いたい》から魂《たましい》が抜け出るのと同時に入り込む【亡霊《ぼうれい》】。身体を乗っ取り、起き上がって酒を飲み、飯を喰《く》うが、意思は通じず、もちろん生前の本人ではない。死んでいるので身体は徐々《じょじょ》に腐《くさ》り、崩《くず》れて行くという。

シマーブー

伝承
喜界島
妖怪

夜道で枝を広げる木のような妖怪。【塗《ぬ》り壁《かべ》】に似て、夜に歩く人の行く手を阻《はば》むもの。

杓子岩《しゃくしいわ》

伝承
美作国（岡山県）
妖怪

その昔、箱神神社《はこがみじんじゃ》という社が奥津《おくつ》温泉にあったそうで、夜中にその近くの岩の側《そば》を通ると、突然、岩から杓子が突き出て、「味噌くれ!」と言うそう。夜中に味噌を持って歩く人は希《まれ》だろうから、願いが叶《かな》うことは少なかっただろう。

尺《しゃく》取《と》り虫《むし》

伝承
信濃国（長野県）
妖虫

信濃国《しなののくに》蓼科《たてしな》に伝わる古木《こぼく》の妖怪。木だと思って登る子供らを振り落としたという。実際の尺取り虫が枝に擬態《ぎたい》することから、この名がついたのだろう。

しゃぐま

伝承
遠江国（静岡県）
妖怪

磐田《いわた》の常光寺山《じょうこうじさん》、龍頭山《りゅうずざん》に棲《す》むといわれる妖怪。【狒々《ひひ》】のような姿で、顔は赤く、毛は全身を覆《おお》う蓑《みの》のように長いという。【あかしゃぐま】は【座敷童《ざしきわらし》】の一種とされるが、こちらは野山に棲《す》む。

邪魅《じゃみ》

妖獣
『今昔画図続百鬼』

唐（中国）伝承の妖獣で魑魅《もうりょう》の類《たぐい》という。人に取り憑《つ》く山の妖獣で姿は鬣《たてがみ》のある虎のよう。

三味長老《しゃみちょうろう》

亡霊
『百器徒然袋』

使い手に捨てられた三味線で、『百器徒然袋《ひゃっきつれづれぶくろ》』の解説に「沙弥《しゃみ》（正式な僧になる前の見習僧）から長老にはなれず」とあるので、永く大事に使われなかったために付喪神《つくもがみ》になれないことを憂《うれ》う三味線の亡霊。

じゃん

伝承
土佐国（高知県）
怪異

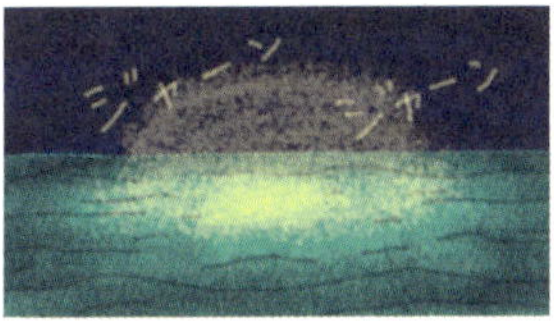

海が閃光《せんこう》を放ち、「ジャン、ジャン、ジャーン！」というう音が響くのだという。じゃんが出ると、魚がぱったりと捕れなくなるという。

物事が台無しになるという意味の「おじゃんになる」の語源だと言われるこの怪異は、現代では地震《じしん》の前《まえ》触《ぶ》れに起る現象のひとつとして確認されている。

充面《じゅうめん》

『化物尽くし絵巻』
妖怪

『化物尽《ばけものづ》くし絵巻《えまき》』に描かれた妖怪で解説はない。豚《ぶた》の耳に似た耳を持ち、顔全体が膨《ふく》らんでいるようだ。病を起こす妖怪か？

出世螺《しゅっせぼら》

唐伝承
霊獣

唐（中国）伝承で、法螺貝《ほらがい》が深い山の中で三千年、里で三千年、海で三千年を経ると龍になると言われる。

朱《しゅ》の盆《ぼん》

『諸国百物語』『化物づくし絵』『老媼茶話』
妖怪

【舌長婆《したながばば》】と組んで荒れ野で迷う旅人を誑《たぶら》かし喰《く》らうもの。巨大な顔面の妖怪。【朱《しゅ》の盤《ばん》】ともいう。

しょうけら

『百怪図巻』『画図百鬼夜行』他
妖怪

解説のない妖怪。【庚申待《こうしんま》ち】の時に眠ってしまった者を襲う妖怪とも言われる。六十日に一度の庚申待ちは、町内の夜通しの飲み会なので、参加を嫌がる者を脅《おど》かすために作られた妖怪だろう。

鉦五郎《しょうごろう》

『百器徒然袋』
怨霊

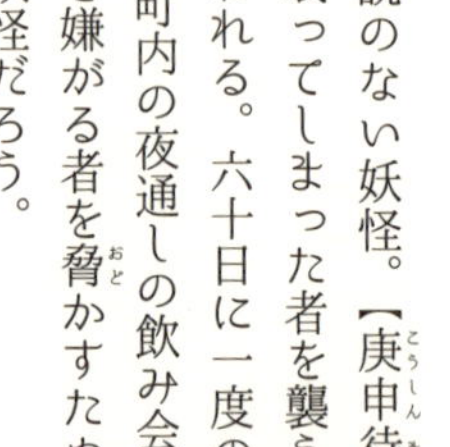

江戸中期に莫大《ばくだい》な財をなした大坂の豪商《ごうしょう》・淀屋辰五郎《よどやたつごろう》の怨霊が、金の鉦鼓《しょうこ》に取り憑《つ》いたもの。あまりに驕《おご》り、財にものを言わせた行為が目に余るため、幕府に取り潰《つぶ》され、財産を没収された。そのため失意のうちに病死したという。

猩猩《しょうじょう》

『和漢三才図会』他
妖獣

能《のう》の演目《えんもく》『猩猩』に登場する妖怪。唐（中国）揚子江《ようすこう》の町で酒店に、真っ赤な頭、真っ赤な衣で現れた。いくら呑んでも酔わない。海に棲《す》む者だというので、店主は月の美しい晩に、酒を用意して水辺で待った。すると、水の中から現れたという。ふたりは意気投合して酒を飲み、舞った。別れ際に猩々から、酒が泉のように湧《わ》く壷《つぼ》を貰《もら》う。

日本では甲斐国（山梨県）に現れ、漁師が鉄砲で打ったという。越中国（富山県）では、身長三～四尺（九十～百二十センチ）程《ほど》で、船に乗り上がって来て、舳先《へさき》に腰掛けるそう。六～七匹も乗ることがあり、騒ぐと船をひっくり返すので、船乗りは船底に隠れているという。周防国（山口県）では【船幽霊《ふなゆうれい》】に似る。

小腸虫《しょうちょうのむし》

『五臓之守護弁虫之図』
妖虫

五腑《ごふ》を侵《おか》す虫のひとつ。この虫が小腸を侵《おか》すというが、症状や対処方は不明。『五臓之守護弁虫之図《ごぞうのしゅごならびにむしのず》』は山伏が書いた本とも言われるため、虫の姿というよりは、呪術用の絵かもしれない。

菖蒲魚《しょうぶうお》

伝承
江戸
妖魚

菖蒲の根が魚になったとされるもので、文政《ぶんせい》七年（一八二四）に江戸に現《あらわ》れたとされる。姿は残されていないので、どんなものかわからないが、根であるから白く細い白魚《しらうお》のようなものと思われる。白魚は徳川家《とくがわいえ》康《やす》が好んだことから、漁をする権利が厳《きび》しく決められていたため、頓智《とんち》を効かせた誰かが、怪魚として捕って食べた可能性も考えられる。

絡新婦《じょろうぐも》

『太平百物語』『宿直草』『画図百鬼夜行』他／全国
妖怪

女郎蜘蛛《じょろうぐも》の妖怪で『太平百物語《たいへいひゃくものがたり》』では、美作国《みまさかのくに》（岡山県）高田《たかだ》に住む、美しい男の前に現れた妖怪。

縁側でうたた寝をしていると、女に化けた絡新婦が、娘が会って欲しいと迎えに来る。ついて行くと美しい娘に求婚されるが、男には妻がいるので断《ことわ》る。すると、「一昨日《おととい》殺されかけたのに、また訪ねた心を無にするか」と怨《うら》みを言われる。目覚めると、もとの縁側で寝ていた。見上げると軒下が蜘蛛の巣だらけで、確かに一昨日、蜘蛛を殺しかけたのを思い出したという。

『宿直草《とのいぐさ》』では、ある若い武士の前に、十九～二十歳の娘が幼子を抱いて現れ、「お父さんだよ、抱いてもらいなさい」と近づいて来た。若者はすぐに妖怪だと判断して抜き打ちにすると、娘は天井裏《てんじょううら》へ逃げ込んだ。後で見ると、一～二尺《しゃく》（三十～六十センチ）の絡新婦が死んでいて、その周りには無数の白骨があったという。

白醜人《しらしゅうと》

『三州奇談』
能登国（石川県）
妖怪

北村《きたむら》という侍《さむらい》が、能登国田鶴浜《たづるはま》の秋祭の帰り道、ある橋で出遭《あ》った醜《みにく》い女の妖怪。髪は引き上げて束ね、紺の木綿の前垂れをし、片足で橋の欄干《らんかん》に立っていたという。顔は四角くて妙に白く、口は大きく裂け、黒い歯を覗《のぞ》かせてニタニタ笑っていた。酔《よ》った者を襲《おそ》うといい、襲われるとひと月は腰が立たなくなるそう。

白児《しらちご》

『画図百鬼夜行』
妖怪

『画図百鬼夜行《がずひゃっきやこう》』に【犬神《いぬがみ》】に仕える稚児《ちご》として筆を執る姿が描かれている妖怪。

しらみゆうれん

伝承／伊予国（愛媛県）
怪異

海中に現れる白く発光する渦のようなもので正体は不明。始めは小さいが、徐々《じょじょ》に大きくなり、船を囲むようにぐるぐると廻るという。

尻目《しりめ》

『蕪村妖怪絵巻』
京都
妖怪

【のっぺらぼう】の類《たぐい》で、目は尻の穴にある。人に会うと全裸になって尻を突き出して驚かすという、品のない妖怪。

白《しろ》い蝶《ちょう》

伝承
土佐国（高知県）
妖虫

夜道を歩く者に集まる無数の白い蝶の怪。払っても、払っても纏《まと》わりつき、やがて息が詰まるという。【亡霊《ぼうれい》】の仕業とされる。

白《しろ》うかり

『百鬼夜行絵巻』『百物語化絵絵巻』他
妖怪

『百鬼夜行絵巻《ひゃっきやぎょうえまき》』などに描かれた妖怪。解説がないので、どんな性質かは不明。幽霊のようなものか？

白容裔《しろうねり》

『百器徒然袋』
付喪神

古い布が化けた、龍のような妖怪。『百器徒然袋《ひゃっきつれづれぶくろ》』には、荒《あば》ら家《や》の竿にかかる、ボロボロの白い布が龍になっている絵が描かれている。うち捨てられて、風に舞っているようだ。

白布《しろぬの》

『百鬼夜行絵巻』『百鬼ノ図』他
妖怪

『百鬼夜行絵巻』に描かれた妖怪で、白い布を被《かぶ》っているのでこう呼ばれる。布から覗《のぞ》く手足には鋭い爪《つめ》があり、中は獣《けもの》のようである。『百鬼《ひゃっき》ノ図《ず》』でも爪の生えた足しか見えない。夜道で人を驚かすらしい。

蜃《しん》

『今昔百鬼拾遺』
全国
妖怪

蛤《はまぐり》の妖怪。蜃が気を吐き、楼を見せるのが【蜃気楼《しんきろう》】。伝承元の唐（中国）では、蜃は龍のような生き物ともされる。

腎積《じんしゃく》

『針聞書』
妖虫

瓜坊《うりぼう》（猪の子）ような姿の病を起こす妖虫。この虫によって病になると口が臭くなるという。いたって迷惑な虫だ。治療は針で行なう。

じんべい様《さま》

伝承
陸奥国（岩手県）
妖魚

石巻《いしのまき》の金華山《きんかざん》沖に現《あらわ》れる巨大な生物で、名前から《ジンベイザメ》が連想されるが、蛇《へび》のように細長いともされ、関係は不明。じんべい様は漁船の真下に入り、時に船を支えるという。現れると鰹《かつお》が大漁になるとされる。

腎膀胱虫《じんぼうこうのむし》

『五臓之守護幷虫之図』
妖虫

腎臓や膀胱に巣くう虫で病《やまい》を起こす。『五臓之守護幷虫之図《ごぞうのしゅごならびにむしのず》』に描かれたもので、滑稽《こっけい》な姿をしている。山伏《やまぶし》が病治癒《やまいちゆ》の祈祷《きとう》に使うための霊符《れいふ》的《てき》なものかもしれない。

人面樹《じんめんじゅ》

『和漢三才図会』『今昔百鬼拾遺』他
怪異

唐(中国)伝承で大食国《たじいこく》(イスラムの国)に生える木。人の顔のような花が咲き、しきりに笑って落ちるという。《にんめんじゅ》とも読む。

人面瘡《じんめんそう》

伝承
山城国(京都)
妖病

化膿《かのう》した傷が人面になるという病。人面瘡はやがて飲み食いを始め、治療《ちりょう》には人面瘡に貝母《ばいも》という薬草の粉末を直接飲ませるという。

神鹿《しんろく》

伝承
神使

武甕槌命《たけみかづちのみこと》が白鹿に乗ってやって来たことから、鹿は【神使《しんし》】(神様の使い)の動物とされる。奈良の春日大社《かすがたいしゃ》の鹿は常陸国(茨城県)の鹿島神宮《かしまじんぐう》より、神様を乗せて来たものの末裔《まつえい》とされる。神鹿は鉄砲で撃っても死なないという。

菅原道真《すがわらのみちざね》

伝承
京都
怨霊、神

平安《へいあん》時代《じだい》、醍醐天《だいごてん》皇《のう》の御代《みよ》（八九七〜九三十）の貴族で右大臣《うだいじん》である菅原道真は、左大《さだい》臣《じん》・藤原時平《ふじわらのときひら》に嵌《は》められ、筑後国（福岡県）太宰府《だざいふ》へ左遷《させん》させられ死亡した。その後、朝廷《ちょうてい》に数々の祟《たた》りをなしたとされ畏《おそ》れられ、怨念《おんねん》を鎮《しず》めるために天満天神《てんまんてんじん》として祀《まつ》られた。

硯《すずり》の魂《たましい》

『今昔百鬼拾遺』
怪異

平家の怨霊《おんりょう》が憑《つ》いた周防国（山口県）赤間《あかま》ヶ関《せき》産の硯の怪。その硯を出して『平家物語《へいけものがたり》』を読んでいる間にうたた寝をすると、源平の闘いの夢を見るという。

砂《すな》かけ婆《ばばあ》

伝承／大和国（奈良県）から播磨国（兵庫県）
妖怪

寂しい森や神社のそばを通る時に、砂をかけて来る妖怪。砂を撒《ま》く音がするという説もある。ただし、その姿を見た者はいないという。砂を撒く怪は、全国にあり、多くは狸《たぬき》や鼬《いたち》、狐《きつね》、さらには猿や地蔵まで、その犯人とされる。

隅《すみ》の婆様《ばさま》

伝承
出羽国（山形県）他
妖怪

四人が集まり、夜にするお化《ば》け遊びの名。部屋の四隅《よすみ》にひとりずつ座り、灯《あか》りを消したら、お互いが四隅から部屋の中心に向かって這《は》って行き集まる。中央に集まったら、暗闇の中で「ひと隅の婆様、ふた隅の婆様、三隅の婆様、四隅の婆様、五隅の婆様」と頭を数えると、何故《なぜ》か五つあるという。

摺子木手《すりこぎて》

『稲生物怪録』
妖怪

巨大な手の妖怪。指先が幾《いく》つもの手に別れる。『稲生物怪録《いのうもののけろく》』に登場し、平太郎《へいたろう》を驚かせようとするが、捨て置かれ（無視され）て退散する。

瀬女《せおんな》・瀬坊主《せぼうず》

伝承
陸奥国（福島県）
生霊、亡霊

阿武隈川《あぶくまがわ》に現れるという霊。夜に川漁をしていると、激しい瀬の中に佇《たたず》む人影がある。立っているだけで悪さはしない。女の場合は石女《うずめ》（生理のない女性）の【生霊《いきりょう》】とされる。

石麪《せきめん》

『北国奇談巡杖記』
加賀国（石川県）
未確認植物

加賀国《かがのくに》の鶴来《つるぎ》という村に、空から落ちて来た真っ白い石のような物。落ちて来たのは飢饉《ききん》の時で、村人達が神に祈っていた時だったので、村人達はこれを食べてみた。甘くて乳のような味がしたという。何かわからないので唐（中国）伝承の《石麪》という名を当てたという。

石妖《せきよう》

『中陵漫録』
伊豆国（静岡県）
精霊

石切場《いしきりば》に現《あらわ》れた石の精霊。昼休みを取っていた石工のところに女が現れ、労《ろう》を労《ねぎら》って肩を揉《も》んであげようという。揉まれると寝てしまう。十人ほどが次々と眠らされるのを見て、ひとりが逃げ、猟師に討取《うちと》ってもらう。銃で撃つと砕け、石が残ったという。しかし、その後も度々現れたそう。

殺生石《せっしょうせき》

伝承
全国
怪異

【九尾《きゅうび》の狐《きつね》】が逃亡した下野国（栃木県）那須《なす》で、鳥羽天皇《とばてんのう》の討手《うって》に斬られ死んだが、その毒気が固まって岩となったもの。付近《ふきん》や上空に毒気《どくけ》を放ち生き物を殺《あや》めたため、玄翁和尚《げんのうおしょう》によって砕かれる。しかし、四方八方に飛び散り、各地でまた祟《たた》りをなしたので、さらに細かく砕かれた。

瀬戸大将《せとだいしょう》

『百器徒然袋』
付喪神

打ち捨てられた瀬戸物が集まって甲冑を着て母衣《ほろ》（騎馬の侍が背後からの流れ矢を防ぐ風船状のもの）を着けた武将に変化した妖怪。まるでロボットのように見える。

銭神《ぜにがみ》

『古今百物語評判』
招福

世界中の銭の精が集まってできた薄雲が、黄昏時《たそがれどき》に軒下《のきした》を通って行くとされるので、それに出遭《であ》ったら刀で切り落とすと、沢山《たくさん》の銭がこぼれるという。少々浅《あさ》ましい招福伝承。

千貫石堤《せんがんいしつつみ》

伝承
陸奥国（宮城県）
怪異

生《い》け贄《にえ》にされた娘の祟《たた》り。仙台藩が天和《てんな》二年（一六八二）に六原《ろくはら》に灌《かん》漑用《がいよう》の溜池《ためいけ》を造ったが、毎年破堤《はてい》した。「堤が毎年壊れるのは、山の神が満足していない証《あか》しだ」と言い出す者があり、《人柱《ひとばしら》》（人を生け贄に埋めて祈願すること）を用いることになった。選ばれたのは十九歳の娘《おいし》。千貫《せんかん》で娘は買われ、百年の年季《ねんき》（約契）で子牛と共に石棺《せっかん》に入れられて堤に埋《う》められたという。

その後、事故はなくなったが、溜池からは、夜な夜な女の泣き声が聞こえたり、人影を見たりしたという。そして、生け贄《にえ》を提案した家はやがて滅《ほろ》び、娘を知る村の子らも、大人になるまで生きることはできなかったと言われる。それから約百年後の安永《あんえい》七年（一七七八）に堤は決壊したと記録される。

江戸時代の難工事には、こうした人柱がよく行われた。

せんぽくかんぽく

伝承／越中国（富山県）／妖怪

死者の霊魂《れいこん》の番をするという、人面の蟾蜍《ひきがえる》。神仏の御使《おつか》いとされる。死者の側《そば》に、何処《どこ》からか現《あらわ》れ、初七日《しょなのか》には戸口に出て番をする。四七日《よなのか》（死後四週間後）になると霊魂《れいこん》を導いて墓場《はかば》へ行くとされる。

底幽霊《そこゆうれい》

伝承
肥前国（佐賀県）他
怪異

海の中に白い幽霊が現《あらわ》れる。海底からやって来て、船底に取り憑《つ》き、船を動けなくして揺らし、転覆《てんぷく》させようとする怪。【海坊主《うみぼうず》】や【舟幽《ふなゆう》霊《れい》】とされることもある。現象としては【しらみゆうれん】に同じ。

袖引小僧《そでひきこぞう》

伝承
武蔵国（埼玉県）他
妖怪

【逢魔時《おうまがとき》】に家路を急ぐ者の袖を、クイクイ引っ張る妖怪。もちろん振り向いても誰もいない。それを繰り返す。正体は【行《い》き倒《だお》れ】た子供や【落武者《おちむしゃ》】の霊とされる。

算盤坊主《そろばんぼうず》

伝承
丹波国（京都府）
妖怪

丹波国《たんばのくに》の西光寺《さいこうじ》の榧《かや》の木の下に出る妖怪、幽霊。誰かが通ると現れ、必死に算盤を叩《たた》くという。狸《たぬき》の悪戯《いたずら》とも、算盤で失敗したことを叱《しか》られ、それを苦にして、その榧で自殺した小坊主の霊とも言われる。

隣の素戔嗚神社《すさのおじんじゃ》では、毎晩丑《うし》の正刻《しょうこく》（一時頃）に算盤小僧が現れて。ひとりで一生懸命に算盤の練習をしていると言われる。また、これは算盤小僧ではなく、西光寺の初代和尚が幼い頃に神社の常夜灯《じょうやとう》の下で算盤を練習した姿だとも言われる。

泰山府君《たいざんふくん》

仏教、陰陽道
地獄の官僚

【閻魔大王《えんまだいおう》】の家臣で判決の記録係。刑罰の執行を行なう獄卒《ごくそつ》の長でもある。部下も【亡者《もうじゃ》】だが、生前からその役に就くことが決まっている者がなるという。陰陽師《おんみょうじ》・安倍晴明《あべのせいめい》は泰山府君を最高の神霊とし、《泰山府君の祭》（死にそうな人と元気な者の寿命を入れ替える呪術）を行ったという。

だいだらぼっち

伝承
全国
巨人

神話から来た妖怪とも言われ、富《ふ》士山《じさん》や浅間山《あさまやま》などを造るために土を運んだり、その土を掘った場所が琵《び》琶湖《わこ》になったりした。また、子供達を手に乗せて歩き、山をまたいだ時に落してしまい、だいだらぼっちが涙を流してできたのが浜名湖《はまなこ》だとも言われる。すべてが豪快《ごうかい》。

頽馬《たいば》

『想山著聞奇集』
全国
妖怪

馬を殺す旋風《つむじかぜ》の妖怪。頽馬は馬の口から入って、尻に抜けて馬を殺すという。そのため、頽馬にやられて、路上で突然死した馬は、肛門が開いているとされる。

平将門《たいらのまさかど》

伝承
江戸
怨霊、神

江戸では《将門の首塚《くびづか》》が有名。平安時代に関東を治めた豪族《ごうぞく》で、朱雀天皇《すざくてんのう》に反旗《はんき》を揚《あ》げ、自ら《新皇《しんのう》》を名乗った。反《そ》りのある日本刀を用いた元祖とも、騎馬武者の頭領《とうりょう》とも言われる。しかし、藤原秀郷《ふじわらのひでさと》、平貞盛《たいらのさだもり》に討取《うちと》られ、その首は京都に運ばれて晒《さら》されたが、三日目に目を開き、夜空に舞い上がると、関東へ向かって飛び去ったと言われる。

落ちた場所は、江戸城の大手門《おおてもん》内にある、将門の首を斬った時に洗った《首洗い井戸》だったとされる。そして、あちこちで祟《たた》りを起こしたため、《首塚》が建立され、祀《まつ》られるようになったとされる。

高女《たかじょ》

『画図百鬼夜行』
幽霊

二階座敷《にかいざしき》へす～っと上がって来る幽霊の姿が描かれている。『画図百《がずひゃ》鬼夜行《つきやこう》』には解説がないので、何をしている様子なのかは不明。もっぱら、浮気者《うわきもの》の男を追って、女郎屋の二階を覗《のぞ》く幽霊とされる（江戸時代の遊女遊びは浮気＝遊女の二股は禁止）。

高《たか》坊《ぼう》主《ず》

伝承／摂津国（大阪府）、讃岐国（香川県）
妖怪、巨人

摂津国では、南御堂《みなみみどう》に月夜の晩に現れる巨人で、一丈《じょう》（三メートル）以上もあったという。夜道を歩く者の後からついて来て、ゲラゲラ笑うという。

讃岐国では【だいだらぼっち】に似て大きく、ふたつの山をまたいだとされる。また、四《よ》ツ辻《つじ》に現れると言われる。人に害をなさないが、出《で》遭《あ》うと病になるとする村もある。

阿波国では麦の穂が出る季節に【逢魔時《おうまがとき》】まで遊んでいると現れ、子供らを脅《おど》すという。【見越入道《みこしにゅうどう》】と同じように、見上げるとどんどん大きくなるとする地域もある。

大和国では【のっぺらぼう】の大男で身長は六尺《しゃく》（一・八メートル）で、驚かないと腹を膨《ふく》らませ、ついには破裂《はれつ》してしまうとされ、正体は狸《たぬき》だと言われる。

だき

伝承
肥前国（佐賀県）
妖怪

夜の海岸で、漁師が野宿をしていると、魚をねだりに来る女の妖怪。魚をやっても、やらなくても最後は血を吸われてしまうという。だきが現れたら、魚を探しているふりをして逃げる。

滝霊王《たきれいおう》

『今昔百鬼拾遺』
仏神

『今昔百鬼拾遺《こんじゃくひゃっきしゅうい》』に載《の》るものだが、妖怪ではなく、滝に現《あらわ》れる不動明王《ふどうみょうおう》。妖怪や【魑魅魍魎《ちみもうりょう》】を抑えてくれる仏様。現代では、滝で発生するマイナスイオンが人によい影響を与えることがわかっている。

崖童《たきわろ》

伝承
長門国（山口県）
妖怪

断崖絶壁《だんがいぜっぺき》に現れる妖怪で、川尻岬《かわじりみさき》では崖童に遭《あ》うと病を患《わずら》うという。阿武《あぶ》の大島では、正体は山に三年、川に三年棲《す》んだ【河童《かっぱ》】が海に来て【猿猴《えんこう》】になったものだとされる。悪さはせず、出遭《であ》った人に木の実などをくれるという。

たこ

伝承
陸奥国（青森県）
妖怪、神

山中《さんちゅう》の空き家で一夜を過ごす盲目《もうもく》の三味線弾《しゃみせんひ》きに現れた女の妖怪。女は三味線の音に惹《ひ》かれてやって来て、一曲弾くように望む。自分は《たこ》だと名乗り、このことを誰かに言えば殺すと言った。男は他言しないと誓ったが、山を降りると、安心したのか、すぐに話してしまう。すると、そこにたこが現れ、男は殺されてしまった。たこは村にも呪《のろ》いをかけるが、村人に討取《うちと》られた。その正体は蛇《へび》だったともされ、これを祀《まつ》ったのが【お白様《しらさま》】ともされる。

蛸《たこ》

『本朝食鑑』『日本山海名産図会』／全国
妖怪

蛸は夜に岸に上がり、八足を地に着け、飛ぶように走って畑に入り、芋や大根を掘って喰《くら》うという。その他、越中《えっちゅう》富士《ふじ》滑川《なめりかわ》では、牛や馬も捕って食い、漁船を転覆《てんぷく》させて人を喰うが、これを捕える術《すべ》はないとされる。

上総国（千葉県）では、海の側《そば》で畑仕事をしていた農民を、蛸が襲う事件も起こった。昔の蛸はすごく凶暴。

たごまくり

伝承
讃岐国（香川県）
怪異

《たご》は肥桶《こえおけ》に似た桶。山崩れを起こした崖《がけ》で、夜中にたごが転がるような音がする、という怪異。

畳《たたみ》叩《たた》き

伝承
土佐国（高知県）
怪異

夜中に畳を叩くような音がするという怪異。どこからするのかわからない。犯人は狸《たぬき》だともされる。音を追っても、近くだと聞こえず、常に遠くから聞こえるという。

祟《たた》りもっけ

伝承
陸奥国（青森県）
怨霊

嬰児《えいじ》や虐殺《ぎゃくさつ》された者の【怨霊《おんりょう》】で、犯人だけでなく、犯人の家に祟《たた》るもの。戸がバタンと閉まる音などの怪異が続くという。

立石様《たていしさま》

『江戸名所図会』
下総・武蔵国（東京都）
怪異

冬に縮み、夏に膨らむという、地面にちょこっと顔を出したような奇石。
文化二年（一八〇五）にある男が、どのような石か掘り出そうとしたが、三尺（九十センチ）ほど掘ると、一抱えもある巨岩で、その下はどれくらいあるのかわからなかったという。しかし、関係者に疫病《えきびょう》が発生したため、祟《たた》りと噂《うわさ》されて中止となった。その後、立石稲荷が建立されたという。

立烏帽子《たてえぼし》

伝承
佐渡島
妖怪

海に突然現れる烏帽子岩のような妖怪で、行く手を阻《はば》んだり、船に倒れ込んで来るという。

たておべす

伝承
佐渡島
妖魚

剣《つるぎ》のような鰭《ひれ》を持った大きな魚で、船を突き破るという。逃げるには節分《せつぶん》の豆を投げつける。鯱《しゃち》のことではないかと言われる。

たてくりかえし

伝承／土佐国（高知県）／妖怪

餅や穀物を搗《つ》く杵《きね》の妖怪で、夜道で出遭《であ》う人をひっくり返す。スットンスットンと杵を打つ音がするので、直前で横へ逃げれば避けられるという。

鱈男《たらおとこ》

伝承
陸奥国（岩手県）
妖怪

気仙沼《けせんぬま》の姫君のところに、夜ごと通う美しい若者がいた。姫様が何処《どこ》の者か尋ねても答えないという。怪しんだ侍女《じじょ》が小豆飯《あずきめし》を炊いて食べさせたところ、朝になって鱈の姿で死んでいたという。

夜這《よば》いは平安時代の恋の形。江戸時代でも、年頃の娘のところに夜這いをする恋愛の風習があった。特に地方の村で多く、見知らぬ男を部屋に入れないよう、正体が蛙《かえる》やら狸《たぬき》やら、河童《かっぱ》やら、戒《いまし》めの怪談と思われるものが多い。

たんたんころりん

伝承／陸奥国（宮城県）／妖怪

柿の実を採《と》らずに放置しておくと現れるという大入道。また、柿が沢《たく》山《さん》なった家に坊主の姿で現れ、柿を採って袂《たもと》に入れると、町中を歩きながら落として行くという。

江戸時代に木になる果物は柿と梨《なし》くらいで、中でも柿は身近だったが、ほとんどが渋柿《しぶがき》で、甘柿を庭木にしているのは、とても贅沢《ぜいたく》だった。

血積《ちしゃく》

『針聞書』
妖虫

東洋医学書『針聞書《はりききがき》』に載《の》る妖虫。大病をした後、胃にいる虫だという。縮砂《しゅくしゃ》（生姜の仲間で実を漢方薬に用いる）をかければ退治できるそう。

チチケウニツネヒ

アイヌ伝承／妖怪

沙流川《さるがわ》の熊狩りの名手《めいしゅ》が、狩りの途中で女に刀で斬《き》り殺される夢を見た。翌朝、山に入ると、その女がいたので逃げたという。よく見るとそれは女ではなく、耳と尾に少し毛のある裸の化物《ばけもの》だったそう。

乳《ちち》やり幽霊《ゆうれい》

『御伽婢子』
伊予国（愛媛県）
亡霊

乳飲み子を残して伝染病《でんせんびょう》で死んだ母親が、毎夜、我が子に乳を与えにやって来るという幽霊。夫は初めこそ驚くが、赤子が乳を飲んで幸せそうなので安心する。しかし亡霊に呪《のろ》い殺されると勘《かん》ぐった夫の兄が待ち伏せて、亡霊を脇差《わきざし》で斬《き》ってしまう。朝になってみると、血の跡が墓に続き、墓の脇に女房の遺骸《いがい》が倒れていたという。

茶《ちゃ》釜《がま》下《お》ろし

伝承
因幡国（鳥取県）
怪異

米里村《よねさとむら》の井戸での怪異。井戸《いど》の周りで茶釜を置くようなチャラチャラという音がするというもの。音だけで何も現《あらわ》れないが、正体がわからない。

茶《ちゃ》袋《ぶくろ》

伝承／伊国（和歌山県）、土佐国（高知県）他
妖怪

茶や薬を煎《せん》じる時に使う《茶袋》が宙に現れるという怪。土佐国では墓に、紀伊国では印南川《いなみがわ》流域で【茶《ちゃ》ん袋《ぶくろ》】と呼び、川の上に浮いているという。これに出遭《であ》うと病になると言われる地域もある。

ちゃんころりん石《いし》

伝承／上野国（群馬県）／妖怪

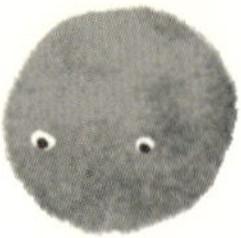

中仙道《なかせんどう》の安中《あんなか》宿《じゅく》に現れた音の怪で、チャンコロ、チャンコロとお囃《はや》子《し》に似た音を立てて転がる、ひと抱えもある大きな石。毎夜現れるので、宿場は寂《さび》れたという。宿の者が恐る恐る後をつけると、宿場の大泉寺《だいせんじ》に入ったので、安中藩士《あんなかはんし》がこれを退治しようと刀や鉄砲で襲撃したが、割れなかった。そこで住職がお経を唱《とな》えながら釘を打ちつけると、怪異は止《や》んだという。石は今も寺にある。

提灯《ちょうちん》お化《ば》け

伝承
全国
妖怪

古い提灯や、うち捨てられた提灯がお化けと化したもので、江戸時代の怪談本によく登場する。特に子供には欠かせない人気の妖怪キャラクターのひとつ。『東海道四谷怪談《とうかいどうよつやかいだん》』のお岩さんが乗り移った【提灯《ちょうちん》お岩《いわ》】や【お岩提灯《いわちょうちん》】もこれと同じ。

提灯《ちょうちん》小僧《こぞう》

伝承
陸奥国（宮城県）
妖怪

提灯を持った子供の妖怪。雨の夜に仙台《せんだい》の城下町《じょうかまち》を提灯を持って歩いていると、後ろから顔が鬼灯《ほおずき》のように赤い提灯小僧が追ってきて、追い越して行く。そして、立ち止まってじっとこちらを見るという。何をするわけでもなく、小僧の前を通り過ぎると、また追って来るを繰り返す。

脹《ちょう》満《まん》

『針聞書』
妖虫

江戸時代の東洋医学書《とうよういがくしょ》『針聞書《はりききがき》』に載《の》る病《やまい》を起こす妖虫。これに憑《つ》かれると、全身が腫《は》れ上がり手足は萎《な》え、胸元がムカムカするという。

長面妖女《ちょうめんようじょ》

『三州奇談』『聖城怪談録』『稲生化物録』他
妖怪

大きな女の顔の妖怪で、大きさは一丈（三メートル）もあるという。大きな顔が屋敷を覗《のぞ》いたり、行く手を遮《さえぎ》るというもので、江戸時代の怪談には多く登場する。

猪口暮露《ちょくぼろん》

『百器徒然袋』
付喪神

お猪口《ちょく》頭の小さな虚無僧《こむそう》で、古いお猪口の付喪神《つくもがみ》。虚無僧は半僧半俗《はんそうはんぞく》で全国行脚《ぜんこくあんぎゃ》をする修行僧で、剃髪《ていはつ》（頭を剃ること）せずになれることから、江戸時代には罪などを犯した武士が身分を寺に一時預けて、修行という名目で逃亡したり、また、仇《かたき》を追ったりするのにも用いた。

塵塚怪王《ちりづかかいおう》

『百鬼夜行絵巻』『百器徒然袋』
付喪神

古い唐櫃《からひつ》をこじ開けようとしているのが、塵《ごみ》の山の付喪神。唐櫃に入れられた古物《ふるもの》を付喪神として目覚めさせているようだ。

杖《つえ》突《つ》き

伝承
土佐国（高知県）
妖怪

夜中に杖をついて歩く者の音がするという。しかし、姿は見えず音だけが近づいて来る。これに出遭《であう》うとその場で命を取られるとされる。

付《つけ》紐《ひも》小《こ》僧《ぞう》

伝承
信濃国（長野県）
妖怪

小豆《あずき》とぎ屋敷《やしき》と呼ばれる古屋《ふるや》に現れる子供の妖怪。夕方になると、草鞋《わらじ》の紐を結べずにいる、七～八歳の子供が現《あらわ》れる。親切にその紐を結んでやろうと近寄ると、騙《だま》されて一晩中あちこちを歩かされることになるという。朝には無事に帰れるが、くたくただ。

辻《つじ》神《がみ》

伝承
四国、九州、琉球他
悪神

唐（中国）伝来の風習で、四《よ》ツ辻《つじ》や丁《ちょう》字《じ》路《ろ》の突き当たりの家に入り込むという悪神やマジムン。これに入られると不幸や病気が続くという。魔除《まよ》けに【石敢當《いしがんとう》】（《せっかんとう》とも読む）を置く。

土蜘蛛《つちぐも》

【つちぐも】やまぐも

『平家物語』『今昔画図続百鬼』『土蜘蛛草紙』、能

妖怪

古くは天皇家に従わない豪族などを呼んだとされる。『古事記《こじき》』などに、その紛争が英雄伝《えいゆうでん》として記され、妖怪が作られたとされる。『平家物語《へいけものがたり》』『土蜘蛛草紙《つちぐもそうし》』では【山蜘蛛《やまぐも》】とされ、妖術《ようじゅつ》を使う巨大な蜘蛛の妖怪。

能《のう》の演目では、病気で臥《ふ》せる源《みなもとの》頼光《らいこう》（一般には《よりみつ》と読む）の寝屋《ねや》に見知らぬ法《ほう》師《し》が現れ、頼光がよく見るとそれは蜘蛛の化物だった。土蜘蛛は千筋《ちすじ》の糸を繰り出し、頼光をがんじがらめにしようとするが、頼光は家伝の名刀・《膝丸《ひざまる》》で斬《き》りつける。すると、

法師は姿を消してしまった。この時、膝丸を《蜘蛛切《くもきり》》に改め、家臣の独《ひとり》武者《むしゃ》に退治《たいじ》を命じる。

独武者が土蜘蛛の血を辿《たど》って行くと、古塚《ふるづか》に続いていた。これを突き崩《くず》すと、中から土蜘蛛が現れ、千筋の糸を投げかけて激しく抵抗するが、武者達は総がかりで土蜘蛛を退治する。

『土蜘蛛草紙』では、頼光と渡辺綱《わたなべのつな》が、怪しい古屋で様々な怪異に遭《あ》いながらも、化物を斬りつけると、白い血を流して逃げる。それを追って山蜘蛛の洞窟《どうくつ》へ辿りつき、退治する。蜘蛛の腹の中には一千九百九十もの生首が入っていたという。

つちのこ

伝承
全国
未確認生物

人を噛《か》む短く太い蛇で、毒を持っているとされる。【槌《つち》の子《こ》】【土《つち》の子《こ》】は加賀・能登国（石川県）、山城国（京都府）、近江国（滋賀県）、四国地方の呼び名。『和漢三才図会《わかんさんさいずえ》』には【野槌蛇《のづちへび》】として載《の》る。『北國奇談巡杖記《ほっこくきだんじゅんじょうき》』には、小雨の降る夜に槌子坂を歩いていると出遭《であ》うとされ、搗臼《つきうす》ほどの真っ黒の生き物だとされる。ころころ転がって、消える前に笑い、雷のような音を轟《とどろ》かせて消えたとされる。目撃者は複数おり、二〜三日は毒気にあたって病んでしまうという。山奥にひとり住む怠け坊主の生まれ変わりとも言われる。口ばかり達者で、見る目も、嗅《か》ぐ鼻も、聴く耳も持たなければ、なす腕も、行く足もなくなった姿だという。

＊

【土転《つちころ》び】伯耆国（島根県）の伝承で、直径一尺《しゃく》（三十センチ）長さ三尺ほどの槌に似た蛇の妖怪。峠《とうげ》を歩くと、後ろから転がりながら追って来るという。噛みつくこともある。九州北部にも現れる。

【かものこ】上野国（群馬県）、越後国（新潟県）、信濃国（長野県）。
【ぎぎ蛇《へび》】陸奥国（岩手県）、出羽国（秋田県）。
【五八寸《ごはっすん》】近江国（滋賀県）、大和国（奈良県）。
【ころ蛇《へび》】【こんころ】若狭国（福井県）。
【ころり】備後・安芸国（広島県）。
【ごんじゃ】伊勢国（三重県）、大和国（奈良県）、摂津・和泉国（大阪府）。
【俵蛇《たわらへび》】南九州地方。
【槌転《つちころ》び】出雲・石見国（島根県）。
【槌《つち》んこ】大和国（奈良県）。
【筒蝮《つつまむし》】越後国（新潟県）、信濃国（長野県）。
【苞《つと》っ子】【苞蛇《つとへび》】伊豆国（静岡県）三河・尾張国（愛知県）。
【どてんこ】近江国（滋賀県）。
【ばち蛇《へび》】出羽国（秋田県）。

【つちのこ】のづちへび／つちころび／かものこ／ぎぎへび／ごはっすん／ころへび・こんころ／ころり
ごんじゃ／たわらへび／つちころび／つちんこ／つちまむし／つとっこ・つとへび／どてんこ／ばちへび

津波魔物の物搗音《つなみのまもののものつきおと》

アイヌ伝承／怪異

沖合《おきあい》から臼《うす》で穀物《こくもつ》を搗《つ》くような音が聞こえると、その年には津波《つなみ》が襲うとされるもの。山から聞こえると、山津波《やまつなみ》（地滑り）が起こるとされる。山に棲《す》む魔物が、押し寄せる前の酒《さか》盛《も》りをしている音だとされる。

角盥漱《つのはんぞう》

『百器徒然袋』
付喪神

角盥《つのだらい》は、身分の高い人が使う洗面用の水盆《すいばん》で、四つの取手《とって》が付いたものをいう。『百器徒然袋《ひゃっきつれづれぶくろ》』に登場する角盥漱は、小野小町《おののこまち》（平安時代の歌人）が使っていた角盥が、付喪神《つくもがみ》となったものだという。

付喪神は江戸時代の妖怪ブームでも人気の怪で、基本的に平安時代の妖怪で京都に現れる。江戸時代からすると四百年以上前のことで、古い昔の雅《みやび》な文化を想像する一方で、その裏側の世界も人気だったということである。

つまづっ田《た》

伝承
日向国（宮崎県）
怪異

その田を耕《たがや》すと、どんなに慣れた者でも必ず躓《つまず》くという田んぼの怪。駄洒落系《だじゃれけい》の名前である。おそらく、田の泥が深くて柔らかいのだろう。そうした良い田は古いものが多く、尊敬《そんけい》の念も含まれていると思われる。

鶴《つる》の化物《ばけもの》

伝承
越後国（新潟県）
妖怪

三条《さんじょう》から本成寺《ほんじょうじ》の間にある湿地《しっち》に現れた妖怪。夜にこの湿地を通ると、鶴のように白く大きなものがフワフワと目の前にちらつくという。現代でも、死体が遺棄《いき》された現場の近くを通ると、こうした現象が起こると言われる。

つんつん様《さま》

伝承
安房国（千葉県）
妖怪

安房国の鳥越《とりごえ》という場所に出る妖怪で、夕方になるとつんつん様が通るという。その時には、何処《どこ》からか生温《なまあたた》かい風が吹いて、牛すらも怯《おび》えると言われる。

手杵返し《てぎのかえし》

伝承
土佐国（高知県）
妖怪

四万十の妖怪で、雪の川原に一本の跡を残す。手杵のようなものが、錫杖《しゃくじょう》（僧侶や天狗が持つ金属の輪が付いた杖）のようにシャクシャクと音を立て、とんぼ返りをして進むという。【一本踏鞴《いっぽんだたら》】や【たてくりかえし】と似た妖怪とする説もある。

てっじ

伝承
伊豆七島
妖怪

伊豆八丈島《はちじょうじま》に棲《す》む【山姥《やまんば》】の類《たぐい》で、乳を襷《たすき》のように両肩にかけているという。人を攫《さら》ったり、山道を惑わすというが、親しくなった者には親切。荷物を運んでくれたり、行方不明《ゆくえふめい》になった子供を数日間、保護《ほご》してくれたりするという。

鉄鼠《てっそ》

『平家物語』『太平記』『画図百鬼夜行』『怪物画本』／京都、近江国（滋賀県）／妖怪

平安時代の僧侶・頼豪《らいごう》が白《しら》河天皇《かわてんのう》に裏切られたため、呪《じゅ》詛《そ》をかけて断《だん》食修行《じきしゅぎょう》の末に死に、鉄の歯を持つ鼠に化けたもの。皇嗣《こうし》を殺し、数万の鼠を引きいて比叡山延暦寺《ひえいざんえんりゃくじ》を襲撃したという。経典《ぶってん》や仏像を喰《く》い荒らすので、延暦寺では頼豪を祀《まつ》ってこれを鎮《しず》めたとされる。

手長足長《てながあしなが》

伝承／東北地方、九州地方他
妖怪

秋田の鳥海山《ちょうかいさん》では、旅人を捕って食べたり、船を襲う。そのため、山の神が三本足の烏《からす》を使わし、巨人が出る時には「うや」、出ない時には「むや」と鳴かせるようにしたという。そのため、三崎峠《みさきとうげ》が「有耶無耶《うやむや》の関《せき》」と呼ばれるようになったそう。

会津若松《あいづわかまつ》では、病悩山《びょうのうざん》の頂上に棲《す》み、空を雲で覆って飢饉《ききん》を起こしたという。しかし弘法大師《こうぼうだいし》に封じられ、山は《磐梯山《ばんだいさん》》に改名したとされる。

江戸時代の随筆『甲子夜話《かっしやわ》』には、月夜に九尺《しゃく》(二・七メートル)もある足を持つ者が海辺を彷徨《さまよ》っていたとする。足長は天気が荒れる兆候《ちょうこう》とされる。この足長は唐(中国)伝承の【足長手長《あしながてなが》】に似る。足長国の長脚《あしなが》が手長国の長《ちょう》臂《ひ》を担いで、漁をするのだという。その姿は江戸時代の百科事典『和漢《わかん》三才図会《さんさいずえ》』に載《の》る。

手長婆《てながばばあ》

伝承／下総国（千葉県）、陸奥国（青森県）
妖怪

下総国では、水の中に棲《す》む白髪の老婆で、遊んでいる子供を水中から長い手を伸ばして、水の中に引き込むと言われる。陸奥国では、貝守《かいもり》ヶ岳《たけ》という山に住んでいるとされる、手の長い老婆の巨人。山から八戸《はちのへ》の海へ手を伸ばし、貝を採《と》って食べていた。そのため山中に貝殻《かいがら》が落ちているという。

掌《てのひら》の火《ひ》

『聖城怪談録』
加賀国（石川県）
妖怪

掌に火を灯《とも》した謎の妖怪。加賀藩《かがはん》士《し》・坂井数右衛門《さかいすうえもん》が畑山に行き木を伐《き》り、夜にそれを運び出しに家来《けらい》と共に山へ戻ると、掌に赤々と火を灯《とも》した青白い顔の男の妖怪が現れたという。家来はこれを見て気絶してしまったが、数右衛門はじっと睨《にら》んでいた。すると、妖怪の背後から、同じような青白い顔の男が現れ、後ろから掌の火をふっ、ふっと吹き消した。すると、ふたりとも消えてしまったという。

手《て》の目《め》

『諸国百物語』『画図百鬼夜行』
京都
妖怪

七条川原《しちじょうかわら》の墓地に肝試《きもため》しに訪れた若者を襲う、八十歳ほどの老いた座《ざ》頭《とう》（目の見えない按摩師）の妖怪。顔には目がなく、鼻と口だけで、目は掌《てのひら》にあると言われる。

寺《てら》つつき

『今昔画図続百鬼』
怨霊、怪鳥

四天王寺《してんのうじ》や法隆寺《ほうりゅうじ》をつついて破壊《はかい》しようとする赤啄木鳥《あかげら》の怪。古墳《こふん》時代《じだい》（三世紀中頃〜七世紀）の豪族《ごうぞく》・物部守屋《もののべのもりや》が、聖《しょう》徳太子《とくたいし》と蘇我馬子《そがのうまこ》に討伐《とうばつ》され、その怨霊《おんりょう》が寺つつきになって、仏法《ぶっぽう》に障《さわ》りをなすため、太子の建立《こんりゅう》した寺を破壊しようとしていたとされる。

天蓋藪《てんがいやぶ》

伝承
紀伊国（和歌山県）
怪異

野道を歩いていると、葬式《そうしき》で使う天蓋（大傘）が竹藪の中から突然飛び出して来て、頭の上をくるくると飛び廻るという。

天狗《てんぐ》

【てんぐ】げどうさま／あたごやまたろうぼう／えいじゅつたろう・

伝承
全国
神、妖怪

天狗はもともと《隕石《いんせき》》のことをいい、唐（中国）伝承では虎《とら》に似た妖獣とされていた。『日本書紀《にほんしょき》』では《アマツキツネ》とされる。そのため《天狗》の字を用いる。

平安時代には、姿の見えない存在だったが、山岳信仰《さんがくしんこう》に関わる神・妖怪とされ、多くの物語に登場する。

鞍馬山僧正坊

やがて、仏教を妨害するとされ鳶《とんび》のような姿で表わされ、次第に人間化して行った。その代表が【外道《げどう》様《さま》】とも呼ばれるように、修行僧が己《おのれ》の知識に奢《おご》って悪心《あくしん》を抱いた末に、天狗と化したとされるもの。そのため知識が豊かで【神通力《じんつうりき》】を用い、弟子や家来を沢山《たくさん》抱える。

山岳信仰では修験道《しゅげんどう》の寺院や修行僧を守り、修行の地である山の結界《けっかい》を管理する。一方で、天候の怪異や【神隠し《かみかくし》】を起こすとされる。

天狗の代表は《日本八大天狗《にほんはちだいてんぐ》》と呼ばれる八人の天狗である。筆頭の【愛宕山太郎坊《あたごやまたろうぼう》】は、京都・愛宕山に祀《まつ》られる天狗で、【栄術太郎《えいじゅつたろう》】とも言われる。また、京都の大火は愛宕山の天狗が引き起こしたとして【太郎焼亡《たろうしょうぼう》】とも呼ばれる。『愛宕山《あたごやま》神道縁起《しんとうえんぎ》』にも登場する天狗である。

その他に、江戸時代中期に作られた祈祷秘経《きとうひきょう》の『天狗経《てんつきょう》』に《四八天狗《しじゅうはちてんぐ》》があげられていて、それぞれに逸話がある。さらに異名や天狗伝承は数知れない。

＊

【尼天狗《あまてんぐ》】『今昔物語集』に載《の》る天狗。仁和寺《にんなじ》の円堂に棲《す》むという女の天狗。成典僧正《じょうでんそうじょう》がこの堂でひとり修法を行なうと、見知らぬ尼が忍び込み《三衣箱《さんねばこ》》を盗んで逃げた。僧正が跡を追おうと、大きな槻木《つきのき》に登ったので、下で加持祈祷《かじきとう》をすると、苦しがって地面に落ちた。そして、箱の奪《うば》い合いとなり、尼天狗は箱の紐《ひも》だけを千切って逃げたという。

日本八大天狗	
1	愛宕山太郎坊
2	比良山次郎坊
3	飯綱三郎
4	鞍馬山僧正坊
5	大山伯耆坊
6	彦山豊前坊
7	大峰山前鬼坊
8	白峰相模坊

烏天狗

【今の人《いまのひと》】能登半島での天狗の忌《い》み語。《例の人》という意味で隠語《いんご》として使う。

【大人《おおぢと》】【今の人】に同じ。

【烏天狗《からすてんぐ》】烏の顔をした天狗。一般には小さくて烏のように自由に舞う。黒い羽を持ち、烏と天狗の間の生物で、言葉も理解しないものから、顔だけが烏なものまで、程度は様々。

【小天狗】【青天狗】とも呼ばれる。

【狗賓《ぐひん》】天狗の異名または、犬に似ており、山中でオイオイと呼ぶとい

	四八天狗
1	愛宕山太郎坊
2	比良山次郎坊
3	鞍馬山僧正坊
4	比叡山法性坊
5	横川覚海坊
6	富士山陀羅尼坊
7	日光山東光坊
8	羽黒山金光坊
9	妙義山日光坊
10	常陸筑波法印
11	彦山豊前坊
12	大原住吉剣坊
13	越中立山縄垂坊
14	天岩船檀特坊
15	奈良大久杉坂坊
16	熊野大峯菊丈坊
17	吉野皆杉小桜坊
18	那智滝本前鬼坊
19	高野山高林坊
20	新田山佐徳坊
21	鬼界ヶ島伽藍坊
22	板遠山頓鈍坊
23	宰府高垣高林坊
24	長門普明鬼宿坊
25	都度沖普賢坊
26	黒眷属金比羅坊
27	日向尾畑新蔵坊
28	醫王島光徳坊
29	紫黄山利久坊
30	伯耆大山清光坊
31	石鎚山法起坊
32	如意ヶ嶽薬師坊
33	天満山三萬坊
34	厳島三鬼坊
35	白髪山高積坊
36	秋葉山三尺坊
37	高雄内供奉
38	飯綱三郎
39	上野妙義坊
40	肥後阿闍梨
41	葛城高天坊
42	白峯相模坊
43	高良山筑後坊
44	象頭山金剛坊
45	笠置山大僧正
46	妙高山足立坊
47	御嶽山六石坊
48	浅間ヶ嶽金平坊

江戸時代に天狗のお面を背負って全国行脚する者。これは讃岐国（香川県）の金比羅坊を信仰する《金比羅参り》

う。

【鞍馬天狗《くらまてんぐ》】鞍馬山に祀《まつ》られる大天狗で日本八大天狗のひとり。牛若丸《うしわかまる》に剣術を教えたとされる。【僧正坊《そうしょうぼう》】や京の一条堀川《いちじょうほりかわ》の陰陽師《おんみょうじ》・鬼一法眼《おにいちほうげん》と同じともされる。

【木の葉天狗《このはてんぐ》】地位の低い天狗で【烏天狗】に似る。【白狼《はくろう》】とも呼ばれる。小僧の姿に化け、山を行く人や物を背負って小銭を稼《かせ》ぎ、天狗の仲間達を支えているそう。

【守護神様《しゅごじんさま》】三河《みかわ》地方の天狗で、山の神とされる。毎月七日は山の忌《い》み日とされ、入ることを避ける。これを破って木を伐ると祟《たた》りがあり、石が落ちて来たり、攫《さら》われると言われる。特に神無月《かんなづき》（十月）の七日は神聖な日とされる。

【僧正坊《そうしょうぼう》】鞍馬山の僧侶だったが、修行中に悟りを開いたと、自分の知識に驕《おご》り、年老いてなお死に欲を増し天狗となる。死後も僧侶の高い位に執着し続けた。

【空神《そらがみ》】紀州の天狗。空を自由に飛ぶため、こう呼ばれる。

【松明丸《たいまつまる》】『百器徒然袋《ひゃっきつれづれぶくろ》』に載《の》る怪異。猛禽類のような鳥の姿をしており、深い山の森の中に現れるとされる。【天狗火】の一種だが仏道修行を妨げるという。

【天狗隠《てんぐかく》し】【神隠《かみかく》し】に同じ。天狗によって攫《さら》われたとする、行方不明事件のこと。

【天狗倒《てんぐだお》し】【天狗なめし】常陸国(茨城県)でいう【空木倒《からきだお》し】に同じ。

【天狗礫《てんぐつぶて》】『今昔百鬼拾遺《こんじゃくひゃっきしゅうい》』に載る。何処《どこ》からか、石礫《いしつぶて》が振って来るもの。普段の行ないの悪い者に天狗が投げつけるともされ、当った者は病気になるとも言われる。狐狸《こり》の仕業とする地域もある。嘉永《かえい》七年(一八五四)江戸の麹町《こうじまち》でも天狗礫の怪異が起き、同心《どうしん》の見廻りが強化されるなどの大騒ぎになった。

【天狗囃子《てんぐばやし》】【天狗太鼓《てんぐだいこ》】【天狗《てんぐ》の能《のう》】山の中で何処《どこ》からか太鼓と笛《ふえ》の音が聞こえて来ること。

【天狗火《てんぐび》】全国で見られる【怪火】で、主に水辺で赤い火が浮ぶ。天狗の【神通力《じんつうりき》】によって作られたとされる。伝承は様々にあり、他の怪火と異なるのは、悪行を咎《いまし》めるために現れることがある点。

【天狗揺《てんぐゆ》すり】相模国(神奈川県)丹沢で、山小屋を揺さぶる天狗の怪。すぐに飛び出すと怪我《けが》をするという。

【天狗笑《てんぐわら》い】武蔵国(埼玉県)入間《いるま》の天狗で、通る人に大きな声で笑ったり、叫んだりする天狗。特別な人だけに聞こえるという。

天狗火の一種、『百器徒然袋』に載る松明丸

そうしょうぼう／そらがみ／たいまつまる／てんぐかくし／てんぐだおし・てんぐなめし／てんぐつぶて／
てんぐばやし・てんぐだいこ・てんぐののう／てんぐび／てんぐゆすり／てんぐわらい

てんじ

伝承
八丈島
妖怪

伊豆八丈島《はちじょうじま》の山番小屋に現れた妖怪。山番に毎夜、悪戯《いたずら》を仕掛《しか》ける。ある夜、黄八丈《きはちじょう》を着た娘に化けて出たので、腕を引っ張ると、腕は竹になってしまったという。そこで山番はこれを鉈《なた》で伐《き》ると、てんじは悲鳴を上げて逃げて行ったそう。しかし、次の夜になると「腕を返せ」と騒ぐので、返してやったという。

その後、島に大干魃《だいかんばつ》が訪れ、山番が飢えて死にそうになっていると、てんじが現れ、山芋《やまいも》や山葡萄《やまぶどう》を沢山《たくさん》置いて行ったとされる。

天井嘗《てんじょうなめ》

『百器徒然袋』
妖怪

長い舌で天井をぺろぺろ舐《な》める妖怪。江戸以前の古い時代の屋敷《やしき》は夏向きに天井が高く造られているものが多く。そのため、夜には天井の隅まで灯が届かず暗く、妖怪が潜《ひそ》みやすいという。

てんまる

伝承
上野国（群馬県）
妖怪

上野国甘楽《かんら》に出る妖怪で、埋葬《まいそう》した人の死体を食べに来るという。てんまるに荒らされるの防ぐために、墓に目篭《めかご》を被《かぶ》せておくという。

トイポクンオヤシ

アイヌ伝承／妖怪

樺太《からふと》に現れる地下に棲《す》む妖怪。全身は現さず、一部だけを人の性器に似せて地表に出し、人を驚かせるという。男性が道を歩いていると、烏《からす》貝《がい》のようなものが道に現《あらわ》れ、ユラユラするという。女性の場合は突然、茸《きのこ》のようなものが現れ、ピョコンピョコンと起きたり寝たりすると言われる。いずれもそれを立派だと褒《ほ》め、自分のも見せて和合《わごう》を誘うと退散するという。

トウィマジムン

琉球伝承
妖怪

鶏《にわとり》の化物で、人の前をさっと横切るとされる妖怪。横切られるのは不吉だと言われる。

銅鑵子《どうかんす》

伝承
信濃国（長野県）
付喪神

上田藩主・真田《さなだ》信之《のぶゆき》の家臣・鈴木《すずき》右近《うこん》が池から引き上げた鑵子の怪。それを拾った翌日から、屋敷で樽《たる》の酒が朝までになくなるという怪異が起こる。右近が夜中に見張っていると、ゴロゴロと何かが転がってきて、チュウチュウと酒を飲んでいた。手《て》燭《しょく》で照らしてみると、それは拾った鑵子であったという。

燈台鬼《とうだいき》

『平家物語』『和漢三才図会』『今昔百鬼拾遺』
妖怪

全身に刺青《いれずみ》をされた人間燭台《にんげんしょくだい》。その昔、遣唐使《けんとうし》として海を渡った父が行方不明になったため、息子が父を探しに唐へ行った。すると、薬で喉《のど》を潰《つぶ》され、頭に大きな蝋燭《ろうそく》を乗せられて燈台鬼にされていた父を発見したという。

胴面《どうのつら》

『百鬼夜行絵巻』
妖怪

『百鬼夜行絵巻《ひゃっきやこうえまき》』に登場する妖怪で、首がなく、腹に顔がある異形《いぎょう》の妖怪。何をするかは語られていない。

豆腐小僧《とうふこぞう》

『狂歌百物語』他、黄表紙
妖怪

江戸時代に子供達に大人気になった妖怪キャラクター。悪戯《いたずら》はせず、ただ豆腐を持って歩く一ツ目の小僧。お使いの途中なのか、豆腐をお皿やお盆《ぼん》に乗せて歩くが、必ず落としてしまうという。

百目鬼《どうめき》

『今昔画図続百鬼』
妖怪

銭《ぜに》を盗むという悪癖《あくへき》のある女が、改心《かいしん》せずにいたため、その腕に盗んだ銭の精が取り憑《つ》き、鳥の目となって無数に現《あらわ》れ、妖怪になってしまったという。江戸時代に四角い穴の開いた銭のことを《鳥目《ちょうもく》》と呼んだことから、このような妖怪になったと言われる。

鬼の百目鬼は、下野国（栃木県）の兎田《うさいだ》と呼ばれる《馬捨て場》に出るもので、身の丈《たけ》一丈《じょう》（三メートル）、毛が刃物のようで、百の目が四方を睨《にら》んでいる妖怪で、死馬を喰らうという。

どうもこうも

『百鬼夜行絵巻』『化物尽くし絵巻』他／妖怪

顔のふたつある娘らしき妖怪。何をするものなのか解説はないが、名前からして、にっちもさっちも行かない、または優柔不断すぎる妖怪なのだろう。

通《とお》り悪魔《あくま》

『世事百談』
妖怪

白い襦袢《じゅばん》を着て、槍《やり》を持った白髪の老人。または杖《つえ》をついた老人など、ふとした日常に突然現れ、その存在が奇怪であるという。これを目撃して心を乱すと、その不安に取り憑《つ》き狂気を起こさせる妖怪だという。防ぐためには心を平静に保ち、よくよく確認することが大事だという。

徳利転《とっくりころ》がし

伝承
讃岐国（香川県）
怪異

【白徳利《しろとっくり》】は狸の悪戯《いたずら》とされ、徳利に化けて転がるが、こちらは音だけの怪。夜な夜な徳利が転がるような音が聞こえるというもの。もちろん、朝になってよくよく調べても、実際には何も転がっていないそう。

妬《と》婦《ふ》

『新著聞集』
鬼女・祟り

江戸の中橋《なかばし》に住む、高野庄左衛門《たかのしょうざえもん》の妻は夫への嫉妬心《しっとしん》が積もって患《わず》らってしまい日々に衰えたため、夫が看病《かんびょう》していたが、ある夜、いきなり起き上がり「あぁ、腹立たしい」と叫ぶやいなや、両手の指を口に入れて左右に引き、耳の根元まで口を裂いたという。そして、棕櫚《しゅろ》のように髪の毛を逆立て、夫に襲いかかった。

家の者が、総出で妻に布団《ふとん》を被《かぶ》せて取り押さえると、そのまま動かなくなったので長櫃《ながひつ》（大型の衣装箱）に押し入れて寺に送ったという。しかし、夫も、百日後に正気を失って死んだと言われる。

共潜《ともかづ》ぎ

伝承／伊豆・駿河国(静岡県)、伊勢国(三重県)、九州地方他、妖怪

潜水の魔除け
せーまんどーまん

海に潜《もぐ》る者そっくりに化《ば》ける妖怪で、海女《あま》がひとりで潜っている時に現《あらわ》れる。曇天の日、他に誰もいないはずなのに、見知らぬ海女が潜っている後ろ姿を見る。普通と違うのは、鉢巻きの尾を長く伸ばしているという。海女が潜ると共潜ぎは浮き、海女が浮くと共潜ぎは潜る。暗い海の底へ誘ったり、鮑《あわび》を差し出したりするが、受け取ると命を奪《うば》われる。海女達は共潜ぎが出たと聞けば二～三日海に入らないという。魔除《まよ》けには《せーまんどーまん》の模様を衣服や手拭《てぬぐ》いに付けるという。

泥田坊《どろたぼう》

『今昔画図続百鬼』
妖怪

先祖の田畑を放置して、酒ばかり飲んで遊び惚《ほう》けている者に祟《たた》る田の妖怪。怠け者だから、田は人手に渡り、泥田坊は「田を返せ～、田を返せ～」と罵《ののし》るという。

流《なが》れ行燈《あんどん》

伝承
豊後国（大分県）
幽霊

豊後国竹田《たけだ》の灯籠流《とうろうなが》しに現れる幽霊。お盆の十五夜に稲葉川《いなばがわ》で灯籠流しをすると、上流から怪しい行燈がひとつ流れて来るという。その行燈だけ不気味に青白く、そして左右に動くなど、異常な流れ方をする。やがて、行燈から女が現れ「恨《うら》めしや～、私は殺された～」と嘆《なげ》くと言われる。

泣息屋敷《なきやみやしき》

伝承
陸奥国（宮城県）
招福

逢隈村《おおくまむら》の長健寺《ちょうけんじ》の前に、夜になると「おぶさりたい、おぶさりたい」と泣くものがあるという。ある男が負ぶって家に連れ帰ると、泣き声は止《や》み、降ろしてみると、なんと黄金だったという。

茄子婆《なすばあ》さん

『比叡山の七不思議』
近江国（滋賀県）
招福

織田信長《おだのぶなが》の襲撃を知らせたという、顔が茄子色の謎の老婆。戦乱の頃、天変地異や戦が比叡山《ひえいざん》に降りかかる時、その直前に鐘《かね》を叩《たた》いて知らせたと言われる。

撫《な》で座頭《ざとう》

『百鬼夜行絵巻』
妖怪

『百鬼夜行絵巻《ひゃっきやこうえまき》（松井文庫）』に描かれる、目のない坊主。撫でるというわりには爪《つめ》が鋭《するど》く、何故《なぜ》か足には水かきがある。

七本鮫《ななほんざめ》

伝承
志摩国（三重県）
祟り

巨大鮫の祟《たた》り。鳥羽《とば》の亀島《かしま》の猟師が家族で船釣りをしている時、子供が足を海に入れて遊んでいたという。すると巨大な鮫がその足を喰《くら》い千切ってしまった。漁師は怒って鉄の大針で鮫を釣り退治した。すると、数日後の凪《なぎ》の日に村の漁師達が船を出したところ、突風が吹いて船が転覆し、多くの漁師が死んだという。

また、伊雑宮では、御田植祭の使いと言われ、蟹や蛙に化けて参拝する七匹の鮫をいう。今では一匹が殺され六匹になったとされる。

鍋降《なべお》ろし

伝承
出羽国（山形県）
妖怪

【逢魔時《おうまがとき》】まで遊んでいる子供を攫《さら》う鍋の妖怪。夕方遅くまで遊んでいる子供が家路《いえじ》を急ぐ時、道端の大きな杉の天辺《てっぺん》から真っ赤に焼けた鍋が降りて来るという。その鍋は子供を飲み込んでしまうとされる。

生首茸《なまくびたけ》

『三州奇談』
加賀国（石川県）
妖怪

加賀藩士《かがはんし》・寺西某《てらにしなにがし》の屋敷で起きた怪。寝所《しんしょ》が何やら悪臭に満ちたので、原因を探してみると、天井から若衆《わかしゅう》（十五歳くらいの男の子）の生首《なまくび》が降りて来たという。主はこれを屋敷の隅《すみ》に埋め、塚を建立した。すると、秋になって、奇妙な茸《きのこ》が生えてきて、ふたつに裂けたという。中には、あの生首を彫りつけたような形が現れたそう。

鯰狐《なまずぎつね》

伝承／備前・備中国（岡山県）、備後・安芸国（広島県）
妖魚

夜に小川の畔《ほとり》を歩いていると、ガボッ、ガボッという音が聞こえるという怪。音の主《ぬし》を探ろうと川を覗《のぞ》き込むと、今度は上流の方で鳴り……。それを繰り返すことになるという。古鯰の悪戯《いたずら》とされる。

波小僧《なみこぞう》

伝承
遠江国（静岡県）
小人、招福

旱魃《かんばつ》から村を救った小人《こびと》。旱魃の時、畑仕事を終えた少年が川で足を洗っていると、「もしもし」呼ぶ声がする。振り向くと親指ほどの大きさの小僧が立っていたという。そして一寸《いっすん》の小僧は、自分は海に棲《す》むものだけど、前の大雨の時に陸《おか》に上がったが、その後日照《ひで》りが続き、帰れなくなった、海まで連れて行って欲しいと頼む。少年は気の毒に思い、海まで連れて行った。すると、数日後に御礼に現れ、「旱魃で困っているようなので、父に頼んで雨を降らせましょう」と言う。東南で波が鳴れば雨が降り、南西で鳴れば止《や》む合図だと伝えたという。

舐《な》め女《おんな》

『絵本小夜時雨』『狂歌百鬼夜興』／阿波国（徳島県）
妖怪

『絵本小夜時雨《えほんこさましぐれ》』に載《の》る奇女で、阿波国の富豪《ふごう》の娘。男の全身を舐める性癖《せいへき》があったという。これが噂《うわさ》となって広まり妖怪化したもので、『狂歌百鬼夜行《きょうかひゃっきやこう》』には朱袴《しゅばかま》姿の女房《にょうぼう》（宮廷女中）の妖怪として描かれている。

なめら筋《すじ》

伝承
備前国（岡山県）他
怪異

魔の通り道。【亡者《もうじゃ》】などが通る道とされ、そこに家を建てると病人が絶えないとされる。

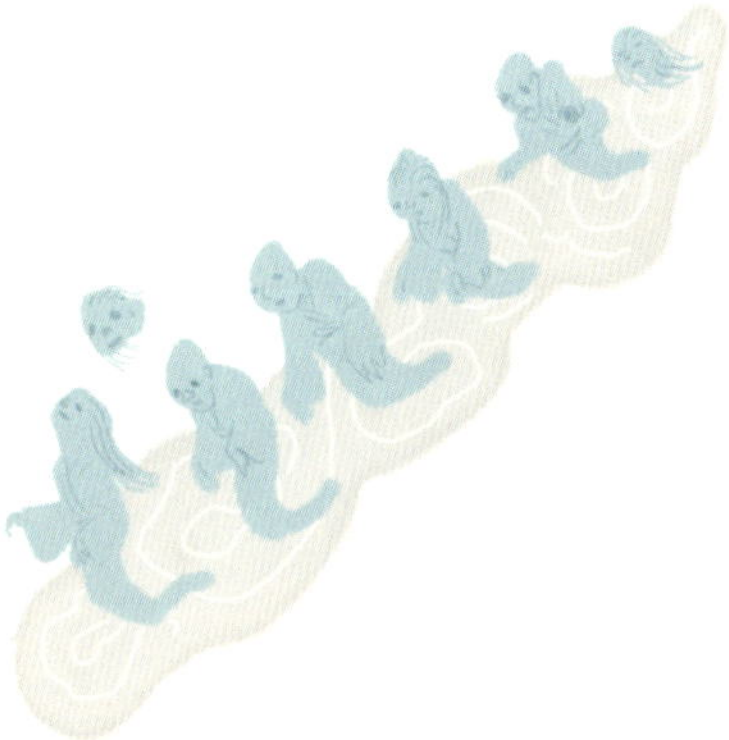

鳴《なり》釜《がま》

『百器徒然袋』
備前国（岡山県）他
妖怪

凶事《きょうじ》の前兆《ぜんちょう》に釜が鳴るという、一種の占いが全国にある。備前国・吉《き》備津神社《びつじんじゃ》には【温羅《うら》】の首を埋めた上に竈《かまど》が設《しつら》えてあるとされ、温羅の首を討取《うちと》った吉備津彦命に、祈願が叶《かな》うかを占う《釜鳴神事》が今も残る。

鳴屋《なりや》

『図画百鬼夜行』『太平百物語』
怪異

ポルターガイスト現象のひとつで、家全体や部分が音を立てる怪。『太平百物語《たいへいひゃくものがたり》』では【家鳴《やなり》】とされる。浪人《ろうにん》達がお化《ば》け屋敷《やしき》に肝試《きもだめ》しに行くと、屋敷がガタガタガタガタと激しく揺《ゆ》れた。地震《じしん》だと思って外へ飛び出すと、辺《あた》りは静まり返っており、揺れたのは家だけたったという。翌日も試して見ると同じように揺れるので、智仙《ちせん》という僧侶を呼んで犯人を捜《さが》してもらった。

智仙は家鳴りが始まると、一番大きく揺れる部分を探り、小刀を突き刺したという。すると、家鳴りはぴたりと止《や》んだそう。翌朝、床下を見ると《刃熊青眼霊位》と記した墓標《ぼひょう》があり、小刀の突き刺さった《眼《め》》の字の部分から血が出ていたとされる。墓は、昔、その辺りを荒らした熊を葬《ほうむ》ったものだったそう。

縄筋《なわすじ》

伝承
讃岐国（香川県）
怪異

悪魔や化物が通るとされる、細い一本道。ここに家を建てるとよくないことが起きるとされる。一般的にこうした細道を《縄手《なわて》》と呼ぶ。小川や田などに沿って通ることが多い。

縄簾《なわのれん》

伝承
京都
怪異

雨の降る夜に縄簾のようなものが顔に当る怪。歩きにくいが、何も見えないという。無理に通り抜けると後ろから傘《かさ》を引っ張るという。

為何歟《なんじやか》

『化物尽くし絵巻』
妖怪

腰布の下から、明かに狸《たぬき》の尻尾《おっぽ》と思われるものが出ているが、狸ではないとされる。手も動物のようである。ここまで証拠が揃っているのに、「違う」と言い張る。というのが、為何歟という《意味不明》な妖怪。

なんじゃもんじゃ

伝承／全国／怪異

一般的には《何だかわからない木》を指すもの。何の木か知れないため、各地に伝承が残る。信濃国（長野県）佐《さ》久《く》では、仁王堂《におうどう》になんじゃもんじゃがあり、伐《き》ろうとすると祟《たた》りがあるという。落雷のために枯《か》れてしまっても、それを片付けた人々が短命になったと言われる。

納戸婆《なんどばばあ》

伝承／大和国（奈良県）～日向国（宮崎県）
妖怪

納戸に棲《す》んでいる老婆の妖怪。禿《は》げた老婆で「ほーっ」という声を出して現れ、人を驚かせる。しかし、納戸を掃除する時は、母屋《おもや》の縁《えん》の下《した》に逃げ込むという。備前国岡山《おかやま》では、旧家の納戸に坐《すわ》っているもので、《納戸神》の一種とされる。

苦《にが》笑《わらい》

『百鬼夜行絵巻』
妖怪

『百鬼夜行絵巻《ひゃっきやこうえまき》（松井文庫）』に描かれた妖怪で、角のようなものが生えた謎の妖怪。苦笑いすると現れるのか、取り憑《つ》かれると苦笑いするのか、解説がないので不明。

肉《にく》吸《す》い

伝承
伊勢国（三重県）
妖怪

「ほ〜ほ〜」と笑いながら近づいて来る少女の妖怪。夜に熊野《くまの》の山を歩いていると現れ、火を貸せと言う。提灯《ちょうちん》の火を分けようと差し出すと、「ふっ」と消され、とたんに襲いかかって来るという。襲われると首から足まで、肉を吸い取られてしまう。そのため、熊野越えには吹き消せない火縄を持って行くとされる。

為《にく》憎《らし》

『化物尽くし絵巻』
妖怪

『化物尽《ばけものづ》くし絵巻《えまき》』に描かれた妖怪。長い髪を下ろしてそっぽを向いているが、耳が大きく、聞き耳を立てているようで、口はよくお喋《しゃべ》りしそうである。説明がないので、何をする妖怪なのかは不明。

ニタッウナラ

アイヌ伝承
妖怪

全身毛だらけで前後もわからない姿の妖怪で《湿地《しっち》の小母《おば》》という意味だそう。《平原の小母》である【ケナシコルウナルペ】と同じという説もある。ケナシコルウナルペは親とはぐれた子熊を檻《おり》に入れておくと、夜に何処《どこ》からか現れる怪しい女の妖怪。檻の中で手拍子《てびょうし》を打ち、子熊を男の子に化けさせて踊らせるという。村人が悪魔払いをして子熊を叩くと、木鼠《りす》に変わって逃げて行ってしまうという。魔をかけて子熊を逃がしてしまうのがこの妖怪。

ニタッラサンペ

アイヌ伝承
未確認生物

大きさは七寸《すん》〜七尺《しゃく》（二十一〜二・一メートル）ほどの茶褐色《ちゃかっしょく》の毬藻《まりも》で、翼《つばさ》が生えているという。翼はあるが地面を転がって走るそうで、姿を見ると運勢が悪くなってしまうそう。名は《湿地の苔《こけ》の心臓《しんぞう》》という意味だそう。また、川岸の柳原に棲《す》む怪女もある。ざんばら髪で黒いのっぺらぼうに、親指のような鼻が付いているという。

二本足《にほんあし》

『百鬼夜行絵巻』
妖怪

『百鬼夜行絵巻（松井文庫）』に描かれた妖怪で、褌《ふんどし》をした禿《は》げ頭から直接足の生えた妖怪。白足袋《しろたび》を履《は》いているので、身分のよい者が化けたのか、それとも白足袋そのものの妖怪か。

入内雀《にゅうないすずめ》

『今昔画図続百鬼』
全国
妖怪

平安時代の歌人・藤原実方《ふじわらのさねかた》の怨《うら》みが雀になったとする妖怪。実方は、歌人の藤原行成《ふじわらのゆきなり》と揉《も》め、東北へ左遷《させん》させられ、失意《しつい》のうちに死んだとされる。その後、京都に朝食の膳《ぜん》を平らげたり、作物を食い荒らしたりする奇妙な雀が現れ、人々が恐れた。

乳鉢坊《にゅうばちぼう》

『百器徒然袋』
付喪神

芝居で使われる銅板《どうはん》の鉦《かね》が変化した妖怪とされる。それが描かれた『百鬼徒然袋《ひゃっきつれづれぶくろ》』に解説がないので、何をする妖怪かはわからない。

如意自在《にょいじざい》

『百器徒然袋』
付喪神、招福

こちらも『百器徒然袋』に描かれた【付喪神《つくもがみ》】の類《たぐい》。《如意》は僧侶の使う仏具で、《孫の手》として背中を掻くのにも用いる。こちらは、人を脅すのではなく《痒《かゆ》み》という怪を、文字通り自在に動いて退治してくれるというものか。

人魚《にんぎょ》

『今昔百鬼拾遺』『諸国里人談』他
妖怪

人魚が初めて記録されたのは『日本書紀《にほんしょき》』と言われ、五世紀に大坂の漁師の網にかかったという。

人魚が現《あらわ》れるのは、もともと吉兆《きっちょう》とされていたが、いつの頃からか、大嵐や津波の前兆とされるようになった。『諸国里人談《しょこくりじんだん》』には、人魚を殺したために、その漁師の村が自然災害に飲まれたという話がある。また、人魚の肉を食べると不老長寿《ふろうちょうじゅ》になれるとされる。江戸時代には、猿や魚を組み合わせ、人魚のミイラが作られ、見世物に用いられた。

＊

【アイヌソッキ】下半身が魚の人魚で、この肉を食うと長生きするといい。人の言葉を話す。

【ザン】琉球・奄美諸島《あまみしょとう》伝承で、ジュゴンのことではないかと言われる。ザンを捕って持ち帰ると、家に不幸があるので、浜辺で料理して食べる。奄美大島では、人の顔を持つザンがときどき海面に顔を出す。ザンを見たら嵐が来るとされる。

【にいぎょ】陸奥国（岩手県）黒崎《くろさき》の伝承で、毛の生えた蓑《みの》を着た三歳児ほどの人魚。漁師が潜っている時に見たとされ、黒崎ではにいぎょに遭わないように、船縁を叩《たた》いてから海に潜るという。

【ルルコシンプ】アイヌに伝わる人魚。《ルル》は《波》の意。絶世の美女に化《ば》けて現《あらわ》れるという。

ぬっぺらぽふ

『画図百鬼夜行』『百怪図巻』他
妖怪

【ぬっへふほふ】【ぬっぺっぽう】とも呼ばれる。ぶよぶよっとした巨大なもので、目鼻口は皺《しわ》だけで実態がない。呼び名も一定していない。江戸時代は洒落本《しゃれぼん》などによく登場し、『新吾左出放題盲牛《しんござでほうだいもうぎゅう》』には死人の脂《あぶら》を吸うとある。

布《ぬの》がらみ

伝承
陸奥国（青森県）
妖怪

陸奥国三戸《さんのへ》にある布沼《ぬのぬま》に現れる妖怪。沼の畔の垣根に美しい布がかかっているという。これを取ろうと手を伸ばすと、布が舞って絡《から》みつき、沼に引きずり込まれてしまうという。騙《だま》されるのは主に女性。

ぬらりひょん

『百怪図巻』『画図百鬼夜行』他
妖怪

頭の大きな妖怪で、『百怪図巻《ひゃっかいずかん》』などには解説がなく正体は不明。殿《でん》中差《ちゅうざし》や刀《かたな》を差して描かれるので、武家の御隠居《ごいんきょ》かもしれない。好き勝手に《ぬらり》と暮らし、子供の家に前触れもなく《ひょん》と現れることを揶揄《やゆ》したものか。また、備前・備中国（岡山県）では【海坊主《うみぼうず》】に同じ。

塗壁《ぬりかべ》

伝承、『妖怪絵巻』他
妖怪

夜道を行く者の前に突然、黒い壁が現れ、行く手を遮《さえぎ》る妖怪。棒《ぼう》で下の方を払うと壁は消えると言われる。『妖怪絵巻《ようかいえまき》』には白い三ツ目の妖獣が描かれている。これちらはどのような妖怪なのか不明。

塗壁は名前は有名だが、よくわからないことが多い妖怪。

塗仏《ぬりぼとけ》

『百怪図巻』『画図百鬼夜行』『十界双六』
妖怪

全身真っ黒の入道で、両目が飛び出してぶら下がり、背中から魚の尾のようなものが生えている妖怪。主な絵図には解説はない。『百鬼夜行絵巻《ひゃっきやぎょうえまき》(松井文庫)』では【黒坊《くろぼう》】として描かれている。黒坊や、江戸時代に作られた妖怪グッズでは、背中の尾は毛のように描かれる。『画図百鬼夜行《ずがひゃっきやこう》』では、立派な仏壇《ぶつだん》から、目玉をぶら下げた塗仏が現れる様が描かれている。

濡女子《ぬれおなご》

伝承/伊予国(愛媛県)、壱岐、対馬
妖怪

海や沼から、または雨の日にびしょ濡れで現れる妖怪。人を見ると笑いかけてきて、人が笑い返すと一生付きまとう。

濡《ぬ》れ衣《ぎぬ》幽霊《ゆうれい》

『兎園小説』
江戸
幽霊

ある子守女《こもりおんな》が、久三郎《くさぶろう》という色男に惚《ほ》れ、久三郎と知り合いだという男に相談した。するとその男は久三郎を騙《かた》った恋文を持って来て、娘を騙《だま》した。そして、娘は相手が久三郎だとばかり思って、夜な夜な暗がりで逢瀬《おうせ》を重ねた。

しかし、やがて男は飽きて、娘を放置した。すると恨みに思った娘は昼間、道でばったり会った久三郎に喰ってかかったが、久三郎はきょとんとして話が通じない。それでも娘は騙《だま》されているとは全く気づかず、そのまま恨《うら》みが募《つの》って病《やまい》となり死んでしまう。その後、久三郎の床へ幽霊となって現《あらわ》れ、彼を呪《のろ》い殺してしまったという。

寝《ね》肥《ぶとり》

『絵本百物語』
全国
怪病

ごろごろしてばかりいる怠《なま》け者が、やがて太って元に戻れなくなるというもの。陸奥国（青森県）では、ある家の妻が怠け者で寝肥となり、「十枚の布団のうち七枚を使うほどになり、鼾《いびき》も騒々しく色気もなく、やがて愛想《あいそう》を尽《つ》かされた」とされるが、夫が残り三枚の布団を使っていたというから、どちらも程度の差こそあれ……寝肥に違いない。

野馬《のうま》

伝承
石見国（島根県）
妖獣

一ツ目の妖怪、夜、山道をひとりで歩く人を襲《おそ》って喰《くら》うという。名前からすると馬、または馬大の四つ足動物であるが、姿の伝承はない。アイヌ伝承にも人を喰う一ツ目の妖怪がある。海岸に現れ、そこで人を襲う。正体は巨大な獺《かわうそ》とされる。

野風《のかぜ》

『天縁奇遇』
祟り

読本《よみほん》『観音利生天縁奇遇《かんのんりしょうてんえんきぐう》』に登場する女の怪で、祟《たた》りによって体中に口ができてしまった。夫婦で悪事を重ねる野風に、夫が殺した赤松春時《あかまつはるゆき》の妻・咲花《さくはな》の呪《のろ》いで、身体が腐《くさ》り始め、やがて体中に九十九個の口ができる奇病を患《わずら》うという話。

覘坊《のぞきぼう》

『百鬼夜行絵巻』
妖怪

『百鬼夜行絵巻《ひゃっきやぎょうえまき》（松井文庫）』に載《の》る妖怪。解説がないので、何をするのかはわからないが、名前から、人を覗《のぞ》き込むようにして現れるものだろう。

のづこ

伝承／伊予国（愛媛県）、土佐国（高知県）
妖怪、亡霊

【のつご】とも呼ぶ。夜に山道に現れる妖怪で姿は見えない。暗闇から「ギャッ」「ワァワァ」など赤子のような声で叫び、人の足をもつれさせるという。土佐国では草履《ぞうり》の乳輪《ちちわ》や、草を小さな輪にして投げると、逃げてゆくとされる。正体は間引きされた赤子の幽霊だとも言われる。

のっぺらぼう

『狂歌百物語』
全国
妖怪

人気のある定番妖怪のひとつで、古くから様々な形態で登場する。多くは狐狸《こり》が人を騙《だま》すために化けるものだとされ、物語にもよく登場する。

野鉄砲《のでっぽう》

『絵本百物語』
妖獣

山に棲《す》む、鼯《むささび》のような生き物で、【逢魔時《おうまがとき》】に人の生き血を狙って襲って来るという。木の上にいて、口から蝙蝠《こうもり》のようなものを吐《は》き、人の顔に覆《おお》い被《かぶ》せて目を塞《ふさ》ぐという。【野《の》衾《ぶすま》】に似るが、こちらは永く生きた猫《まみ》が化けるものだという。

野寺坊《のでらぼう》

『画図百鬼夜行』
妖怪

『画図百鬼夜行《がずひゃっきやこう》』には解説がないが、廃寺《はいじ》に現れるぼろを着た乞食坊主《こじきぼうず》の妖怪。絵では何か誘《さそ》っているような手をしている。仏の道は誘惑《ゆうわく》が多く、江戸時代にも金欲や愛欲に浸《つか》る《破《は》戒僧《かいそう》》が多くいた。仏道にありながら成仏できない【亡霊《ぼうれい》】であろうか。

野《の》衾《ぶすま》

『絵本百物語』『今昔画図続百鬼』『狂歌百物語』『化物尽絵巻』他／妖獣

形はイタチで目は兎《うさぎ》で、人や猫を捕まえて血を吸うとされ、山道を行く者の顔に飛びつくという。永く生きた蝙蝠《こうもり》が妖怪となったものとされる。現代では鼯《むささび》やももんがが実際に人に飛びつくこともあることから、これらの動物のことではないかと言われる。

野《の》病《や》み

伝承
越後国（新潟県）
怪異

野山で病になること。正月に団子《だんご》を茹《ゆ》でた水を飲むと、何故《なぜ》か野病みに罹《かか》らないと言われている。

パイカイカムイ

アイヌ伝承
神

アイヌの伝説によく登場する、疱《ほう》瘡《そう》（天然痘）など流行り病を司《つかさど》る病の神。キューピッドのように弓を使って人を病にするという。パイカイカムイに射られた人はプスッという音が聞こえるという。

肺積《はいしゃく》

『針聞書』
妖虫

肺に穴を開ける病の虫。生臭《なまぐさ》い匂いを好み、辛《から》いものが好物だという。この虫に憑《つ》かれると常に悲しい気持ちになる。治療《ちりょう》には針を柔らかく浅く打つとよいとされる。

肺虫《はいむし》

『針聞書』
妖虫

これも、江戸時代の東洋医学書『針聞書《はりききがき》』に載《の》るもの。肺にいる虫で、飯を食べ、時に【怪火《かいか》】にも変わるという。漢方薬の白朮《びゃくじゅつ》で退治できるそう。

パウチカムイ

アイヌ伝承
精霊

取り憑《つ》かれた者は性格が変わり、淫乱《いんらん》になるとされる。普段は異界の川岸に棲《す》み、いつも男女で裸で踊っているそう。時に、こちらの世界の山谷に来て、男女を踊《おど》りに誘《さそ》うという。憑依《ひょうい》を解くには棘《とげ》の付いた枝で叩《たた》き、川に落とすという荒療治《あらりょうじ》が必要だという。

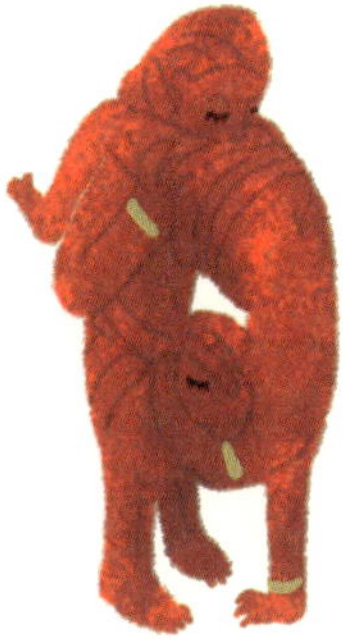

ハギハラウワークワー

伝承／奄美大島／妖怪

足のない小豚の妖怪。夜道を行くと現《あらわ》れるが、他のマジムンのように股《また》を潜《くぐ》ることはしない。

貘《ばく》

伝承
全国
妖獣

もともとは唐（中国）伝承の妖獣で、邪気《じゃき》を払うものであったが、日本に来て《悪夢を食べる》とされるようになった。姿は象《ぞう》の鼻に犀《さい》の目。熊の身体に虎《とら》の足、そして牛の尾を持つという。実際の動物のバクとは違う生き物。悪夢を食べてもらうには、貘の絵を枕の下に入れて寝る。江戸時代には、正月二日の初夢《はつゆめ》に、宝船の絵と一緒に用いた。

白澤《はくたく》

『和漢三才図会』『今昔百鬼拾遺』
妖獣

徳の高い治世者《ちせいしゃ》の元に現《あらわ》れるとされる、唐（中国）伝承の妖獣。沢に住み人間の言葉を話し、博学だという。為政者は身近に白澤の絵や置物、装飾を置くことを好んだ。日本では《白澤図》をお守りにすることで、邪気《じゃき》や悪病を払うと信じられている。そのため【獏《ばく》】と同じとされることもある。姿は、顔に三つ、脇腹に三つずつ目があるという。『今昔百鬼拾遺《こんじゃくひゃっきしゅうい》』に描かれた白澤は、炎《ほのお》をまとう。

白馬《はくば》

伝承
陸奥国（青森県）
妖怪、幽霊

津軽の研鉢淵《とばちぶち》に現れるという、川を渡る白馬の幽霊。ある者がその姿を見てから病《やまい》になり、食事ができないほど身体が弱ったという。

【ばけぎつね】

化《ば》け狐《ぎつね》

伝承
全国
妖獣

九尾の狐

日本人が稲作《いなさく》を始めると、開拓《かいたく》によって狐の棲《す》み家を奪うことになり、人々は祟《たた》りを恐れて狐を稲作の神、または御使いとして稲荷に祀《まつ》った。野生動物の中では狸《たぬき》と並んで身近な存在で、《狐は人を化かし、狸は物に化ける》とされる。その伝承は全国に多くある。江戸時代には物語によく登場する、愛される妖怪のひとつ

＊

【小豆洗《あずきあら》い狐《ぎつね》】【洗濯狐《せんたくぎつね》】【小豆洗い】の正体が狐だとするもの。

【天狐《あまつきつね》】『日本書紀《にほんしょき》』に載《の》る狐。千年生きてた狐がなるとされ、尾は九つに割れる。千里の先の事を見通す妖力を持ち、【野狐《やこ》】【気狐《きこ》】のように悪さをすることはないとされる。さらに生きて、三千歳を超えると【空狐《くうこ》】となる。

【狐《いずな》】憑依《ひょうい》する狐の霊のこと。または動物霊のこと。

【右近左近《うこんさこん》】出羽国（山形県）米沢《よねざわ》藩の家老《かろう》の家に伝わる右近と左近という名の狐。

幕府へ宛てた書状を早飛脚《はやびきゃく》で送り出したが、中身を間違えてしまった。慌てた家老が狐を使って後を追わせたという。狐は千住《せんじ》の宿でようやく飛脚に追いつき、隙《すき》を見て書状《しょじょう》を入

れ替え、事なきを得た。しかし、また走って米沢に戻ったところで、息絶えてしまったと言われる。

【姥狐《うばぎつね》】駿府城《すんぷじょう》で家康《いえやす》の腹心《ふくしん》・大久保彦左衛門《おおくぼひこざえもん》と争った狐。手拭《てぬぐ》いを与えると頭に被《かぶ》って舞《ま》うが、姿が見えないので、手拭いだけが風に舞うように見えると言われる。

姥狐

【御出狐《おいでぎつね》】江戸の真崎稲荷《まさきいなり》の狐で、茶屋の者が湯豆腐を持って「おいで、おいで」と呼ぶと出て来たという。寛政《かんせい》四年（一七九二）頃には故郷の陸奥国松前《まつまえ》へ帰ったとされる。その際に茶屋の娘に取り憑《つ》き、今までの礼を言い、暇《ひま》を乞《こ》うたと言われる。形見《かたみ》に扇《おうぎ》に句を残したが、娘も連れて行ってしまった。

【おきいさん狐《ぎつね》】備中国（岡山県）中町の稲荷に仕える狐で、いかなる人でも騙《だま》すとの評判だった。ある若者が、自分は騙されない方に酒五升《しょう》を賭《か》け、自信満々に稲荷に行った。すると狐が現れ、「あなたの勇気に降参《こうさん》し、祝いの舞いを踊るので見て欲しい」という。他の者が様子を見に来ると、若者は狐に騙され、常夜灯《じょうやとう》の穴を懸命《けんめい》に覗《のぞ》いていたという。

おきいさん狐

【尾裂《おさき》】尾の割れた狐で、家に代々憑《つ》き、幸運や財を運んで来るという。

【管狐《くだぎつね》】に同じ。これを飼う家を【お

さき持《も》ち】【おさき使《たか》い】と呼ぶ。また、上野国（群馬県）ではオコジョを【山おさき】と呼ぶという。

【おさん狐《ぎつね》】各地に伝承する村人を誑《たぶら》かす狐。盲人の三味線弾きや小坊主によく化《ば》ける。安芸国（広島県）では、鯛《たい》の目玉が大好物で、男に化けて大坂へ向かう船に乗り込み、鯛の目玉を全部しゃぶって、見つかってしまう。お詫びに、大坂に着くと魚屋に化け「目が出ためでたい鯛はいかが！」と宣伝して売り切ったという。

おさん狐

【おしん狐《ぎつね》】古い女狐で、一帯に棲《す》む百匹の狐の頭領《とうりょう》で毛利元就《もうりもとなり》に加勢し、闘った狐。元就は安芸国（広島県）吉田郡山城《よしだこおりやまじょう》を改築する際、山に棲《す》む狐達と共存できるように、環境を保全したため、おしん狐はいたく感心したという。

天文《てんぶん》九年（一五四〇）備中国（岡山県）を平定《へいてい》した尼子《あまご》氏と闘うために、元就は出陣《しゅつじん》した。しかし、手薄《てうす》になった吉田城を尼子勢に襲撃《しゅうげき》されてしまう。その時、城には女子供しかいなかったため、おしん狐が決起《けっき》して城を守ったという。元就はおしん狐の功《こう》を知り、難波谷付近の森山を狐に分け与えたとされる。

【おとら狐】尾張国（愛知県）にいる、病人に憑《つ》く狐。憑かれると左目から目《め》脂《やに》が出て、左足が傷むという。そして、病人の口を借りて、おとら狐が左目、左足を失った話を語りだす。

【きすけ】備中国（岡山県）の狐で、法要の日に僧侶に化けて、檀家《だんか》の家に先回りをして御馳走《ごちそう》をたいらげる。

【狐松明《きつねたいまつ》】出羽国（秋田県）、出羽国（山形県）などでいう【狐火】で、吉兆を表すもの。

【狐魂《きつねだま》】陸奥国（青森県）津軽でいう【蜃気楼《しんきろう》】。

【狐憑《きつねつ》き】代々【管狐《くだぎつね》】【おさき】【人狐《じんこ》】【野狐《やこ》】などを持って、それを操る祈祷や、これに憑《つ》かれて正気を失った者をいう。または、これらを代々飼う家のこともいう。【狐づかり】とも呼ぶ。

【狐《きつね》の嫁《よめ》入《い》り】【怪火《かいか》】の一種で、提灯《ちょうちん》大の火の玉が長く列をなす怪異。また、晴れているのに雨が降る現象をいう。どちらも、狐の嫁入りがある時に起こるとされる。

狐火

【狐火《きつねび》】【宙狐《ちゅうこ》】【狐の嫁入り】などに現れる【怪火】のこと。中でも、毎年大晦日に王子稲荷に関八州の狐達がお参りに来るとされ、近くの一本松、または榎《えのき》の下に集まるとされ、その風景は歌《うた》川《がわ》広《ひろ》重《しげ》の浮世絵『名所江戸百景《めいしょえどひゃっけい》』に描かれた。

【九尾《きゅうび》の狐《きつね》】インドや唐（中国）で国王の心を奪い、悪政に導いて国を滅ぼしたとされる。そして、日本では【玉藻前《たまものまえ》】と名乗り、鳥羽《とば》天皇《てんのう》に近づいたが、陰陽師《おんみょうじ》に見破られて、下野国（栃木県）那須原《なすのはら》に逃げる。しかし、討手《うって》の武士に退治され【殺生石《せっしょうせき》】となった。石となっても激しい毒気《どくけ》を吐《は》くため、周囲の草木が枯《か》れ、空飛ぶ鳥も殺したと言われる。最後は会津の玄翁心昭《げんのうしんしょう》という僧に砕かれて、粉々に散る。

【経蔵坊狐《きょうぞうぼうぎつね》】【桂蔵坊《けいぞうぼう》】【飛脚狐《ひきゃくぎつね》】池《いけ》田光仲《だみつなか》が因幡国（鳥取県）の藩主だった頃、光仲に仕えた狐。経蔵坊狐は若侍に化け、江戸まで三日で往復したと言われる。しかし、城の近くの村で野狐《のぎつね》を退治する罠《わな》にかかって死んでしまったという。藩主は大層悲しみ、中坂神社《なかがかじんじゃ》を建立して狐を祀《まつ》った。

【葛《くず》の葉《は》】【信田妻《しのだづま》】陰陽師《おんみょうじ》・安倍《あべの》晴明《せいめい》の母とされる白狐《びゃっこ》。村上天皇《むらかみてんのう》の御代《みよ》に和泉国（大阪府）にある信太《しんた》の森《もり》で、安倍保名《あべのやすな》が白狐を助けた際に怪我をしてしまう。保名が難儀しているところへ葛の葉と名乗る女が現れ、助ける。ふたりは夫婦となって子を持ったが、やがて正体がばれて森へ逃げ帰る。子は妖力を持ち、やがて陰陽師になったという。

【管狐《くだきつね》】【豆狐《まめぎつね》】竹の筒などに飼われる小さな狐。山伏《やまぶし》が操《あやつ》ると言われる。また、代々狐憑きと呼ばれる家に伝わり、呪術を行なう。意にそぐわない相手には取り憑《つ》いて悩ます。管狐を飼う家は栄えるが、七十五匹まで増えると言われ、数が増えると浪費によって滅びると言われる。周防・長門国（山口県）では【とうびょう狐】とも呼ばれ、これを飼う家は【とうびょう筋】と呼ばれる。出雲・石見国（島根県）では【とうびょう持ち】と呼ぶ。

管狐

【幸菴狐《こうあんぎつね》】上野国（群馬県）の狐で、白髪の老人に化けて仏法《ぶっぽう》を説いたり、予言をしたりして暮らしていたという。

【ごん狐】備中国（岡山県）で山奥の洞《どう》穴《くつ》に棲《す》む老狐。今まで様々に人間をだまして来たと満足していたが、ある時空を飛んでみたくなった。そこで、空を飛ぶ力を得るため護符《ごふ》を手に入れようと、小僧に化けて寺に入った。しかし、和尚《おしょう》に正体を見破《みやぶ》られてしまうと事情を話し、お釈迦《しゃか》様の行列に化けて見せるなどして、和尚を感服させ、見返りに護符《ごふ》を得た。そして、ゆうゆうと空を飛んで帰って行ったという。

【数珠掛け《じゅずかけ》】陸奥国（青森県）や信濃国（長野県）の狐。首の周りに数珠をかけたような白い模様のある狐。信濃国佐久《さく》には、数珠掛稲荷があり、村に災害がある時は預言したという。

【ばけの皮衣《かわごろも》】『百器徒然袋《ひゃっきつれづれぶくろ》』に載《の》る三千年を生きた化け狐。

【白蔵主《はくぞうす》】僧侶に化けた狐をいう。『絵本百物語《えほんひゃくものがたり》』では、白虎が白蔵主という僧に化け、猟師に狐狩りを止《や》めさせた。白虎は僧に化けたまま暮らしたが、後で鹿狩りの犬にかみ殺されてしまう。祟《たた》りを恐れた人々は祠《ほこら》を建てて白蔵主を祀《まつ》ったという。『諸国里人談《しょこくりじんだん》』では【伯蔵主】と書き、僧に化けた狐が江戸の小石川伝通院《こいしかわでんつういん》に学んでいた。しかし、熟睡《じゅくすい》した時に正体がばれてしまい、姿を隠したという。その後は伝通院の中に棲み、夜になると、仏法を論じたという。

白蔵主

【ばろう狐】越後国（新潟県）の化け狐で【おばりよん】に似る。人間に化け「ばろう、ばろう」と言って夜道を歩く人に負ぶさろうとする。

【人狐《ひとぎつね》】人に取り憑《つ》いて病気にさせたり、狂わすとされる小さな狐、《じんこ》とも読む。その他貂《てん》の妖怪ともされる。【水鼬《みずいたち》】とも呼ばれる。

【ひる狐】備前・備中国（岡山県）などでいう【狐憑《きつね》き】。憑《つ》かれると挙動がおかしくなり、きょろきょろするという。

化《ば》け鯨《くじら》

伝承
出雲国（島根県）
怪魚

骨だけの鯨の妖怪。【骨《ほね》鯨《くじら》】とも呼ばれる。ある雨の夜に、沖に白い大きなものが見えた。漁師達は鯨だと思い、総出で船を出した、近づいて銛《もり》を打ったがびくともしない。よく見ると骨だけの鯨だったという。そして気がつけば辺《あた》り一面、奇妙な魚や鳥でいっぱいだった。

やがて、潮が引くと、化け鯨達は沖へ去って行ったという。

化《ば》け草履《ぞうり》

『百鬼夜行絵巻』
付喪神

『百鬼夜行絵巻《ひゃっきやぎょうえまき》』に描かれる古い草履が化けた【付喪神《つくもがみ》】。菰《こも》の身体に草履の頭。手足は獣のもののよう。跨《また》がっている赤い馬は何が化けたものか不明。

化《ば》け狸《だぬき》

伝承
全国
妖獣

《狐七化け、狸八化け》というよにに、同じように人を化かすとされる動物でも、狸の方が化けるのは上手だという。江戸時代には多くのお話に登場する人気者で、特に四国に伝承が多い。

《狸》と《貉《むじな》》と《猯《まみ》》は夜行性の動物であるため、身近に生きる動物でありながら、その正体はなかなかわからなかった。そのため、江戸時代はこれらを同一視する地域が多かった。実際、《同じ穴の貉》というように、狸と同じ穴に棲《す》むことも多い貉と猯は、《穴熊《あなぐま》》のことだとされる。

＊

【馬《うま》の尻覗《しりのぞ》き】ある男が、夕方の道で狸を見つけた。陰から見ていると狸は女に化けたという。この女がえらい美人で、通りすがりの商人の袖《そで》を引くと、商人はぼーっとなってついて行った。それを見た男は「はぁ、あいつ狸に誑《たぶら》かされて、馬の小便でも飲まされてやがんな」と笑い、商人が連れ込まれた荒ら屋《あばらや》にそうっと近づき、壁の節穴から中を覗《のぞ》いた。

しかし中は真っ暗だった。「なんだ、真っ暗でなんにも見えねぇが、馬の小便くせぇから飲まされてるなぁ、馬鹿な野郎だ。ふっふっふ」と、笑っていたが、ぽ〜んと何かに蹴《け》られて我に帰った。この男が覗いていたのは馬の尻の穴だったそう。

【赤岩将監《あかいわしょうげん》】阿波国（徳島県）の化け狸の大将。讃岐《さぬき》の狸の大将【屋島禿狸《やじまのはげだぬき》】と合戦したと言われる。

【赤殿中《あかでんちゅう》】阿波国（徳島県）鳴門《なると》に出る化け狸。赤い殿中羽織《でんちゅうばおり》を着た子供が道行く人に、負ぶってくれとせがむ。負ぶってやると、肩を叩《たた》いたり、足をばたつかせて喜ぶ。

【足《あし》まがり】讃岐国（香川県）の化け狸。夜道を歩く通行人の足に絡《から》みつく。足に絡みつくのは狸の尻尾のようなものと言われる。糸状のものだったり、鞠状《まりじょう》のものという地域もある。鞠の場合は、じゃまだと蹴《け》っていると、その度に大きくなり、最後には道を塞《ふさ》ぐという。

【糸取り貉《いととりむじな》】老いた貉が化けたものとされる。夜道に、行灯《あんどん》を点《つ》けて糸車を回している老婆が現れるが、貉は老婆ではなくこの行灯の方だという。ある猟師がこの妖怪に出遭《であ》い、鉄砲で撃ったが手ごたえがなく、行灯を撃つと、悲鳴と共に貉が逃げ出したと言われる。

【隠神刑部《いぬがみぎょうぶ》】伊予国（愛媛県）松山に伝わる化け狸。久万山《くまやま》の古い岩屋に棲《す》む狸の総大将で、八百八匹もの狸を従えることから【八百八狸《はっぴゃくやたぬき》】とも呼ばれる。名前の《刑部》は松山城の城主から授かった称号《しょうごう》であり、松山城を守護《しゅご》する役も果たしていたそう。

【狸火《たぬきび》】阿波国（徳島県）の【提灯火《ちょうちんび》】で、火だけが夜の原を通り過ぎる。狸が提灯を持っているとされる。摂津国（大阪府）では火だけでなく、人影も見え、牛も引いていたとされる。

【兎狸《うさぎたぬき》】阿波国（徳島県）吉野川《よしのがわ》の高岡《たかおか》という丘で、人を誑《たぶら》かす狸。兎に化けてゆっくりと走り、捕りやすそうに見せて人間に追わせるが、なかなか捕まらない。結局、人間は丘をぐるぐると廻らされて疲れ果てる。

【大煙管《おおぎせる》】阿波国（徳島県）の化け狸。吉野川《よしのがわ》の青石瀬《あおいしのせ》という難所で、停泊《ていはく》する舟や筏《いかだ》があると、夜に「煙草《たばこ》をくれ」と言って巨大な煙管を突き出す。やらないと舟をひっくり返すが、四百匁《もんめ》（一・五キロ）くらいの煙草を入れないといっぱいにならない。

傘差し狸

【負《お》われ坂《ざか》】河内国（大阪府）の伝承で、夜にある男が坂を通ると「おわれよか、おわれよか」という声がするというので、男が「負うたろか負うたろか」と言うと、松の丸太《まるた》に化けた狸が背に飛び乗って、人をへとへとにするという悪さをする。

【傘《かさ》差《さ》し狸《たぬき》】阿波国（徳島県）の狸で、雨の日の夕方に、伊予街道《いよかいどう》の馬谷《うまたに》に現れるという。笠《かさ》をさした人間に化け、雨に濡れて急ぐ人を手招《てまね》きする。「これは有り難い」と傘に入れてもらうのはいいが、いつの間にか知らない所に連れて行かれるという。

【蚊帳《かや》吊《つ》り狸《だぬき》】阿波国（徳島県）の狸で、夜道を歩いていると、道に蚊帳が張ってあるので、不思議に思いつつ、これをまくって通り抜けると、また蚊帳がある。右も左も蚊帳に囲まれ一晩中蚊帳を潜《もぐ》るはめになる。しかし、慌てずにいれば三十六枚目で外に出られるとされる。

【きゅうもう狸《だぬき》】備前国（岡山県）の狸で【魔法様《まほうさま》】とも呼ばれる。南蛮船《なんばんせん》に乗り、キリスト教宣教師《きょうせんきょうし》と共に日本に上陸した。日本中を巡った後に備前国の加茂《かも》の銅山に棲《す》みつき、人間に化けて人間の手伝いなどして暮らしたという。化け姿は短足で、髭《ひげ》が濃くて口が尖《とが》っているので、村人には見分けがついたという。

踊りが好きで月夜に鍬《くわ》を叩《たた》きながら踊ったり、盆踊りにも参加したと言われる。最後に「牛馬を守り火難盗難がある時は事前に知らせましょう」と言い残して去ったため、村では魔法宮を建立《こんりゅう》して、きゅうもう狸を祀《まつ》ったという。

【曲輪下《くるわさ》げ】越前国（石川県）の伝承で、底が網になった曲輪が、梨《なし》の木からするするっと下がって来る、というもの。こうして、木の上から狸が人をからかうという。【袋下《ふくろさ》げ】も同じ狸の悪戯《いたずら》で、曲輪の代わりに袋を下げる

【小僧狸《こぞうたぬき》】阿波国（徳島県）で小僧に化けて夜道を行く人を通せんぼをする。怒って突き飛ばしたり、刀で斬《き》ったりすると、その度に数が倍に増えて一晩中人をからかうと言われる。

【芝右衛門狸《しばえもんだぬき》】淡路島《あわじしま》の狸で、佐渡《さど》島《しま》の【団三郎狸《だんざぶろうだぬき》】、讃岐の【屋島禿狸《やじまのはげだぬき》】と並んで、日本三名狸と呼ばれる。

【白徳利《しろとっくり》】阿波国（徳島県）の狸で、白い徳利に化けて道に転がっている。酔っ払いを誑《たぶら》かして遊ぶ。徳利を拾《ひろ》おうとすると、どんどん逃げて、最後には、追った人を川や池に落とすという。

【砂降《すなふ》らし】阿波国（徳島県）の狸で、夜道を歩く人に砂をかけ、方向をわからなくして川や池に落とすという。砂を撒《ま》く狸の話は全国にある。

【竹《たけ》切《き》り狸《だぬき》】大和国（奈良県）の化け狸。竹藪《たけやぶ》に棲《す》み、夜中に竹を伐《き》る音を立てる。初めは枝を伐るチョンチョンという音で、次にギイギイと根元を

白徳利

風狸

伐り、やがてザザザザと倒れる音がするが、実際には倒れていない。

【狸囃子《たぬきばやし》】『本所七不思議《ほんじょななふしぎ》』他、全国にある。夜中に何処《どこ》からかお囃子《はやし》が聞こえて来て、音の方へ行ってみると、音はどんどん逃げて行く。結局一晩中歩かされることになる。

【衝立狸《ついたてだぬき》】阿波国（徳島県）の化け狸で、夜道を歩く者の前に衝立《ついたて》になって立ちはだかる。丹田《たんでん》に力を込めて歩くと、突き抜けることができるという。

【のた坊主《ぼうず》】尾張国（愛知県）の化け狸。人間に化けて酒蔵で酒を飲む古狸のこと。

【風狸《ふうり》】『今昔百鬼拾遺《こんじゃくひゃっきしゅうい》』『和《わ》漢三才図会《かんさんさいずえ》』などに載《の》る、唐（中国）伝承の妖獣で、不死身の生き物。日本では狸の一種とされ、ある草を使って梢《こずえ》の鳥を落として喰《く》っているという。

【坊主狸《ぼうずたぬき》】阿波国（徳島県）の化け狸。坊主橋という橋を通る人を、気づかぬうちに坊主頭にしてしまうという、困った悪戯《いたずら》をする。

【豆狸《まめだぬき》】全国に伝承のある化け狸。【管狐《くだぎつね》】のように掌《てのひら》に乗るような大きさではなく、大きさは普通の狸だが、主に家や酒蔵などに憑《つ》き、多少の悪戯をするものの、福をもたらす存在。【まめだ】とも呼ばれる。その他、土佐国（高知県）では【厠神《かわやがみ》】のふりをして便壷《べんつぼ》から手を伸ばして、女性の尻に悪戯《いたずら》をする。阿波国（徳島県）では雨の降る前に、山頂に火を灯《とも》して知らせるという。『絵本百物語《えほんひゃくものがたり》』には八畳《じょう》もある玉袋を持ち、それを膨らませて家の幻覚を見せたり、袋を被《かぶ》って何かに化けるという。

化《ば》け猫《ねこ》

伝承
全国
妖獣

【ばけねこ】

は

ねこまた・あがねこ／おおやまねこ

猫も狸《たぬき》と同じ夜行性《やこうせい》で、夜に思わぬところから姿を現したり、高みから目だけを光らせ、じっと人を見るなど、夜が真っ暗だった江戸時代には、特に怪しく思われる行動をする。そのため、《猫を殺すと化けて出る》《年を経た猫の方が化け猫になり、人に化けたり、立って踊ったり、言葉をしゃべったりする》《山に潜《ひそ》み、狼《おおかみ》を従《したが》えて旅人を襲う》《祟《たた》りを及ぼす》《死体を操《あやつ》る》《人に憑《つ》く》などなど、様々な伝承を生んだ。

＊

化け猫で最も代表的なものは、【猫又《ねこまた》（猫股）】【赤猫《あがねこ》】である。永く生きた猫がなるもので、尻尾の先が二股に割れ、妖《あや》しい振舞《ふるまい》をするという。人間に化けるが目は猫のままだという。人の言葉を話し、三味線を弾くこともある。人を喰《く》い殺して、なり代わるとも言われる。

また、雌《めす》の猫又は男性の夢に現れ、夢の中で精を奪い取るとされる。『蕪村妖怪絵巻《ぶそんようかいえまき》』では、夜な夜な古屋敷で手拭《てぬぐ》いを被《かぶ》り、立って踊るとされている。

【大山猫《おおやまねこ》】陸奥国（福島県）から美濃国（岐阜県）の山中に住む化け猫。【猫又】

の十倍ほどもある巨大な猫で。老婆に化け、釣り人を喰ったり、釣った魚を奪ったりするという。

【御空猫《おからねこ》】『作物志《さくぶつし》』に語られる尾張国（愛知県）の化け猫。非常に大きく背中には草木が生えているという。

古来、動く事もなく、鳴くこともなく、雨にも負けず、風にも夏の暑さにも負けないと言う。人々の願いを叶《かな》えてくれるが、その名前を知っている者はなく、姿が猫に似ているのでこう呼ばれている。

【火車《かしゃ》】『百怪図巻《ひゃっかいずかん》』に載《の》る妖怪。歳を経て火車になった猫で、葬儀や墓場で遺体を奪うと信じられている。

【髪結《かみむす》び猫《ねこ》】丹波国（京都府）亀岡の墓場に現れる、髪の長い女に変身する化け猫。

【五徳猫《ごとくねこ》】『百鬼夜行絵巻』『百器徒然袋』に描かれた化け猫。隠遁《いんとん》している【猫又】で五徳を被っている。

伝授された何かの《七徳》のうち、ふたつを忘れてしまったことを世間に中傷《ちゅうしょう》され、それに嫌気がさして隠れて生活しているという。五徳を被《かぶ》るのは語呂《ごろ》合《あ》わせと、怨《うら》みの象徴《しょうちょう》だろう。けっこうデリケートな性格。

【出世猫《しゅっせねこ》】駿河国（静岡県）の駿府城《すんぷじょう》内の庭に潜《ひそ》み、まれに目撃されると言われる怪しい老いた黒猫。目撃すると立身出世《りっしんしゅっせ》の望みが叶《かな》い、幸福をもたらすとされる。逆に【山吹猫《やまぶきねこ》】は目撃すると瘧《おこり》（マラリア）を患《わずら》うという。

【庄屋《しょうや》の婆《ばばあ》】隠岐《おき》に伝わる山猫の妖怪。袖無羽織《そでなしはおり》を着た真っ白な大猫で山猫が担ぐ駕籠《かご》に乗って現《あらわ》れる。本物の庄屋の老婆を喰《く》い、化けていたという。

【太郎婆《たろうばば》】出羽国（秋田県）の化け猫。ある男が薪集《まきあつ》めをしていると大雨に降られ、山の辻堂《つじどう》で雨宿《あまやど》りをした。すると、お堂の中から「婆が来たから踊ろう」「だめじゃ、人間がおるで待て」という囁《ささや》きが聞こえ、戸の格子《こうし》から動物の尾が出て来たという。男は妖怪だと思い、その尻尾を引きちぎって逃げた。村に帰ると、隣の太郎平《たろうべい》の婆が痔《じ》を患《わずら》って寝込んでいると聞き、尻尾を持って訪ねる。すると、化け猫は姿を現《あらわ》し跳ね起きると、尻尾を奪《うば》って逃げてしまったという。本物の婆は天井裏で白骨になっていたとされる。

ちま

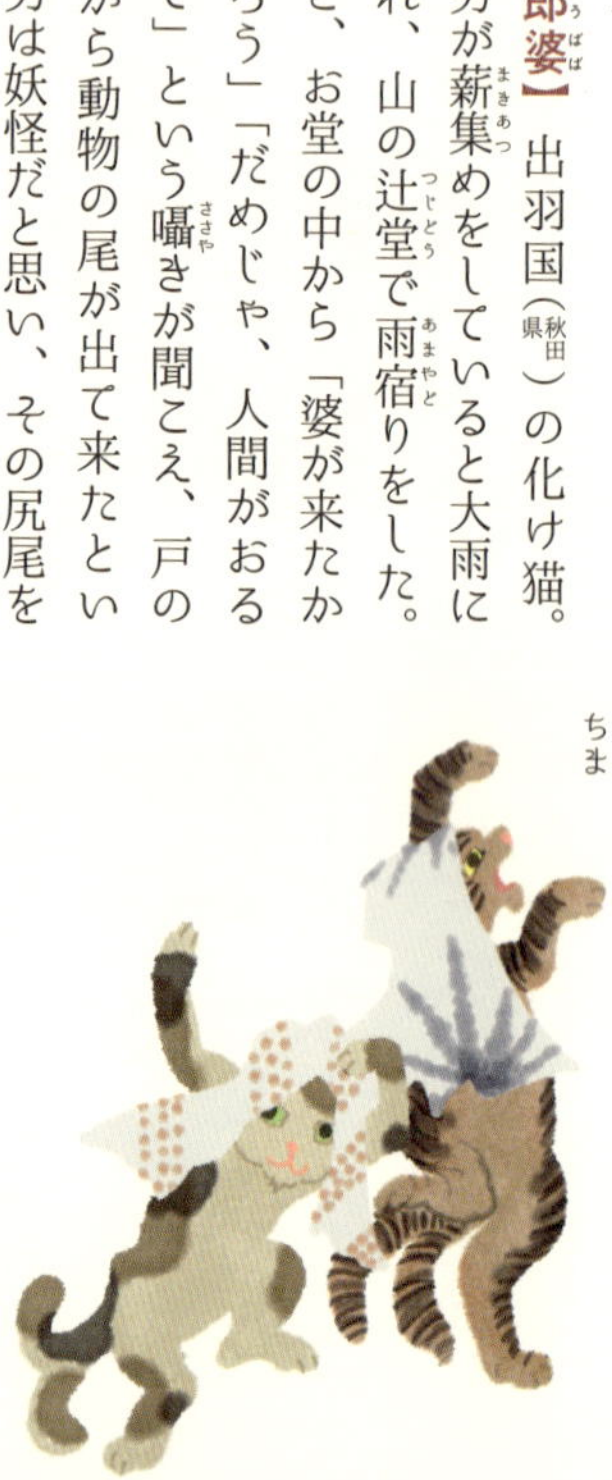

【ちま】讃岐国（香川県）長尾に現れた化け猫。谷の奥に生える躑躅《つつじ》の前で三毛猫《みけねこ》のチマが踊っていたという。

【新屋《にいや》の婆《ばば》】【鍛冶《かじ》が婆《ばば》】に似る。安芸国（広島県）で化け猫の群れが飛脚《ひきゃく》を襲う話。木の上に逃げると、新屋の婆と呼ばれる化け猫の親分がやって来る。飛脚が斬《き》りつけると逃げて行くが、その後、近くの宿屋・新屋に行くと、宿屋の婆が怪我《けが》をして伏《ふ》せっているという。飛脚はこれが化け猫だと直感して、婆を斬《き》りつけると、本性を現す。本当の婆は化け猫に喰われていたという。

同じような話に【孫太郎婆《まごたろうばばあ》】がある。こちらは駿河国（静岡県）の化け猫話で、商人が山犬に追われ、最後に大きな虎猫《とらねこ》が現れる。虎猫は普段孫太郎の婆に化けている。

新屋の婆

【猫南瓜《ねこかぼちゃ》】紀伊国（和歌山県）に伝わる猫の怪異。ある者が猫をいじめ殺して埋めた。すると、その猫の口から南瓜が生えてきて、猫を殺した者はその南瓜を食べて死んでしまったという。相模国（神奈川県）浦賀《うらが》では、猫の口から胡瓜《きゅうり》がなったという。

【猫行者《ねこぎょうじゃ》】武蔵国（東京都）多摩《たま》に棲《す》む異形の者で、多くの猫を引き連れて暮らしている。【猫魔大神《びょうまのおおかみ》】という化け猫の神を崇拝《すうはい》し、臼《うす》をゴロゴロと回しながら呪文《じゅもん》を唱《とな》え、呪術《じゅじゅつ》を使うとされる。

【猫神《ねこがみ》】化け猫のこと。豊後国（大分県）

では【ねこがめ】と呼ぶ。

【墓猫《はかねこ》】大和国（奈良県）の伝承で、人が墓参りの道で転ぶと、仏の怒りに触れ墓猫になってしまうとされる。

【化猫遊女《ばけねこゆうじょ》】東海道の品川宿《しながわじゅく》で、遊女と床に入った客が夜中に目を覚ますと、遊女が恐ろしい老猫に化け、魚（または人間の赤ん坊）を頭から丸かじりにしていたという。

【ひっぱりどん】三宅島の猫の怪。

【まどうくしゃ】尾張国（愛知県）日間賀《ひまか》島《じま》で言う【火車《かしゃ》】。

【マブイクッピ】鬼界島《きかいじま》での猫の怪。夜中に変な声で鳴く猫は、近くで死人が出る前兆で不吉とされた。沖永《おきのえ》良部島《らぶじま》では、【鞍掛け猫《くらかけみや》】と呼ばれ、夜中に鳴くという。

【むんねこ】飛騨国（岐阜県）でいう猫の怪異。猫が死人を跨《また》ぐと、むんねこが乗り移り、死人が動き出すという。

【山猫《やまねこ》】陸奥国（宮城県）網地島の山猫は、歌を歌い、細い男に化けて相撲を取り、武士に化けて木の葉のお金を使う。八丈島の山猫は、胴は太くて足は短く、尾はとても長く頭から尾先まで五尺《しゃく》（一・五メートル）もあったという。人家を覗《のぞ》いて廻り、食べ物や子供を盗んで行くとされる。隠岐《おき》では猫が一貫匁《かんもんめ》（三・七五キロ）以上になると、山猫となって怪異を起こすとされた。山中で歌ったり、木を伐《き》る音を立てたり、相撲を取るという。

山猫

化け物婆《ばけものばば》

アイヌ伝承
妖怪

子供の魂《たましい》を盗む妖怪。夜明けには地中に潜ってしまうという。

波山《ばさん》

『絵本百物語』
妖鳥

伊予国（愛媛県）の伝承で、口から炎を吹く鶏《にわとり》。竹藪《たけやぶ》に棲《す》み深夜に村に現れて、翼をバサバサと鳴らすという。『和漢三才図会《わかんさんさいずえ》』の【食火鶏《ひくいどり》】に似る。

橋姫《はしひめ》

『平家物語』『狂歌百物語』『今昔画図続百鬼』／京都
鬼・怨霊

嵯峨天皇《さがてんのう》の御代《みよ》（八〇九〜八二三）。あまりにも嫉妬《しっと》深い公卿《くぎょう》の姫がいた。貴船神社に七日間参拝して「妬《ねた》ましい女を取り殺すために、生きたまま鬼にしてくれ」と願った。神から願いを受け取る示現《じげん》を得ると、都へ戻り、長い髪を五つに分けて松脂《まつやに》で角状《つのじょう》に巻き上げ、金輪《かなわ》を被《かぶ》り、顔を朱《しゅ》（赤）に、身体を丹《に》（オレンジ色）に塗った。人々が寝静まった頃、三把《わ》の松明《たいまつ》に火を点《つ》け、大和大路《やまとおおじ》を南へ走って行ったという。そして、宇治川《うじがわ》に二十一日間浸《ひた》り、ついに生きながら鬼と化し、憎い者、男女身分の上下に関わらず呪い殺したと言われる怨念《おんねん》の塊のような姫。

芭蕉精《ばしょうのせい》

伝承、『中陵漫録』
全国
精霊

芭蕉の木の下に現《あらわ》れるという精霊。唐（中国）伝承から来たもの。芭蕉はバナナの仲間で、主に繊維を採《と》るために植えられ、江戸時代には庭木として好まれた。

琉球では、女性が日暮れより後に芭蕉の茂《しげ》みの中を歩くと、芭蕉の精が美男子に化けて現れるとされる。そこで妊娠《にんしん》させられ、生まれた子供は牙《きば》と角《つの》があるという。

信濃国（長野県）では、ある寺の僧が夜に読書をしていると、怪しい女が現れて僧を誘惑した。僧は女を短刀で斬《き》りつけると、血を流して逃げて行ったという。朝になって血痕《けっこん》を追うと、庭にある芭蕉が伐《き》り倒されていたという。怪しいからといって僧侶が女性を斬りつけるのは、どうかと思うが、これは芭蕉が木ではなく草であるため、数年で倒れて生え替わる現象をもとに、作られたお話であろう。

ハタパンギマンジャイ

琉球伝承／妖怪

漁師の仕事を邪魔《じゃま》する妖怪。海に火の玉となって現《あらわ》れ、陸《おか》に上がると一本足で追いかけて来る。魚を捨てて逃げると追ってこないが、翌朝になって見ると、目玉だけくり抜いた魚が捨ててある。

はぢっかき

『化物尽くし絵巻』
妖怪

『化物《ばけもの》尽《づ》くし絵巻《えまき》』に描かれた妖怪。解説がないので詳しくは不明。名前から恥をかかせる妖怪か、恥をかいた者がなる妖怪。

馬肝入道《ばっかんにゅうどう》

『化物尽くし絵巻』
妖怪

こちらも『化物尽くし絵巻』に載《の》る妖怪。名前の《馬肝》は毒があり食べると死ぬとされる馬の肝臓《かんぞう》から、馬肝入道に出遭《であ》うと死んでしまうという説もある。また薬草の《馬《ば》肝石《かんせき》》から、馬肝入道はどんな病も癒《い》やしてしまうという説もある。どちらの妖怪なのかは、あなた次第。

蛤女房《はまぐりにょうぼう》

伝承
精霊

ある若い漁師が漁をすると、大きな蛤が採《と》れた。しかし、「これほど大きくなるのは大変だっただろう」と海に帰した。その後、漁師の苫屋《とまや》に美しい娘が訪ねて来て、「嫁にして欲しい」という。女は料理上手で、味噌汁《みそしる》が絶品であったが、何故《なぜ》か「料理する姿を絶対に見ないこと」を約束させた。しかし漁師は覗《のぞ》いてしまう。すると女は鍋の上に跨《また》がっておしっこをしていた。女は漁師が助けた大蛤が化けたものだったという。大蛤から娘が現れる設定もある。

はらだし

『浮牡丹全伝』
伯耆（島根県）
妖怪、招福

古寺《ふるでら》に宿を借りると、夜中に現《あらわ》れる、頭の大きな女の妖怪達。酒が好きで、飲ませると滑稽《こっけい》な踊りを始め、それを見ると良いことがあると言われる。とても陽気で、悲しんでいる人には腹踊《はらおど》りでその悩みを消し去り、希望を湧《わ》かせるという。

腹虫《はらのむし》

『針聞書』
妖虫

頭が黒くて体が赤い虫で、この虫に憑《つ》かれると霍乱《かくらん》（下痢や嘔吐）を起こすとされる。この虫が口から出て来た時に引き抜こうとすると死にそうになり、離せば腹の中に戻り、肝臓《かんぞう》に巻き付く。呉茱《ごしゅ》ゆ、車前子《しゃぜんし》、木香《もっこう》で退治できると『針聞書《はりききがき》』にある。

反魂香《はんごんこう》

『今昔百鬼拾遺』『尾張名所図会』
怪異

唐（中国）伝承で、《はんこんこう》とも読み、【返魂香】とも書く。前漢の時代、武帝が亡き妻を見るために、道士に霊薬《れいやく》を炊き上げさせ、その煙に愛妻《あいさい》の姿が現れるという、不思議な香。

はんざき

伝承
中国地方
妖怪

大山椒魚《おおさんしょうお》の妖怪。備前国(岡山県)湯《ゆ》原《はら》では旭川《あさひかわ》に三・三丈《じょう》(十メートル)もある巨大なはんざきがいて、側《そば》を通る人や馬を喰《く》っていたという。そこで三《みつ》井彦四郎《いひこしろう》という者が退治《たいじ》したが、祟《たた》りがおきて三井の家は滅んだため、はんざき大明神を建立《こんりゅう》したという。

備後国(広島県)神石《かみいし》では、日照《ひで》りが続いた頃に、底なしの淵《ふち》とされていたゆるぎ淵の水を田畑に運んだ。すると、淵は干上がって沢山《たくさん》の魚や巨大なはんざきが姿を現したという。村人がこれを捕まえようとすると、何処《どこ》からか僧侶がやって来て「そのはんざきは淵の主に違いない」と行って去った。村人ははんざきが僧侶に化《ば》けて現れたと畏《おそ》れたという。

般若《はんにゃ》

『今昔画図続百鬼』
面、鬼女

《般若》はもともとは梵語《ぼんご》(サンスクリット語)で《悟《さと》りへの最高の知恵》の意。『般若心経』は鬼女とは直接関係がない。

鬼女の般若は能の面の名前で、源氏物語の『葵上《あおいのうえ》』で使われるもの。【生霊《いきりょう》】となった光源氏《ひかるげんじ》の愛人・六《ろく》条御息所《じょうのみやすどころ》が源氏の正妻・葵上が妊娠したことを妬《ねた》み、無意識に生霊となって襲う。それを払うために読経《どきょう》が行われ、これを聞いた生霊は苦しく顔をゆがめた、この顔が般若の面で＝鬼女の象徴となった。

ひかたはぎ

伝承
陸奥国（青森県）
妖怪

【火斑《あまめ》剥《は》ぎ】に同じだが、こちらは囲炉裏《いろり》ではなく、炬燵《こたつ》で太腿《ふともも》まで出してゴロゴロしていると、透明の小坊主が炬燵の中に現れて、小刀で火《ひ》斑《かた》を剥ぎに来るという。五所川原《ごしょがわら》では同じように怠《なま》けていると、大坊主のひかたはぎが薪《まき》を持って来る。

ひきふなだま

伝承
長門国（山口県）
怪異

長門国角島《つのしま》周辺などで起る、夜中に海面が白くなるという怪。これが現れたら、燃えさしを投げると逃げて行くとされる。

脾《ひ》積《しゃく》

『針聞書』
妖虫

脾臓《ひぞう》にいる病を起こす狸《たぬき》のような妖虫で、どのような病を起こすのかは不明。東洋医学書『針聞書《はりききがき》』に載《の》る。甘い物が好きで、なんと、歌を歌うという。治療には、臍《へそ》の周りに針を打つとよいそう。

びじんさま

伝承
信濃国（長野県）
神

蓼科山《たてしなやま》の神。黒い雲に包まれて空に現れるという。玉のような姿で、赤や青の馬簾《ばれん》（リボンのようなもの）が付いているという。大きさは一尋《ひろ》（一・五メートル）ほどで、木の唸《うな》るような音がするという。びじんさまが現れた日は、木樵《きこり》達は山仕事をしないという。

脾臓虫《ひぞうのむし》

『針聞書』
妖虫

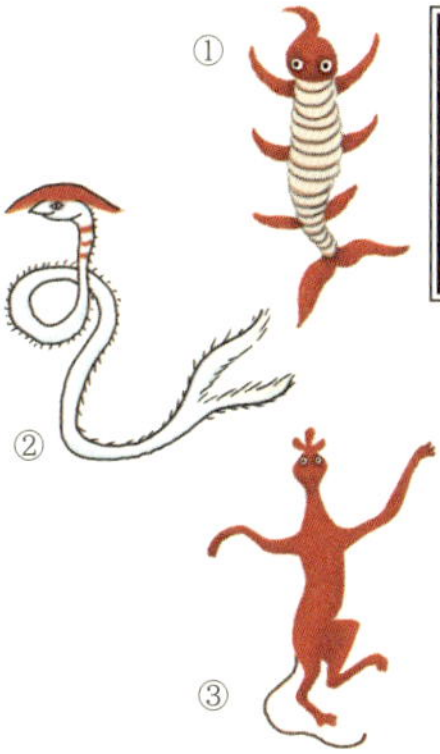

この虫は脾臓《ひぞう》にいる悪虫で三種ある。①飯を食べる。木香《もっこう》を飲むと退治できるもの。②食べ物を受けたり受けなかったりして、憑《つ》かれた人はやせたり太ったりする。阿魏《あぎ》・我朮《がじゅつ》で退治できるもの。③脾臓の筋を掴《つか》み、目まいを起こさせる妖虫。木香・大黄《だいおう》で退治できるもの。

蛙《びっこき》の嫁《よめっこ》

伝承
出羽国（秋田県）
妖怪

ある男が「蛙《かえる》でもいいから嫁が欲しい」と言ったところ、「嫁にしてくれ」と言う女が現れた。ある日嫁は「法事があるので実家に帰る」と言う。男が跡をつけると、近くの川に飛び込んだという。そこには国じゅうの蛙が集まっていて大騒ぎをしていた。男は、嫁が蛙の化け物であったと知り、怒って大きな石を投げつけた。次の日、嫁が帰って来ると、「法事で念仏をあげていたお坊さんの頭に、乱暴な人が石をぶつけて大怪我《おおけが》をさせた」と言ったという。

魃《ひでりがみ》

『和漢三才図会』『今昔画図続百鬼』
妖怪

唐（中国）の剛山《ごうざん》に棲《す》む人面の霊獣。現れると旱《ひでり》になると言われ、一本足でひとつ手で、風のように走るという。大きさは二〜三尺（六十〜九十センチ）。

人臭《ひとくさ》い

伝承
大和国（奈良県）他
妖怪

山中で「人臭い、人臭いぞ！」と行って探し回る何かがいるという。そんな時は、狼《おおかみ》の巣穴に隠《かく》れるとよいとされる。人臭いは人間を取って喰《く》うと言われる。

ひとつまらこ

『百幕々物語』
妖怪

夜の街道を行く人が、琵琶法師《びわほうし》だと思って呼び止めると、巨大な男根《まら》に一ツ目の妖怪。驚かすだけで悪さはしない。

一《ひと》ツ目《め》小《こ》僧《ぞう》

『百怪図巻』『化物尽くし図絵』『化物絵巻』他／妖怪

江戸の妖怪ブームでキャラクター化されたもののひとつで、大きな目がひとつだけの妖怪。その他は手や足の爪が鋭く、指の数が二〜三本というのが特徴で、悪戯《いたずら》は「普通の子供だと思って近づいた人を驚かす程度。異名は【一《ひと》ツ目《まなぐ》】【目《め》一《ひと》ツ坊《ぼう》】などいろいろある。

一《ひと》ツ目《め》入《にゅう》道《どう》

伝承／全国／妖怪

坊主の姿をした一ツ目の大男であることが多い。他には真っ黒な姿で目だけ光るなど、様々な物語に登場する、江戸の妖怪を代表するキャラクターのひとつ。

『百鬼夜行絵巻』に描かれた一ツ目入道は【一目坊《ひとつめぼう》】。解説がないので何をする妖怪なのかは不明だが、緑色のぬるっとした身体に、縦《たて》についた一ツ目の顔でニヤリと笑っている。おでこの赤い点から黒い風か光りのようなものを吹いている。

似たものは仏像のおでこにある《白毫《びゃくごう》》。これは長さが一丈《じょう》五尺《しゃく》（四・五メートル）もある白い毛で、クルクルクルッと丸まっているもので、仏法《ぶっぽう》の光り（恵知）を放ち、世界を照らすとされる。一目坊はその逆に、陰鬱《いんうつ》で世界を満たそうとしているのか。

火《ひ》取《と》り魔《ま》

『三州奇談』
加賀国（石川県）
怪異

《姥《うば》の懐《ふところ》》という場所を、夜に提灯《ちょうちん》を灯《とも》して通ると、火が吸い取られるように細くなって消えそうになる。狐や【河童《かっぱ》】の悪戯《いたずら》ともされる。越後国（新潟県）の翁坂《おきなざか》にも現れる。

こちらでは鼬《いたち》が犯人だとされる。人に砂をかけて灯《あか》りを奪う。『三州奇談《さんしゅうきだん》』では【茯苓《ぶくりょう》の精《せい》】と呼び、誰かに呼び止められると、松の香りがして提灯の火を奪うとされる。『画図百鬼夜行《がずひゃっきやこう》』に載《の》るのは、物陰から提灯の火を吹き消す【火消《ひけし》婆《ばば》】。

飛縁魔《ひのえんま》

『絵本百物語』
妖怪

もともと、仏教の教えで女犯《にょぼん》（女性と交わらない禁を破ること）を戒《いまし》める事から生まれたもの。好色につけ込む妖怪で、外見は美しいが中身は【夜叉《やしゃ》】のように荒く残忍《ざんにん》である。飛縁魔に魅せられると、財産も人生も失い、最後に命を奪われる。正体は【九尾《きゅうび》の狐《きつね》】とも言われる。また、火事の時に舞い上がる《飛《と》び火《ひ》》のことも指す。

脾《ひ》ノ聚《しゅ》

『針聞書』
妖虫

脾臓《ひぞう》にいる虫で菊根のような姿をしている。発病する時は岩の上に落ちるような衝撃があるという。脾ノ聚がこの姿になると病気が治りにくくなるそう。針で治療するが、打ち方は口《こう》伝《でん》（口づてに教える）として『針《はり》聞書《ききがき》』には記載されていない。

狒《ひ》々《ひ》

『狂歌百物語』『今昔画図続百鬼』他
妖怪

永く生きた猿が変化するものと言われる。越中国（富山県）黒部《くろべ》では、木《き》樵達《こりたち》との争いを起こした。狒々は黒部の主《ぬし》で、谷の木を伐《き》ると風雲を起こし空中を飛び回り、人を投げ、引き裂くという。【比々】とも書く。

火《ひ》間《ま》蟲《むし》入《にゅう》道《どう》

アイヌ伝承
竜巻／神

【火取り魔】の一種で。死んだ怠《なま》け者がなる妖怪。働き者が夜なべして仕事をしていると、縁の下からこっそり現れて、瓦灯《がとう》や行灯《あんどん》の火を消して邪魔《じゃま》をするという。

瓢箪小僧《ひょうたんこぞう》

『百器徒然袋』
付喪神

古瓢箪が【付喪神《つくもがみ》】になったもの。頭が瓢箪で身体は葉っぱでできている。瓢箪など中空《ちゅうくう》のものは、中に魔が溜《たま》りやすいと言われる。そのため、瓢箪を吊《つる》しておくと、病などがそこに入るので魔除《まよ》けになるとされる。

ひょう徳《とく》

伝承
招福

竈《かまど》の上に祀《まつ》るひょっとこの面。ある老人が山奥の穴の中にある桃源郷《とうげんきょう》で《臍《へそ》から黄金《こがね》を出す妖怪》を貰《もら》った。しかし、欲深い妻が殺してしまい、その代わりとして竈に祀《まつ》ったもの。毎日拝むと家が栄えるという。

屏風《びょうぶ》のぞき

『今昔百鬼拾遺』
全国
妖怪

唐(中国)伝承の妖怪で、屏風の向こう側から人を覗《のぞ》く妖怪。出羽国(秋田県)では、ある新婚《しんこん》の夫婦の初夜《しょや》に現れたという。痩《や》せて長い神を垂《た》らした女で、古屏風に憑《つ》いているらしく、その屏風を片付けてしまうと、もう出なくなったという。

蛭《ひる》持《も》ち

伝承
石見国（島根県）他
憑神、招福

【憑神《つきがみ》】の一種。蛭を助けたことで、金持ちになった家など、蛭を飼う家。正月に雑煮《ぞうに》を神棚《かみだな》に供《そな》えると、雑煮が蛭に変わるという。

琵《び》琶《わ》牧《ぼく》々《ぼく》

『百鬼夜行絵巻』『百器徒然袋』
付喪神

『百器徒然袋《ひゃっきつれづれぶくろ》』に載《の》る楽器の琵琶の【付喪神《つくもがみ》】。琵琶頭の琵琶法師の姿。解説には、鎌倉時代に内裏《だいり》にあった琵琶の名器《玄上《げんじょう》》と《牧馬《ぼくば》》が変化したものと書かれている。

人《ひん》形《なが》神《み》

伝承
越中国（富山県）
憑神

三年間で三千人の人に踏《ふ》まれた墓地の土で作られた土人形《つちにんぎょう》。または七村の七つの墓地から取った土を血でこねて神の形を作り、通りに埋めて千人の人に踏ませるなど、ややこしい儀式《ぎしき》で作る土人形で、【式神《しきがみ》】の一種とされる。どんな願いでも叶《かな》え、物欲《ぶつよく》や金欲《きんよく》を満たすという。ただし、一度でも人形神を祀《まつ》ると死んでも離れず、地獄に落ちるとされる。

貧《びん》乏《ぼう》神《がみ》

伝承
全国
神

江戸時代の妖怪ブームで、随筆《ずいひつ》や落語などに登場し、大人に好まれた妖怪キャラクター。家に憑《つ》いて、無気力、無関心、無感謝の怠《なま》け者にして、貧乏にさせる神。希望の失《う》せたどん底になると出ていき、代わりに福の神が来るともいう。

ぶかっこう

『百鬼夜行絵巻』『百物語化絵絵巻』
妖怪

『百鬼夜行絵巻《ひゃっきやぎょうえまき》（松井文庫）』などに載《の》る謎の妖怪。説明がないので詳細はわからない。【轆轤首《ろくろくび》】か人面の蛇でベロを出している。

文車妖妃《ふぐるまようひ》

『百器徒然袋』
付喪神

文車は内裏《だいり》などで、火事の時などに書類や本を避難させるための道具。文車妖妃は文車の【付喪神《つくもがみ》】とされるが、『百器徒然袋《ひゃっきつれづれぶくろ》』などの絵ではその中にいて、文箱《ふみばこ》を抱いている。手紙や書類には念が籠《こも》るとされる。

ふすま

伝承
佐渡島
妖怪

夜道を歩いていると、後ろから風《ふ》呂敷《ろしき》のようなものを被《かぶ》せる妖怪。刀では切れないが、お歯黒《はぐろ》を染めたことのある歯なら簡単に噛みきれるという。そのため、江戸時代になっても、佐渡島《さどがしま》では男性もお歯黒をつけたという。

札返し《ふだがえし》

『狂歌百物語』
幽霊

家に貼ってある札を悪霊のために剥《は》がすように人を誑《たぶら》かす幽霊。自分では触《さわ》れないので、人を使う。怪談『牡丹灯籠《ぼたんどうろう》』では、伴蔵《はんぞう》夫婦が百両の金で亡霊と約束をし、萩原新三郎《おぎわらしんざぶろう》の屋敷のお札を剥がし、身に着けていた海温如来《かいおんにょらい》を取ってしまう。

二口女《ふたくちおんな》

伝承
全国
妖怪

後頭部にもうひとつ口がある女の妖怪。下総国（千葉県）に先妻《せんさい》の子を妬《ねた》み、虐《いじ》めて餓死《がし》させた後妻《ごさい》がいた。女はその子の四十九日に、夫の斧《おの》が後頭部に当たって怪我《けが》をする。その傷口はやがて口となり「先妻の子を殺してしまった。間違いだった」と言い出した。『絵本百物語《えほんひゃくものがたり》』では連れ子を虐《いじ》め殺した後妻が子を妊《みごも》ると、その子が二口女として生まれたとある。陸奥国（福島県）の伝承では【飯食《めしく》わぬ嫁《よめ》】と呼ばれる。あるしみったれ男（ドケチ）の家に、「飯は食べないから嫁にしてくれ」という女がやって来る。とても働き者で本当に飯を食わなかったが、何故《なぜ》か米が減るので、しみったれ男は出かけた振りをして覗《のぞ》いていると、女は髪を解くと髪の毛が手のようになって、握り飯を作り食べたという。正体は【山姥《やまんば》】だったという。

船幽霊《ふなゆうれい》

伝承　全国
亡霊

安宅丸

船幽霊には、①船の幽霊。②海で死んだ者の【亡霊《ぼうれい》】がある。それが、ばらばらに登場する話もあれば、幽霊船に乗って亡霊が現れることもある。また、湖や河にも現れる。③【海坊主《うみぼうず》】を指す地方もあり、④【怪火】として出ることもある。

＊

【安宅丸《あたけまる》】室町時代に北条氏直《ほうじょううじなお》が造船し、豊臣秀吉《とよとみひでよし》が押収したとされる、長さ百二十五尺《しゃく》（三十八メートル）の大型軍艦。江戸時代には幕府の手に渡ったが、すでに時代遅れの船だった。江戸に係留《けいりゅう》されたままだったが、ある嵐の日に「伊豆へ行こう、伊豆へ行こう」と嘆《なげ》きながら勝手に航行《こうこう》し始めたという。

その後、三浦三崎《みうらみさき》で捕まえられ解体されたが、板材は夜中になると叫んだと言われる。酒屋市兵衛《さかやいちべえ》という商人が廃材を買って、穴蔵《あなぐら》の蓋《ふた》にすると、安宅丸の亡霊が女房に取り憑《つ》き、「呪い殺す」と言ったため、市兵衛は恐れて、本所深川《ほんじょふかがわ》に塚を築き、供養したという。

【怪《あやか》し】海での怪しは、海で死んだ者の霊とされ、人間に化け人を海に引き込もうとする。長門国（山口県）や肥前国（佐賀県）では【幽霊船】に同じ。

【柄杓貸《いなだか》せ】水難事故で死んだ亡霊が夜の海に現れ、「柄杓を貸せ」と言って来る。貸してしまうと、それで船に水を入れられ、沈没させられるので、柄杓の底を抜いて渡すこととされる。亡霊のみが現れる場合と、幽霊船に乗って現れる場合、怪火として現れる場合がある。

【きゃつ】播磨国（兵庫県）に現れる【幽霊船】で、難破した船の船乗り達が幽霊船に乗って、夜の海で漁をする船に近づいて来るという。船に火を灯《とも》すと消えてしまう。

【ぐぜ】『甲子夜話《かっしやわ》』に載る長崎の【幽霊船】。小雨の夜に風に逆らって走る帆船《はんせん》が見え、それが現れると、船が進まなくなるという。

【なもう霊《れい》】陸奥国（岩手県）に現れる黒い【幽霊船】。時化《しけ》の時に近づいて来て「櫂《かい》を貸せ」と言うが、貸したり返事をしてはいけないという。

【亡霊《もうれん》やっさ】下総国（千葉県）に時化《しけ》の日に現れる【幽霊船】。「もうれんやっさ、いながら貸せ」と言いながら近づいて、柄杓《ひしゃく》を要求する。

【幽霊船《ゆうれいせん》】船の幽霊。存在しない船が帆船でありながら、風と逆方向に進むなど、奇怪な動きをする。亡霊を乗せていることが多い。

【夜走り《よばしり》】周防国（山口県）に現れる【幽霊船《ゆうれいせん》】で、帆《ほ》を巻いているのに、帆走した船を追って来る。灰《はい》を撒《ま》いて音を立てると消えるという。

その他の船幽霊

【垢《あか》取《と》り貸《か》せうえ】《垢取り》とは、船底の水をすくって捨てる道具のこと。【柄杓《ひしゃく》くれ】も同じ。

【うぐめ】肥後国（熊本県）。

【沖幽霊《おきゆうれい》】豊前国（福岡県）。

【ひきもうれん】伊勢国（三重県）。

【迷《まよ》い船《ぶね》】筑前国（福岡県）の幽霊船。

【亡者船《もうじゃぶね》】陸奥国（青森県）の幽霊船。

古空穂《ふるうつぼ》

『画図百鬼夜行』『百器徒然袋』
付喪神

空穂は弓矢の矢を携帯するための道具。『百器徒然袋《ひゃっきつれづれぶくろ》』では相模国（神奈川県）衣笠《きぬがさ》を治めた平安時代の武将・三浦義明《みうらよしあき》の持ち物だという。

古山茶《ふるつばき》の霊《れい》

『今昔画図続百鬼』
幽霊

椿《つばき》の古木が怪しい形になって、人を誑《たぶら》かすというもの。すべての古木は妖をなすとされる。

震々《ぶるぶる》

『今昔画図続百鬼』
幽霊

人の首元《くびもと》に取り憑《つ》く幽霊。ゾワゾワッとさせることで人を臆病《おくびょう》にさせるものだという。これに憑かれると、なんでもない物でも妖怪に見えたり、恐ろしいことのように感じて、尻込《しりご》みしてしまう。

平家蟹《へいけがに》

伝承
全国
怪異

源氏《げんじ》に滅ぼされた平家の【怨霊《おんりょう》】が蟹に乗り移り、甲羅《こうら》に怨《うら》みの顔を浮かび上がらせたとする実在の蟹。

鮓荅《へいさらばさら》

『和漢三才図会』
未確認生物

動物の肝臓《かんぞう》や胆嚢《たんのう》に生じる白玉で、大きいものは鶏《にわとり》の卵ほど。石や骨のようで、蒙古人《もうこじん》が雨乞《あまご》いに使ったものとされる。また、オランダでは解毒剤《げどくざい》として用いたとされる。

べか太郎《たろう》

『百鬼夜行絵巻』
妖怪

『百鬼夜行絵巻《ひゃっきやぎょうえまき》（松井文庫）』に描かれた、あっかんべぇをする妖怪。何をするものなのかは不明だが、このような不遜《ふそん》な態度の者が取り憑《つ》かれている妖怪だろう。

蛇《へび》・龍《りゅう》

伝承
全国
妖獣

大蛇《だいじゃ》と龍は近い存在で、共に神話に登場する。龍は唐(中国)伝承の霊獣《れいじゅう》で、これが日本の神話に登場する大蛇と交ざりあったとされる。唐では皇帝のシンボルとされる。日本の神話では【八岐大蛇《やわたのおろち》】が有名で『日本《にほん》書紀《しょき》』『古事記《こじき》』に載《の》る。また、身体が長いことから川の神、水神とされてる。その他、富士山などの高い山や竜飛岬《たっぴみさき》などで見られる雲が龍に見えることから、自然への畏怖《いふ》の念を象徴する存在でもある。

*

【アカマター】沖縄、奄美諸島《あまみしょとう》に棲《せい》息《そく》する夜行性の毒をもたない蛇《へび》。ヒンプンガジュマルの木などに棲《す》む。尻尾で器用に文字を書くといわれ、美男子に化けて、女性と交わり子を宿すという。アカマターの子を妊《みごも》ってしまった場合は、三月三日に浜下りをして流産させるとされる。

【怪《あや》し】巨大な海蛇《うみへび》の妖怪。近畿～九州に現れる。とても長いので、船に乗り上がって来ると、越え終えるのに二～三日かかるとされる。その時、怪しの身体から大量の油が出るので、汲《く》み出し続けないと船が沈んでしまうという。

【いくち】『耳袋《みみぶくろ》』などに載《の》る海蛇の妖怪で【怪《あやか》し】に同じ。常陸国(茨城県)・九州、近畿地方、伊豆七島などに現れる。漁船の舳先《へさき》にかかったり、船を乗り越えて行くという。いくちが乗り越えるのに十二刻（二十四時間）もかかる。大量のねばねばとした油を出すので汲み出さないと船が沈んでしまう。

【蟒《うわばみ》】大蛇のことで、【八岐大蛇《やわたのおろち》】の別名。

【清姫《きよひめ》】『道成寺縁起《どうじょうじえんぎ》』『安珍清姫伝《あんちんきよひめでん》説《せつ》』に登場する、大蛇（龍）に化けた女。

【九頭龍《くずりゅう》】神話に登場する、九つの頭を持つ龍、大蛇、水神。【八岐大蛇】に似る。また、信濃国（長野県）戸隠《とがくし》では、九つの頭と龍の尾を持つ【鬼】とされる。

山伏が信仰し、雨乞《あまご》い、縁結び、歯痛などにも霊験《れいげん》があるとされる。好物は梨《なし》だとされ、江戸などの都市でも虫歯になると梨断《だ》ちをして、橋の上から後ろ向きに梨を投げると治ると信じられた。

【蛇《くちなわ》】一般に蛇のことを呼ぶが、伝承では南北朝時代の武将・楠木正行《くすのきまさつら》に仕えた鷺池平九郎《さぎのいけへいくろう》と闘った大蛇の名。また、土佐国（高知県）では、【蛇憑《へびつ》き】のことを言う。

【サキソマエップ】アイヌ伝承の大蛇。沙流川《さるがわ》や幌尻岳《ほろしりだけ》の沼などに棲《す》む。姿は見えないがとても臭く、臭《にお》いにあたると全身が腫《は》れてしまうそう。

清姫

蛇骨婆

【蛇骨婆《じゃこつばば》】唐（中国）伝承で、蛇塚《へびづか》に棲《す》む蛇五右衛門《じゃごえもん》の妻。右手に青蛇、左手に赤蛇を持つという婆。

【蛇帯《じゃたい》】着物の帯を枕にして眠ると、蛇の夢を見るという唐（中国）伝承の怪異。嫉妬《しっと》する女の三重《みえ》の帯は七《なな》重《え》に蜷局《とぐろ》を巻く毒蛇になるそう。

【とうびょう】【とんべ神】【とんぼ神】【とぼ神】【ながなー】四国地方の首に金の輪がある蛇神で、十数センチと小さい蛇。これを飼うと金持ちになれるという。また【管狐《くだぎつね》】と同じとする説もあり、家に憑《つ》き、飼い主に敵対する家に災いを招くともされる。とうびょうに憑かれると身体の節々が痛むと言われる。出雲・石見国（島根県）では【とうばい】、武蔵国（埼玉県）秩父《ちちぶ》では【ねぶっちょう】と呼ぶ。

【波蛇《なみじゃ》】『化物《ばけもの》尽《づ》くし絵巻《えまき》』に描かれた妖怪で、高潮の妖怪のよう。詳細は不明。

【沼御前《ぬまごぜん》】陸奥国（福島県）の大蛇。沼沢沼に棲むとされるもので、ここには雌雄の大蛇がいて、近づく者に被害を与えていた。そのため、領主・佐原義連《さわらよしつら》が家臣と退治に赴《おもむ》いた。激しい闘いの末、義連は大蛇の首を取り、これを湖岸の須崎《すざき》に埋め神社を建立して治めたとする。

波蛇

その社が沼御前と呼ばれる。『老《ろう》媼茶話《おうさわ》』では、沼沢沼《ぬまさわぬま》に鴨猟《かもりょう》に来た猟師が鉄漿《かね》つけ（お歯黒をぬること）をしている娘に出遭《あ》う。湖で上半身だけ出し、真っ黒な髪は二丈《じょう》（六メートル）もあったという。猟師はこれは妖怪に違いないと思い、銃で撃った。すると、湖水が荒れ雷鳴のように鳴りだしたという。

【濡れ女《ぬれおんな》】『百怪図巻《ひゃっかいずかん》』『画図百鬼夜行《がずひゃっきやこう》』などに載《の》る。蛇の身体を持つ海に現れる妖怪。遠くから見ると、女が髪を洗っているように見えるため、漁師が近づくと取って喰《く》われる。体長は三町《ちょう》（三百二十七メートル）あり、濡れ女に狙われたら逃げることができない。

【機尋《はたひろ》】機で織られた布が妖怪となったもの。機を織る女の怨《うら》みが布に乗り移り布が蛇になり、怨みの相手を探しに行くという。『今昔百鬼拾遺《こんじゃくひゃっきしゅうい》』では、浮気夫への怨みが機尋になって現れる。

【飛代路理《びよろり》】『化物尽《ばけものづ》くし絵巻《えまき》』に描かれた蛇の妖怪。顔はどことなく鰻《うなぎ》のようだが、何をするものなのかは不明。名前から飛ぶように走るもので、ただの蛇だと思うと、物凄《ものすご》い

濡れ女

機尋

飛代路理

スピードで追っかけられるのかもしれない。

【蛇憑き《へびつき》】【蛇筋《へびすじ》】【蛇蠱《へびみこ》】【蛇持ち《へびもち》】共に【憑神《つきがみ》】として蛇を飼う家。蛇を使う家に睨《にら》まれると、不幸に見舞《みま》われ、中には蛇が腹に巣くい内蔵を喰《く》われることがあると言われる。

【蛇指女《へびゆびおんな》】ある男の後妻《ごさい》が、暇《ひま》を乞《こ》い、仏間に籠《こ》もって念仏《ねんぶつ》ばかり唱《とな》えて暮らすようになる。男は女の連れ子を、我が子として育てたが、ある日、娘が母の行ないを問い詰める。すると、女の両手の親指が蛇となっていた。それを知った男は、家族で出家《しゅっけ》し、ようやく指は元どおりになったと言われる。

蛇指女

ホヤウカムイ

【ホヤウカムイ】アイヌ伝承。翼を持った黒い大蛇で、眼と口が赤いという。日高の湖沼に多く棲《す》み、俵《たわら》のように太い胴体で、頭と尾は細いとされる。ちょうど【つちのこ】に羽をつけたような姿。体臭が物凄《ものすご》く臭《くさ》く草木も枯《か》れるほど。人間が近づくと悪臭で毛が抜けるという。洞爺湖《とうやこ》ではその悪臭で【疱瘡神《ほうそうしん》】が逃げたため、疫病除《やくびょうよ》けの神ともされる。

【螭《みずち》】大蛇、龍、水神。神話の中では中《なか》つ国《くに》（日本のこと）の川嶋河《かわしまがわ》に潜《ひそ》み、通る人を喰うため、県守《あがたもり》に退治された。

【八面頬《やつらお》】土佐国（高知県）の八つの頭を持つ大蛇。【三目八面《さんめんやづら》】と同一のものともされる。

箒神《ほうきがみ》

伝承
全国
神、付喪神

【ははきがみ】とも読む。箒に宿る神。安産《あんざん》の守り神で、産婦の腹を箒でなでたり、足元に箒を逆さに立てたりして安産祈願をする。箒を大切にしなかったり、跨《また》いだりすると難産になるとされる。『百器徒然袋《ひゃっきつれづれぶくろ》』に載《の》るのは【付喪神《つくもがみ》】で、嵐の夜に落ち葉を掃き集めるという。

亡魂《ぼうこん》

『化物尽くし絵巻』
亡霊

『化物尽《ばけものづ》くし絵巻《えまき》』に載《の》る女の【亡《ぼう》霊《れい》】。長い髪を垂《た》らして、青白い肌をしている。

疱瘡神《ほうそうがみ》

伝承
全国
疫病神

疱瘡（天然痘）を流行《はや》らせる神。江戸時代には治療方法がなく、流行すると特に幼い子供の命を奪《うば》った。疱瘡神は赤い色や犬を嫌うとし、患《わずら》った者の床に犬張子《いぬはりこ》や達磨《だるま》などの玩具《おもちゃ》を並べ、赤い色で描いた《赤絵《あかえ》》を飾り《疱瘡神除け》をしたり、村では《疱瘡神送り》という行事《ぎょうじ》を行なったりして、疱瘡神に帰ってもらうことを願う他なかった。

疱《ほう》瘡《そう》婆《ばば》

伝承
陸奥国（宮城県）
妖怪

文化年間（一八〇四〜一八一七）に疱瘡が流行した時、その遺体《いたい》を掘り返して喰《く》い荒らしたとされる妖怪。真っ赤な顔に白髪の覆《おお》い被《かぶ》さった老婆のような妖怪。

棒《ぼう》振《ふ》り

伝承
土佐国（高知県）
妖怪

土佐国野老山《ところやま》に現れた妖怪で、棒を振った時のように「ビコービコー」と音を立てて通り過ぎるという。しかし姿は見えない。棒振りが近づいて来たら、うつ伏《ぶ》せになってやり過ごすとよいとされる。

ぼぜ

伝承
薩摩国（鹿児島県）
精霊

悪石島《あくせきじま》に伝わる山の精霊で、お盆の終わりに現《あらわ》れるとされる。子供を追い回し、《ぼぜまら》という泥だらけの棒《ぼう》で人々を突く、という祭りが現代に受け継がれている。

牡丹燈籠《ぼたんどうろう》

怪談
江戸

乳母《うば》を連れた娘の【怨霊《おんりょう》】が牡丹の灯籠を持って現れるという話。幕末に三遊亭円朝《さんゆうていえんちょう》が作ったもの。浪人の萩原新三郎《おぎわらしんざぶろう》に惚《ほ》れた、旗本の娘・お露《つゆ》が思いを募らせ死んでしまい、幽霊となってなおも求愛《きゅうあい》するが、新三郎は屋敷にお札《ふだ》を張り、身には海《かい》音如来《おんにょらい》を着けて封《ふう》じる。これに困ったお露と乳母は、信三郎の屋敷で下働きをする伴蔵《はんぞう》夫婦に、百両の報酬《ほうしゅう》で、【札返《ふだがえ》し】を頼む。

ほときさんびき

伝承／肥後国（熊本県）
精霊

雨蛙のこと。仏様を背負っているとされるため、殺生してはいけない蛙。

ほどなか

伝承
信濃国（長野県）
怪異

《ほどなか》は囲炉裏《いろり》の中心のことで、ここを深く掘ると中から【貧乏《びんぼう》神《がみ》】が出て来るという。

骨《ほね》女《おんな》

『今昔画図続百鬼』
亡霊

死んで骨だけになった女が美女の【亡霊《ぼうれい》】となって現れるもの。誑《たぶら》かされた男性は、逢瀬《おうせ》（デート）を重ねるごとに精気を抜かれ、やがて死ぬとされる。他の者からは骸骨《がいこつ》にしか見えない。魚の骨をしゃぶるのが好きで、高僧に出会うとバラバラに崩れてしまうという。

骨《ほね》傘《からかさ》

『画図百鬼徒然袋』
付喪神

うち捨てられた古傘が、鳥のような【付喪神《つくもがみ》】になったもの。鯱《しゃちほこ》のように雨を降らすとされる。

ぼぼんぐわぁ

『百慕々物語』
妖怪

女陰《ぼぼ》の顔をした妖怪で、夜道を歩いていると「顔から呑《の》むぞ！」と言って現《あらわ》れるという。

舞首《まいくび》

『絵本百物語』
怨霊

鎌倉時代の力自慢の悪党、小三《こさん》太《た》、又重《またじゅう》、悪五郎《あくごろう》の三人が、伊豆国（静岡県）真鶴《まなづる》の祭りで大喧嘩《おおげんか》になったという。三人は刀を抜いて暴れ、互いの首を斬《き》り落とし、その首は海に落ちたが喧嘩を止めず、渦《うず》を巻き火を吹きながら、お互いを噛みあったという。

枕《まくら》の怪《かい》

『牛馬問』
怪異

江戸・深川三十三間堂《ふかがわさんじゅうさんげんどう》の近くの空き家に医者が移り住んだが、原因不明の病になった。いろいろ調べると、持仏堂《じぶつどう》の下段にあった木枕《きまくら》が原因とわかり、これを割って燃やすと、死者を焼く匂いがしたという。

待《ま》ち犬《いぬ》

伝承
美濃国（岐阜県）
妖獣

山道を行くと、行く手に「欲しい、欲しい」と言いながら犬が現《あらわ》れるという。犬ではなく狼《おおかみ》であるという説もある。

真平《まっぴら》

『化物尽くし絵巻』
妖怪

『化物尽《ばけものづ》くし絵巻《えまき》』に描かれた妖怪。解説がないので何をするものかは不明。土下座《どげざ》をする犬のような姿の妖怪が描かれている。

まど

伝承
阿波国（徳島県）
妖怪

切越峠《きりこしとうげ》に現《あらわ》れる妖怪で、全身毛だらけ、身の丈六尺《しゃく》（一・八メートル）。驚いて逃げる者が落として行った鎌《かま》などの農具を旨《うま》そうに喰うという。

迷《まよ》い家《が》

伝承
陸奥国（岩手県）
招福

山で迷うと行き当たる無人の屋《や》敷《しき》。道を尋《たず》ねようと立ち寄ると、人気はないが、今まで誰かがいたように火鉢《ひばち》の鉄瓶《てつびん》は湯気を出し、馬もいるという。迷い家に入ったら、何かを持って帰ると運が開けるという。

ある無欲な女性が迷い込んだが、【山男《やまおとこ》】の家だと思って、何も取らず逃げ帰った。後日川で洗濯をしていると、朱塗《しゅぬ》りの椀《わん》がどんぶらこと流れて来た。それを雑穀《ざっこく》を量《はか》るのに使ったところ、いくらすくっても穀物が減らなくなったという。

蓑《み》借《か》り婆《ばあ》さん

伝承／武蔵国（神奈川県）他
妖怪

【疫病神《やくびょうがみ》】の一種。一ツ目の婆で、事《こと》八日《ようか》（十二月八日、二月八日）に家々を廻り、蓑《みの》や人の目玉を借りて行くという妖怪。婆を避けるには、門口《かどぐち》に篭《かご》や笊《ざる》を出したり、竿の先につけて屋根の上に立てる。また、落ちた米を拾いに来て家に火を点けるので、落ち米で団子をつくって、門口に吊しておくという。

見越入道《みこしにゅうどう》

『画図百鬼夜行』
全国
妖怪

江戸時代の妖怪本などでは《妖怪の頭領《とうりょう》》とされ、妖怪を代表する役を果たしている。坂の上などに立っていて、はじめは小僧や普通の入道だが、見上げるとどんどん大きくなり、最後には後ろに倒されてしまったり、喉に噛みつかれたり、頭から喰われたりする。

地域によって、桶《おけ》や鉈《なた》、提灯《ちょうちん》などを持つ。これを叩き落とすと、退治できるとされる。また、「見越した」「見抜いた」と唱《とな》えると消えるという。正体は、狸《たぬき》や鼬《いたち》とも言われる。

溝《みぞ》出《いだし》

『絵本百物語』
亡霊

ある貧乏な者が死んだが、棺桶《かんおけ》も買えないし葬儀《そうぎ》も出せないので、葛《つづ》籠《ら》（着物などを入れる葛で編んだ箱）に遺体《いたい》を入れて捨てると、粗末《そまつ》にされた遺体から皮が剥《は》がれ、白骨が踊り出したという。

みそかよい

伝承
信濃国（長野県）
妖怪

大晦日《おおみそか》、山の忌み日に山に入ると現《あらわ》れる妖怪。山で後ろから「晦日よ～い」という叫び声が聞こえるそう。ところが、振り返ろうとしても首が回らないという。正体は山の神や【天狗《てんぐ》】の仕業とされる。

これは、江戸時代の買い物の多くがツケ（クレジット払い）で、年五回、節句《せっく》の日の支払だった。中でも大晦日の支払は一番多かったので、この日に山に逃げる者がいたのだろう。山の中にいる者は借金《しゃっきん》で《首が回らない》という洒落とも考えられる。

身《み》の毛立《けだち》

『化物尽くし絵巻』
妖怪

禿《は》げ坊主が口をすぼませ、揉《も》み手で低姿勢《ていしせい》をしている。腰巻きだけを着け、上半身は裸で体中に剛毛《ごうもう》が生えている。名前からして、毛が立っているのだろう。解説がないので何をするか不明だが、これが現《あらわ》れるとゾワゾワっとするだろう。

蓑草鞋《みのわらじ》

『画図百鬼徒然草袋』
付喪神

蓑の身体に草鞋の足をした【付喪神《つくもがみ》】。鍬《くわ》を担いでいるので農民の念が籠《こも》っているのか、農具を大切にせよと求めているのか。

耳切坊主《みみちりぼうじ》

琉球伝承
怨霊・妖怪

大村御殿《おおむらどてん》（村長の屋敷）の角々に立っているという妖怪。数人いると言われ、泣く子の耳をグズ、グズッと切ってしまうという。【黒金座主《クルガニザーシー》】という僧が幻術《げんじゅつ》を使った悪事を働いたため、村長に処刑され、その【怨霊《おんりょう》】が耳切坊主になったとされる。

耳無豚《みんきらうわ》

伝承
奄美大島
妖怪

夕方以降に夜道を歩いていると、先の方から耳無しの豚《ぶた》のようなものがやって来て、人の股下を潜《くぐ》ろうとする。潜られると命を取られるか、性器をダメにされるので、足を交差させて防がなければならない。

迎《むか》え犬《いぬ》

伝承
信濃国（長野県）
妖獣

山中を行く者を高い所で待ち伏《ぶ》せて襲う犬または狼《おおかみ》の妖怪。人が通り過ぎると、頭の上を飛び越えるそう。江戸時代の中期までは、野犬はとても多かった。江戸市中でも《生類憐《しょうるいあわ》れみの令群《れいぐん》》が発せられ、野犬が保護されるまでは、町中に野犬がいたという。野犬の多くは、牛馬や人の遺体《いたい》を喰い、片付《かたづ》けていたとされる。

無垢行縢《むくむかばき》

『百器徒然袋』
付喪神

行縢は乗馬の時に使う鹿毛皮《しかけがわ》のオーバーズボン（チャップス）で、持ち主は、平安時代に暗殺された武将・河津祐《かわづすけ》泰《やす》だとされる。野にうち捨てられ、主の怨《うら》みの念が隠《こも》っているが、江戸時代は約二百三十年の長い間、戦争の無い時代で、戦そのものが忘れられたものであった。

馬鹿《むましか》

『百鬼夜行絵巻』
妖怪

『百鬼夜行絵巻《ひゃっきやぎょうえまき》（松井文庫）』に描かれた妖怪。解説がないので、描かれた情報以外、何もわからない。《馬鹿》は《ばか》とも読み、この妖怪は見るからにバカっぽい。考えることをしない者が憑《つ》かれるものか？

紫肝《むらさきぎも》

伝承
陸奥国（福島県）他
怪異

正月の節句（一月一日）に生まれた子供は紫肝と呼ばれ、内蔵《ないぞう》が紫色をしているために、鮫《さめ》に取られるとされる。そのため、船には乗せないという。地域によっては、女の子は三月の節句産まれ、男の子は五月の節句生まれが紫肝とされる。【河童《かっぱ》】に狙《ねら》われるとする地域もある。

目競《めくらべ》

『今昔百鬼拾遺』
怨霊

『平家物語《へいけものがたり》』で平清盛《たいらのきよもり》の屋敷の中庭に現れた怨霊。清盛が中庭を見ると、無数の髑髏《どくろ》があり、カタカタと動いていた。やがてそれが寄り集まって十五丈《じょう》（四十五メートル）程《ほど》の巨大な髑髏となり、清盛を睨《にら》んだという。

目玉しゃぶり

『今昔物語集』
近江国（滋賀県）
妖怪

近江国瀬田《せた》の唐橋《からばし》に現《あらわ》れたこの上もなく美しい女の妖怪。橋を渡る者に絹《きぬ》で包まれた美しい箱を預け、対岸にいる女に渡して欲しいと頼むという。そして「絶対《ぜったい》に中を見ないでください」と忠告《ちゅうこく》する。

約束通り中を見ずに対岸の女に箱を渡せば、何事もなく終わるが、好奇心《こうきしん》に負けて中を見てしまうと……、そこには抉《えぐ》り取られた人間の目玉と、魔《ま》羅《ら》（男性器）が沢山《たくさん》詰められているという。見た者は原因不明の熱病《ねつびょう》にかかり命を落とすが、遺体からは、目玉と魔羅が消えているという。

江戸時代は、手紙や贈り物を奉公《ほうこう》人《にん》などに託《たく》して届けた。贈り物がお菓子《かし》など、誘惑《ゆうわく》の強いものもあるので、この妖怪話は効果があっただろう。

目《め》だらけ

伝承／出羽国（山形県）、陸奥国（福島県）
妖怪

村はずれを歩いていると、小さな子供を抱いた女の子がいて、近寄ると膝《ひざ》に目があり、ぎょろぎょろっと睨《にら》むそう。驚いて村に向かって走ると、人がいて助けを乞《こ》う。すると、「膝に目くらいは、誰にでもあるべ?」と裾《すそ》をまくって、膝の目でぎょろりと睨んだという。甲斐国（山梨県）では、全身に目があり、尻をまくって見せると言われる。

滅法貝《めっぽうかい》

『化物尽くし絵巻』
妖怪

顔のある二枚貝《にまいがい》の妖怪。《滅法》とは、仏教用語では《悟《さと》り》を意味する。悟りで煩悩《ぼんのう》を超越《ちょうえつ》することから、一般的には道理《どうり》を外れたことを言う。名前は《SU《スー》PER《パー》》なことを言う。名前は《滅法界》の語呂《ごろ》合わせ。

めら

伝承
全国
神、付喪神

赤い髪の童子の妖怪で、髪が木に絡《から》んで泣くという。

面霊気《めんれいき》

『百器徒然袋』
付喪神

聖徳太子《しょうとくたいし》の側近・秦河勝《はたのかわかつ》が幾つもの面を太子から与えられた。その面が年を経て【付喪神《つくもがみ》】になったもの。人形や面には魂が隠《こも》り易《やす》いとされる。

魍《もう》魎《りょう》

『今昔画図続百鬼』『耳袋』
『本草綱目』
妖怪

魍魎は古い言葉で、妖怪の同義語《どうぎご》だが、江戸時代には一般的に狭義《きょうぎ》の意味で、古い伝承の妖怪を呼ぶのに使われる。

『耳袋《みみぶくろ》』には、柴田という役人の家来が、ある日「自分は魍魎で、屍骸《しがい》を奪《うば》う役が回って来たので暇《ひま》を乞《こ》いたい」と申し出たそうで、翌日、ある村で葬儀《そうぎ》があり、黒雲が襲い死体を奪ったという。

『本草綱目《ほんぞうこうもく》』では《罔両》と書き、亡者の肝や脳を食べるとされる。『今昔画図続百鬼《こんじゃくがずぞくひゃっき》』には、三歳くらいの幼児の大きさで、色は赤黒く、目は赤、耳は長くて髪はうるわしいと書かれている。

木魚達磨《もくぎょだるま》

『百器徒然袋』
付喪神

古い木魚が達磨の姿の【付喪神《つくもがみ》】となったもの。木魚の名は《魚は目を閉じない》ことから、修行中に眠らないように彫られた魚の装飾による。インドの禅僧・達磨大師は九年の不眠修行をした。この妖怪は眠らない、眠れない者の所に現《あらわ》れるものかもしれない。

目々連《もくもくれん》

『今昔百鬼拾遺』
妖怪

荒れ果てた空き家の障子《しょうじ》に、無数の目が現れるという妖怪。正体は棋《き》士《し》（囲碁を打つ者）の念《ねん》とされる。格子《こうし》のあるところには、家中の何処《どこ》へでも出るという。

蒙古高句麗《もくりこくり》

伝承
紀伊国（和歌山県）
妖怪

蒙古《もうこ》襲来《しゅうらい》（一二七四、一二八一）で死んだ人々の【怨霊《おんりょう》】とされ、五月の節句《せっく》に海に現れるという。姿は海月《くらげ》のようで群れを作って漂《ただよ》う。三月の節句には山に出て、麦畑では人の姿をしていて大きくなったり、小さくなったりして、たちまち姿を消すとされる。その他、【ぬらりひょん】や【河童《かっぱ》】に似る伝承もある。

モシリシンナイサム

アイヌ伝承／妖怪

白黒の斑模様《まだらもよう》の馬くらいの大きさの妖怪で、湿地帯《しっちたい》にいるという。その姿や足跡《あしあと》を見た者は、不幸《ふこう》になると言われる。姿はさまざまに変化でき、たった今いた鹿が忽然《こつぜん》と姿を消したりする。神話では鼬《いたち》と闘い、焼き殺される。その灰から猫や狐《きつね》が生まれたとされ、生まれたものは妖気《ようき》を持つという。

藻《も》之《の》花《はな》の怨《おん》魂《こん》

『梅花氷裂』
信濃国（長野県）
怨霊

山東京伝《さんとうきょうでん》の『梅花氷裂《ばいかひょうれつ》』に登場する金魚の幽霊。武士・唐琴浦右衛門《からことうらえもん》は子がなかったため、藻之花という娘を側室《そくしつ》にした。

浦右衛門の正妻《せいさい》は隣家《りんか》の男と不義《ふぎ》密通《みっつう》（不倫）をしていたが、その男にそそのかされ、藻之花を、彼女が飼っていた金魚の鉢《はち》に頭を押込め殺してしまう。それ以来、その鉢にいた金魚に藻之花の【怨霊《おんりょう》】が取り憑《つ》いて祟《たた》り、正妻は正気を失い、ついに《蘭中《らんちゅう》》（金魚の種類）のような姿になってしまったという。

木《も》綿《めん》貸《か》せ貸《か》せ

伝承
武蔵国（東京都）
妖怪

奥多摩《おくたま》の山中に現《あらわ》れる老婆の妖怪。【逢魔時《おうまがとき》】に機織《はたお》り機を背負って、村々に「木綿貸せ、貸せ」と言って現れるという。

木《も》綿《めん》ひき婆《ばば》

伝承
筑前国（福岡県）
妖怪、怨霊

筑前国の屋敷町にある空地《あきち》に、大きな木があり、その木の下に白髪の老婆が現れ、摘《つ》んだ綿から種を取り除く《綿繰《わたぐ》り車》を回しているという。老婆に出遭《あ》うと恐ろしい目で睨まれるという。その木は風に吹かれると綿繰りのような音を出したといい、人々は恐れたという。

八百比丘尼《やおびくに》

伝承
全国
怪異

若狭国（福井県）の漁師の娘が、知らぬうちに【人魚《にんぎょ》】の肉を食べ、不老《ふろう》不死《ふし》になってしまった。しかし、家族や友人、愛する者すべての死を見送らなければならず、絶えぬ悲しみの身になったことに気付く。

そして、娘は出家して八百比丘尼と呼ばれる僧となり、死を求めて全《ぜん》国行脚《こくあんぎゃ》したという。八百年後、若狭に戻り、その景色の一部となったと言われる。

夜行《やぎょう》さん

伝承
阿波国（徳島県）他
妖怪

【首《くび》切《き》れ馬《うま》】に乗って現れるという一ツ目の妖怪、鬼。大晦日や節分、【庚申《こうしん》の日《ひ》】【夜行日《やぎょうび》】などの特定日の夜にやって来るもので、出遭《であ》うと蹴《け》り飛ばされるという。そのため、その夜は外出を忌《い》む。

もしも出遭《であ》ってしまったら、頭に草履《ぞうり》を乗せて伏《ふ》していれば助かると言われる。土佐国（高知県）では、錫杖《しゃくじょう》（鉄の輪のついた杖）をジャンコジャンコ鳴らして夜に山道を行くという。

疫病神《やくびょうがみ》

伝承
全国
悪神

疫病や不景気《ふけいき》を広める悪い神。平安時代は厄鬼《やっき》とされたが、江戸時代には【貧乏神《びんぼうがみ》】や【死神《しにがみ》】などと同じ悪神と信じられた。伝染病を広める時には、一軒一軒姿を現し、病にかけて行くという。一般的に老人の姿をしている。【厄病神】とも書く。

八左兵門蛸《やざいもんだこ》

伝承
讃岐国（香川県）
妖怪

八左兵門という蛸好きの男が、ある日、大蛸が磯《いそ》で昼寝をしているのを見つけた。近寄っても起きないので、足を一本切って持ち帰り食べてしまった。翌日も行くと、蛸はまた昼寝をしていた。もう一本切ったが、また目覚めなかったという。次の日も一本拝借《はいしゃく》して、ついに八日目、最後の一本を切ろうとする時、大蛸が目覚めて激怒《げきど》し、八左兵門を海に引きずり込んで喰ってしまった。そしてまた、磯に上がって昼寝をしたという。

八咫烏《やたがらす》

伝承
妖鳥

天武天皇《てんむてんのう》を熊野国から大和国へ案内した三本脚の烏。太陽の化身、導《みちび》き神として『古事記《こじき》』など、神話に登場する。出羽国（山形県）では、開祖《かいそ》・蜂子皇子《はちすのおうじ》（飛鳥時代の皇族）が八咫烏に導かれて羽黒山《はぐろやま》に登り、修験道《しゅげんどう》の山・出羽《でわ》三山《さんざん》を開いたとされる。

夜道怪《やどうかい》

伝承
武蔵国（埼玉県）
妖怪、亡霊

武蔵国秩父《ちちぶ》などに現れる妖怪で、夜に家の裏口や窓からす〜っと入って来て、子供を連れ去るという。白《しろ》装束《しょうぞく》で行燈《あんどん》を背負っているという。

夜刀神《やとのかみ》

『常陸国風土記』
常陸国（茨城県）
神

昔々、常陸国の原野に群れて暮らしていた角《つの》のある蛇《へび》のような神。姿を見ると一族が滅ぶとされる。ある時、この原野を開墾《かいこん》しようと、箭括《やはずの》氏麻多智《うじのまたち》が夜刀神を殺し、山へ追い払い、原野を占領した。その後、祟《たた》りによって戦が続くのを恐れ、山を《神の地》、里を《人の地》として、その境に標《しるし》の梲《つえ》（鳥居《とりい》）を立て社《やしろ》を建立《こんりゅう》して夜刀神を祀《まつ》り、神の土地を荒さぬ誓いを立てたという。

田を作る最適の場所は、山から水の出る谷筋で《谷戸《やと》》と呼ばれる。

柳《やなぎ》女《おんな》

『絵本百物語』他
亡霊

柳の下に出る子供を抱いた女の幽霊。「口おしや、恨めしの柳や」と泣く。『絵本《えほん》百物語《ひゃくものがたり》』には、強風の日に柳の下を通った女性が、枝が首に巻き付いて死んでしまったため、【地縛霊《じばくれい》】のようになって、夜な夜な現《あらわ》れるとされる。

柳《やなぎ》婆《ばば》

『絵本百物語』『奇談類抄』
怪異

古い柳の木が、老婆や美女になって現れ、道行く人に声をかけるという。『絵本《えほん》百物語《ひゃくものがたり》』には、「島原《しまばら》の柳は客を化《ば》かす」と言われ、京都の遊《ゆう》廓《かく》、島原にある柳の下に気をつけるようにと書かれている。

夜《よ》泣《な》き力《りき》士《し》

伝承
出羽国（山形県）
怪異

出羽国山形一の寺、専称寺《せんしょうじ》の伽藍《がらん》の四隅にある力士像が、夜な夜な泣き出すという怪。泣く理由は、屋根が重いとするものや、深夜に抜け出ては相撲《すもう》を取っていたため、住職《じゅうしょく》に叱《しか》られ、足を釘《くぎ》で打ち込まれたから、というものがある。

山《やま》あらし

『百鬼夜行絵巻』
妖獣

『百《ひゃっ》鬼《き》夜《や》行《ぎょう》絵《え》巻《まき》（松井文庫）』に載《の》る妖怪。全身が針だらけで、とげとげ。解説がないので何をする妖怪かは不明。『和漢三才図会《わかんさんさいずえ》』には豪猪《やまあらし》の記載があるが、そちらは日本にはいない実在のヤマアラシで、妖獣ではない。

山《やま》男《おとこ》

『絵本百物語』／出羽国（秋田県）、越後国（新潟県）
妖怪

山に棲《す》む毛むくじゃらで半裸《はんら》の大男。人の言葉を話すものもいる。話さなくても、言葉を理解《りかい》するとされる。出遭《であ》うと病《やまい》になるとする話もあるが、煙草《たばこ》や食べ物をあげると、山仕事などを手伝ってくれる。陸奥国では、木樵《きこり》に相撲を挑《いど》み、引き分けたので仲良くなったという。越後国妙高《みょうこう》では、身の丈八尺《しゃく》（二・四メートル）で赤髪で全身は灰褐色《はいかっしょく》、眼は星のように輝いているそう。妙高山の山小屋に現れ、火にあたって帰って行くだけで、特に悪さはしない。

山《やま》おらび

伝承
筑前国（福岡県）
妖怪

《おらび》は叫ぶという意味。山に入って「やいやい」と叫ぶと、「やいやい」と言い返して来るという。おらび返しを続けると、おらび殺されるとされる。山おらびに勝つためには鐘《かね》を叩くことだという。【木魅《こだま》】【山彦《やまびこ》】に似るが、別物とされる。

山《やま》颪《おろし》

『百器徒然袋』
付喪神

大根《だいこん》下《お》ろしの【付喪神《つくもがみ》】。『百器徒《ひゃっきつれ》然袋《づれぶくろ》』には日本にはいない豪猪《ごうちょ》（ヤマアラシ）を《山おやじ》と呼び、それに似ていると書かれている。

山《やま》神《がみ》

伝承
土佐国（高知県）
妖怪

山中の道端《みちばた》の岩の上に現《あらわ》れる女の【生首《なまくび》】。三十歳くらいで美しく化粧《けしょう》をしていてニッコリと笑うという。一本道なので仕方《しかた》なくその前を通るが、特に悪いことはおこらないそう。正体は、山の神の悪戯《いたずら》とされる。

山爺《やまじい》

『絵本集艸』『土佐お化け草紙』
四国地方
妖怪

一ツ目一本足の爺の姿をした山に棲《す》む妖怪。大きさは三、四尺《しゃく》(九十〜百二十センチ)、鼠色《はいいろ》の短い毛で覆《おお》われ、片方の目が大きく、片方はとても小さいので、一ツ目に見えると言われる。声がとても大きいとされ、石も動かすほどだという。そして、顎《あご》が強く、猪や猿などの骨を、まるで大根のようにたやすく噛《か》み砕《くだ》くとされる。猟師達はこの山爺を餌《えさ》で手なずけ、オオカミを追い払うのに使っていたという。『土佐《とさ》お化《ば》け草紙《そうし》』に載る山爺はカラフルな着物を着て、歯の高い塗《ぬ》り下駄《げた》を履《は》いている。顔は青く、目はひとつで鼻は穴しかなく、顎は強そうではない。

山地乳《やまちち》

『画図百鬼夜行』
全国／僧侶／
寺／妖怪

蝙蝠《こうもり》が歳を経て【野衾《のぶすま》】になり、さらに歳を取ると山地乳になるといい う。山に棲むが人里に現れ、眠る人の寝息を吸い、死に至らすという。逆に、吸っているところを誰かに見られると、吸われた者は寿命が延びるとされる。

山彦《やまびこ》

『百怪図巻』『画図百鬼夜行』
中国・四国
妖獣

山の谷で「おーい」と呼べば「おーい、おーい」と返す妖怪。現代では当然の現象だが、江戸時代には妖怪の仕業《しわざ》と考えられていた。『画図百《がずひゃ》鬼夜行《っきやこう》』では【幽谷響】という字を当てる。地域によっては【木魅《こだま》】と同一のものとされる。

山姫《やまひめ》

伝承
全国
妖怪

山に住む女で【山女《やまおんな》】ともいう。色白で髪が長く、その髪には節があるという。服装はさまざまで、十二《じゅうに》単《ひとえ》を着てるものや、半裸《はんら》で葉っぱの腰蓑《こしみの》を着ていものなどがある。

陸奥国（岩手県）では、性欲《せいよく》が強くて、男性を連れ去って厚遇《こうぐう》するが、精力が尽《つ》きると、殺して食べてしまうという。

土佐国（高知県）や九州では、山中で美しい声で歌っていて、近寄《ちかよ》ると舌《した》を伸ばして血を吸うという。また見ただけで熱病になるとも伝えられる。蛞蝓《なめくじ》が嫌《きら》いなので、持っていると身を守れるという。豊後国（大分県）では、黒岳《くろだけ》を旅する者が出遭《であ》った。旅人が山姫とは知らずに声をかけると、あかんべぇをする。そして、へらへら舌を伸ばして、地面で蜷局《とぐろ》を巻くと、その舌で血を吸うという。

山姥《やまんば》

『化物尽くし絵巻』
全国
妖怪

昔話に登場する山姥は、山奥に暮らす老婆の鬼だが、伝承の多くは、背が高く、眼光が鋭く、口は耳元まで裂《さ》けている、どちらかというと《口裂《くちさ》け女《おんな》》（昭和の妖怪）に似ている。

山で迷った者などを喰うとされるが、暮れの市《いち》に現《あらわ》れ、買い物をしたり、農家に糸紬《いとつむぎ》などの手伝いをするという、友好的《ゆうこうてき》な面がある。それは一方的なものではなく、山姥のお金は幸運を呼ぶとされ、山姥に売ると商売が繁盛《はんじょう》するなど、歓迎《かんげい》されている。これは、アイヌの村との交流の記憶からの流用かもしれない。江戸時代、アイヌの女性は口に絵のような刺青《いれずみ》をした。

市で買い物をするアイヌの女性

病田《やみだ》

伝承
全国
怪異

その田んぼを耕《たがや》そうと思っただけで、病《やまい》になるというもので、ひとつの集落でひとつ、ふたつはあるとされる。祟《たた》りを避けるためには、田に祠《ほこら》を建立《こんりゅう》する。駿河国（静岡県）では田の用水路《ようすいろ》に流れついた【生首《なまくび》】を供《く》養《よう》（弔う儀式）もせずに埋めたために起った祟《たた》りとされる。

ユーリー

琉球伝承
幽霊

白い着物を着て、長い髪で顔が覆《おお》われた幽霊で、とても大きい。出遭《であ》ったら「しーたか、しーたか」と言うと、どんどん背が高くなるとされ、「しーひく、しーひく」と言うと、小さくなるいう。小さくなったところを小枝などで打つと、蛍火《ほたるび》のような青い光りで四方に散るそう。

由虫《ゆうちゅう》

『針聞書』
妖虫

江戸時代の東洋医学書『針聞書《はりききがき》』に載《の》る病の虫。血と肉が積《つ》もってできるといい、水を食べるとされる。治療《ちりょう》には漢方薬の大黄《だいおう》を飲む。

行《ゆ》き逢《あ》い神《がみ》

伝承
全国
怪異

野外で急に悪寒《おかん》を感じ、熱が出るという怪。関東以北では【通《とお》り神《がみ》】、陸奥国（宮城県）では【行逢い】と呼ばれる。山の神や水神、【怨霊《おんりょう》】など様々なものが原因とされる。

雪女《ゆきおんな》

伝承
全国
妖獣

雪の夜に現《あらわ》れる白装束《しろしょうぞく》の女の妖怪。各地にさまざまな伝承がある。武蔵国(東京都)調布《ちょうふ》では、あるふたりの木樵《きこり》が山で吹雪《ふぶき》に遭《あ》い、小屋に逃げ込む。若者が、ふと、深夜に目覚めると、真っ白な女が現《あらわ》れ、連れの老いた木樵の上に被さって、冷たい風を吹き付け殺してしまう。若い木樵はそれを見ていたが、雪女の美しさに見とれてしまった。すると雪女は若者を殺さず「お前は助けてやろう、しかし、誰にも言うな」と釘をさして消えたという。

その後、若者はお雪という美しい娘と出会い結婚する。ふたりは仲睦《なかむつ》まじく暮らし、十人の子をもうけたが、ある夜、若者は妻に見とれながら、吹雪の日の一件を思い出し、話してしまう。すると、妻は雪女に変わり、「あれほど約束したのに、お前は話してしまったな!」と若者を罵《なじ》ったという。「本当ならお前を殺すところだが、子供をしっかり育てなさい。もしも、子供を不幸にすれば、その時こそ殺す」と言い残して、吹雪のように散って消えてしまったという。

常陸国(茨城県)の雪女は、旅人に声をかけ、返事をせずに背中を見せる者を、谷に突き落とすという。

越後国(新潟県)では、子供を攫《さら》って生き肝を喰ったり、人を凍死させると伝わる。その他に【産女《うぶめ》】のような伝承もある。

ゆきのどう

伝承　美濃国（岐阜県）
妖怪

普段は目に見えないが、女や雪玉に化けて出る、山小屋などに「水をくれ」と言って現《あらわ》れるが、水を出すと殺されるので、熱いお茶を出すとよいとされる。ゆきのどうを追い払うには「先《さき》クロモジに後《あと》ボージ、あめうじ皮《がわ》の八《や》ツ結《ゆえ》ばえ、絞《し》めつけ履《は》いたら、如何《いか》なるものも、かのうまい」と唱《とな》える。

雪降《ゆきふ》り入道《にゅうどう》

伝承　信濃国（長野県）
妖怪

雪の降る日に現れる妖怪で、蓑笠《みのがさ》やボロや袋《ふくろ》を着ているという。

雪童子《ゆきわらし》

伝承　越後国（新潟県）
招福

子供のない老夫婦が、雪で子供の人形を造った。その後、吹雪の晩にひとりの子供が飛び込んで来た。老夫婦はその子を可愛《かわい》がって育てた。しかし、日が経《た》つにつれて、子供は痩《や》せて行ったという。夫婦は心配したが、春になると、子供は消えてしまった。しかし、次の冬も、雪人形を作ると、吹雪の夜に子供が現れたという。正体は雪の精だと言われる。

雪婆《ゆきんば》

伝承
伊予国（愛媛県）
妖怪

一本足の婆の妖怪で、雪の降る夜に現れる。雪道を歩いていると、後ろから呼び止める声がする。振り返ると雪婆が襲《おそ》って来るが、雪が止むと消えるという。

ユナウァ

伝承
徳之島
妖怪

夜に群れで現れる豚の妖怪。琉球のマジムン伝承と同じように、股《また》を潜《くぐ》られると殺されてしまう。夜に口笛を吹くと、必ず小豚が飛び出して来るという。これを網《あみ》で取ったり、棒《ぼう》で打ったりすると、幾千《いくせん》にも細かく千切《ちぎ》れ、無数の豆豚《まめぶた》となって追っかけて来るという。家に逃げても追って来るので、飼っている豚の陰に臥《ふ》して隠《かく》れると助かるとされる。

夢《ゆめ》の精霊《せいれい》

『化物尽くし絵巻』
精霊

『化物《ばけもの》尽《づ》くし絵巻《えまき》』に載るもので、やせっぽちで、何か文句《もんく》を言っているような顔なので、いい夢を見させてくれる精霊ではなさそう。

妖刀村正《ようとうむらまさ》

伝承
怪異

妖刀とは、刃《やいば》を見た者に魔を起こさせる刀をいう。江戸時代には商人が刀を集めることが流行り、中には斬殺事件《ざんさつじけん》を起こす者もいた。抜くと誰かを斬《き》りたくなるという。

村正は千子村正《せんじむらまさ》という、室町時代～江戸前期に活躍した伊勢国（三重県）桑名《くわな》の刀工の名。実戦向きの名刀を数多く作った。

伝承では、徳川家康《とくがわいえやす》の祖

父・松平清康《まつだいらきよやす》を斬り殺したのが村正で、父・広忠《ひろただ》が襲われたのも村正。家康の嫡男《ちゃくなん》・信康《のぶやす》が謀反《むほん》を疑われ死《し》罪《ざい》になり、その介錯《かいしゃく》に使われたのも村正。家康の正妻・築山御前《つきやまごぜん》が同じ事件で殺害されたのも村正。また、関ヶ原の戦いで、武功を上げた織田《おだ》長孝《ながたか》（織田信長の甥）が用いた槍《やり》を、家康が検分している際に自ら誤って指を切ったのも村正で、大阪の陣で真田幸村《さなだゆきむら》が徳川本陣《ほんじん》に攻め寄り、家康に投げつけた短刀《たんとう》も村正だったとされる。

このため、後世の徳川家では村正の作を《徳川家に仇《あだ》をなす》として嫌ったという。

夜釜焚《よがまたき》

『北越奇談』
越後国（新潟県）
怪異

夜道で道のまん中に胡座《あぐら》をかいて座り込んでいるという。しばらくすると、足の間に一尺《しゃく》（三十センチ）ほどの青白い火が浮かび上るそう。

ある男が酔って帰る途中で目撃し、夜釜焚は男を見て笑い、ふっと消えたという。翌朝、男が草むしりをしていると、夜釜焚がやって来て「見たことを誰にも話すな」と忠告して去って行ったそう。夜釜焚に遭うと三年以内に死ぬとされる。

横目五神《よこめごしん》

『百鬼夜行絵巻』
妖怪

『百鬼夜行絵巻《ひゃっきやぎょうえまき》（松井文庫）』に載る、一ツ目の坊主。解説がないのでどのような妖怪なのかは不明。

夜雀《よすずめ》

伝承
紀伊国（和歌山県）、四国
妖怪

夜に山道を歩いていると、前後から雀の鳴き声が聞こえるという怪。

土佐国（高知県）では、不吉な前兆なので、「ちっちっちと鳴く鳥は、しちぎの棒《ぼう》が恋《こい》しいか、恋しくばパンとひと撃《う》ち」などと唱《とな》えるといいそう。

また、正体は黒い蛾《が》のようなもので、チャッチャと鳴きながら笠の中でも舞うとされる。伊予国（愛媛県）では、山犬が出る前触れとされる。紀伊国（和歌山県）では大和国（奈良県）の国境でよく出遭《であ》うという。しかし、夜雀が憑《つ》いている間は魔物に襲われないともされる。

夜鷹《よたか》の幽霊《ゆうれい》

『耳袋』
江戸
幽霊

江戸深川《ふかがわ》の仲町《なかまち》や土橋《どばし》の茶屋に出る夜鷹（路上で客をとる遊女）の幽霊。茶屋がまだ夜鷹宿《よたかやど》であった時、病弱な夜鷹を主人が責《せ》め、女房が仲裁《ちゅうさい》に入った時に主人が刃を抜いたので、夜鷹がとっさに刀を掴《つか》んで両手の指を失い、その傷がもとで死んでしまったそう。そのため、両手の先が血みどろの幽霊となって出るという。

夜《よ》泣《な》き石《いし》

『石言遺響』『狂歌百物語』
全国
怪異

各地にある、石から泣き声が聞こえる怪。有名な【小夜《さよ》の中山《なかやま》】は、お石という身重《みおも》の女性が、峠道《とうげみち》で急に陣痛《じんつう》に襲われ、大きな丸石にすがっていると、通り魔が彼女の腹を刺《さ》して金を奪《うば》って逃げたという。傷口からは子が生まれ、お石はその子を助けてくれと泣き叫んだとされる。それ以来、丸石にお石の霊が乗り移り、夜な夜な泣くという。下野国（栃木県）や紀伊国（和歌山県）では《子供の夜泣きをなおす石》の怪として伝わる。

夜《よ》泣《な》きばばあ

『蕪村妖怪絵巻』
遠江国（静岡県）
他／妖怪

東海道の見附宿《みつけじゅく》に現《あらわ》れる老婆の妖怪。家の前でこの妖怪が泣くと、皆がつられて泣き出すという。そして、数日後にはその家に不幸があるとされる。

夜《よ》半《は》人《しと》

伝承
奄美大島
亡霊

水鶏《くいな》が鳴く夜に現れる、【首《くび》無《な》し馬《うま》】に乗った侍《さむらい》の幽霊。家に灯《ひ》が点《とも》っていると、中に入って来るとされる。避《さ》けるには手の爪《つめ》を隠《かく》しておくことだという。

両面宿儺《りょうめんすくな》

『日本書紀』『千光寺記』
飛騨国（岐阜県）
鬼神

『日本書紀《にほんしょき》』に登場するものは、身体の両面に顔があり、脚も裏と表に膝《ひざ》と爪先《つまさき》があり、膝裏と踵《かかと》がなかったという。力強く俊敏《しゅんびん》で、左右に剣《つるぎ》を帯び、四つの手でふたつの弓矢を用いるそう。天皇に従《したが》わず、人民から略奪《りゃくだつ》するので、難波根子武振熊《なにわねこたけふるくま》がこれを討《う》ったと記されている。

高山《たかやま》の『千光寺記《せんこうじき》』では、両面宿儺は救世観音《くぜかんのん》の化身で、身の丈は十八丈（五十四・五四メートル）もあり、両面で手は四本、足は二本あり、千光寺の開祖とされる。人々を救済する仏である。

轆轤首《ろくろくび》

『甲子夜話』他
全国
怪異

轆轤首には、①首が伸びるタイプと、②頭が取れて飛ぶタイプがある。また、夢遊病である【離魂病《りこんびょう》】も轆轤首の原因とされる。『甲子夜話《かっしやわ》』には、常陸国（茨城県）で、ある女性が難病に冒《おか》され、夫は「白犬の肝《きも》を煎《せん》じて飲めば治る」と聞いて、飼い犬の肝を薬にすると、妻は元気になったという。しかし、後に生まれた娘は轆轤首となり、首が抜け出て宙を舞うようになってしまった。ある時、どこからか白い犬が現れ、娘の頭に噛みつき、殺してしまったという。

首が伸びる轆轤首は江戸時代の怪談ブームで生まれたもの。夜中に女の首が伸びて、行燈《あんどん》の油を舐《な》めるとされるものが多い。

わいら

『画図百鬼夜業』
『化物尽くし絵巻』
妖怪

鋭《するど》い爪《つめ》のついた一本指を持つ緑色の妖怪。解説がないので何をする妖怪なのか不明。全身が描かれていないので、身体がどうなっているのか、脚《あし》は何本あるのか、それともないのかも不明。

蝦蟇憑《わくどつ》き

伝承
陸奥国（福島県）
憑神

《わくど》は蝦蟇《がまがえる》のことで、蝦蟇を殺すと祟《たた》りがあるとされる。これに取り憑《つ》かれると、耳をくすぐられたり、耳の中で甘酒を醸《かも》されたりするという。頭の毛が抜かれることもあるという。白い蝦蟇は荒神《こうじん》の使いで、目や耳が不自由になり、最後は蝦蟇の形になって死に至るとされる。

綿売《わたり》り三匁《さんもんめ》

伝承
石見国（島根県）
亡霊

その昔、地蔵《じぞう》のあった場所に出た綿売りの【亡霊《ぼうれい》】。白と黒の横縞《よこじま》の着物を着て、「三匁、三匁」と言って現《あらわ》れるという。そのため村の人々は、新たに地蔵を建立《こんりゅう》して、これをおさめたという。

笑《わら》い女《おんな》・笑《わら》い男《おとこ》

『土佐化物絵本』／土佐国（高知県）／妖怪

山の神の忌《い》み日を管理する【山《やま》男《おとこ》】類。ある日、船奉行《ふなぶぎょう》・樋口関太《ひぐちかんだ》夫《ゆう》が家臣を連れて、山に雉撃《きじう》ちに行こうとすると、地元の農民が「月の一日、九日、一七日は山に入ってはいけね。笑い男に遭《あ》って半死半生にさせられますぞ」と忠告した。しかし、関太夫はそれを無視して山に入る。すると、一町（百九メートル）先の松の木に、十五、六歳の子が関太夫達を指さして笑っているのと出遭う。その笑い声は徐々に高くなり、辺りの木も草も石や風までもが大笑いするような、合笑となって関太夫達を襲ったという。彼らは大慌てで山を降りたが、病死するまで、耳の中でその笑い声が消えなかったという。

わろどん

『御伽婢子』
京都

【山童《やまわらわ》】に同じといわれるが、とても小さいのが特徴《とくちょう》。馬の足跡《あしあと》にできた水溜《みずたま》りに千匹のわろどんが隠れ棲むという。

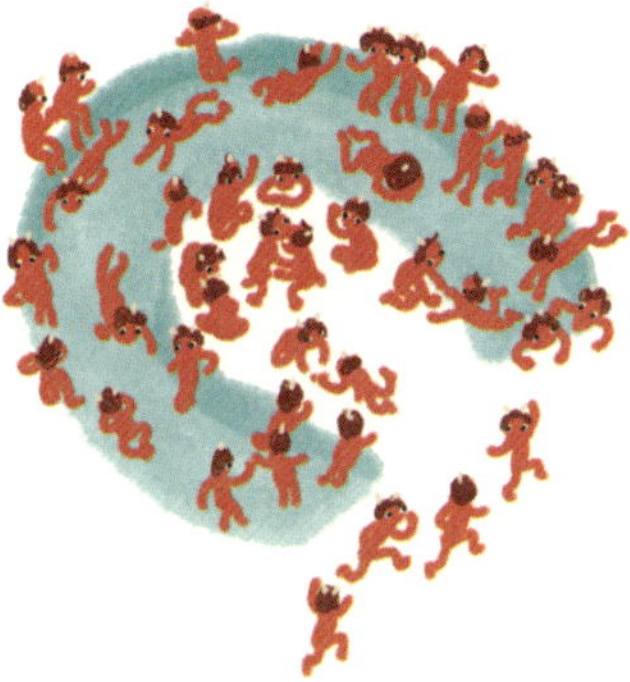

妖怪異名リスト

【あ】

アイヌトゥカプ：アイヌ語で【幽霊《ゆうれい》】。

青入道《あおにゅうどう》：岡山県勝田郡地方に出る、青い【大入道《おおにゅうどう》】。夕方に現れる。

赤入道《あかにゅうどう》：【大入道《おおにゅうどう》】に同じ。

あかむし：【鎌鼬《かまいたち》】に同じ。越後国。

灰婆《あくたばんば》：【灰坊主《あくたぼうず》】に似る。陸奥国（青森県）に伝わる灰を弄ると現れる妖怪。その顔には鼻しかなく、頭の上に口があり囲炉裏の中に棲みついていて、灰坊主と同様に灰をいじると現れるという。秋田県などではこれを《灰婆》とも呼び、灰をいじる子供を攫い、頭上の口で食べたり、年に一度、若い娘を攫ったりするという。

浅茅《あさじ》が原《はら》の鬼婆《おにばば》：【安達ヶ原《あだちがはら》の鬼婆《おにばば》】に似る。

足まがり：讃岐国（香川県）。【赤足《あかあし》】に似る。夜道を歩く人の足にまとわりつく妖怪で、尾や糸のようなものを足に絡めるという。《まがり》は纏《まと》わり付くという意味。赤足と共に現れることもあり、狐狸の仕業とされることが多い。

アツウイコロエカシ：【アッコロカムイ】に同じ。

あっぽっしゃ：越前国（福井県）の鬼。「あっぽしゃ」は「餅が欲しい」の意。【火《あ》斑剥《まみは》ぎ】【なまはげ】に同じ。

アドイイナウ：【アッコロカムイ】に同じ。

アドイコロカムイ・アドシカスマカムイ：巨大魚【オキナ】に同じ。

アフイラーマジムン：琉球伝承の妖怪。【アカンガーマジムン】に似る家鴨《あひる》の妖怪。石を投げつけたところ、たくさんの蛍となって散り、その人の周りを飛び廻ったが家鴨の声とともに消え去ったという。

油《あぶら》ずまし：【釣瓶火《つるべび》】に似る。肥後国（熊本県）の峠道で、老婆が孫を連れて通りながら「ここにゃ昔、油瓶さげたん出よらいたちゅぞ」と孫に話していると、

「今もー出るーぞー」と言いながら油ずましが現れたという。油瓶が木の上からす〜っと落ちて来たという。

油《あぶら》取《と》り：明治時代に東北で噂された妖怪で【神隠《かみかく》し】に同じ、子供を攫い、油を絞り取るという。紺色の脚絆を巻き、同じ手差しをかけた者で、これが現れると戦争が始まるなどと言う者もいたという。

アマオナグ：【天降女子《あもれおなぐ》】に同じ。

あまねさく：【灰坊主《あくぼうず》】に同じ。福島県の一部でも炉から現れる怪異を【アマンジャク】と呼ぶ。

天日子《あまびこ》・尼彦入道《あまびこにゅうどう》：【あまびえ】に同じ。

雨女《あめおんな》：【雨乳母《あめおんば》】に同じ。

アラサルシ：【アラサラウス】に同じ。アイヌ伝承の霊獣。

あんも・あまのはぎ：【火斑剥《あまみは》ぎ】に同じ。

【い】

飯綱《いいづな》：鼬（コエゾイタチ）のことで、【管《くだ》狐《ぎつね》】を指す地域もある。

いき：【縊鬼《いつき》】の別読み。

いき入道《にゅうどう》：相模国（神奈川県）の【大入《おおにゅう》道《どう》】に同じ。

いくじ：【いくち】に同じ。

膝行《いざ》り神《がみ》：【餓鬼憑《がきつ》き】に同じ。大和国（奈良県）の呼び名。

いじこ：陸奥国（青森県）：妖怪の意もあり。【釣瓶火《つるべび》】に似る。《いじこ》は赤子を入れる藁籠のことで、釣瓶に代わって木の上からいじこが落ちて来る。または木の上にあり、赤子の泣き声がする。登って見ると笑う赤子が急に鬼の様相になり、人を襲う。

磯餓鬼《いそがき》：【餓鬼憑き】に同じ。伊豆利島での呼び名。

鼬《いたち》の陸搗《おかづ》き：越後国（新潟県）【粟搗《あわつ》き音《おと》】に似る。夜に家の中に鼬が入って米を搗く音を立てる。裏口から入って搗くのは吉。表から入るのは凶とされる。

鼬《いたち》の一《ひと》ツ火《び》：近江国（滋賀県）の【鼬《いたち》】伝承で《鼬の一声鳴き》のこと。鼬の鳴き声は「ケチケチケチ」と火打石の音に似ていることから、この名がある。火が見えるのではなく、一声鳴きが聞こえると火災の前兆とされる。

一間坊主《いっけんぼうず》：安芸国（広島県）に現れる【大《おお》入道《にゅうどう》】。

犬外道《いぬげどう》：【犬神《いぬがみ》】に同じ。または、犬を虐待し殺した人間に憑く【怨霊《おんりょう》】。

犬鳳凰《いぬほうおう》：【波山《ばさん》】に同じ。

イペタム：アイヌ伝承。【妖刀村正《ようとうまさむね》】に同じ。人喰い刀の意。一度抜いてしまうと血を舐めずにはおさまらない刀で、殺傷事件を起こす。

今《いま》にも坂《ざか》：【見越入道《みこしにゅうどう》】に同じ。「今にも」という声がすると現れるという。

疱《いも》の神《かみ》：【疱瘡神《ほうそうしん》】に同じ。

守宮《いもり》：【井守《いもり》】に同じ。

異爺味《いやみ》・いやミ：【否哉《いやや》】に同じ。

いりがみ：【犬神《いぬがみ》】に同じ。

岩井戸《いわいど》：【鬼女《きじょ》】に同じ。山形の妙多羅天堂に祀られる鬼女で、狼を操って旅人を襲った。平安時代の伝説。

イワオロペネレプ：アイヌ伝承の妖怪。【イワエツゥンナイ】に似る。夜鳥の姿で、その声を聞くと死んでしまう。

イワサラウス：【アラサラウス】に似る。アイヌ伝承。尻尾が六つある妖獣。

インガメ：琉球語で【犬神】の意。

【う】

うーめ：壱岐の伝承で【姑獲鳥《うばめ》】に同じ。青い火の玉。

ウエンクル：アイヌ伝承の妖怪。【憑神《つきがみ》】または【一ツ目入道】に同じ。人を捕って食べる凶悪な妖怪。

浮《う》き物《もの》：粟島に現れる【蜃気楼《しんきろう》】に同じ。

牛々入道《うしうしにゅうどう》・牛飼坊《うしかいぼう》：【牛打坊《うしうちぼう》】に同じ。

宇治《うじ》のこたま：【狸囃子《たぬきばやし》】に似る。

宇治《うじ》の橋姫《はしひめ》：【橋姫】に同じ。

後髪《うしろがみ》：【後神《うしろがみ》】に同じ。

姥《うば》・宇婆《うば》：姥は信濃国（長野県）に現れる一ッ目の【山姥《やまうば》】。奄美大島の宇婆は【ケンムン】の弟とされる。

姥神《うばがみ》：【奪衣婆《だつえば》】に同じ。

優婆尊《うばそん》：【奪衣婆】に同じ。

うばめとり：【姑獲鳥《うばめ》】に同じ。

うばりよん：【おばりよん】に同じ。

馬憑《うまつ》き：【塩の長司《しおのちょうじ》】に同じ。

海海女《うみあま》：福井：【共潜《ともかつ》ぎ】に同じ。

海和尚《うみおしょう》：【海坊主《うみぼうず》】に同じ。現れると嵐になる。

海姫《うみひめ》・海婦人《うみふじん》：《あまひめ》とも呼ぶ。【磯女《いそおんな》】に同じ。

ウワーグワーマジムン：琉球伝承。【アカンガーマジムン】に似る。片耳の豚の妖怪で、女性がひとりで夕方に歩いていると現れ、股下を潜ろうとするので、両足を交差させて防ぐ。また、夜に野原で三線を弾いて遊んでいると、知らない者が飛び入りして来るという。ウワーグワーマジムンなら「ウワーンタ、グーグーンタ」と唱えると逃げるという。

うわ口《くち》：『百物語化絵巻《ひゃくものがたりばけえまき》』に載る妖怪で【いが坊《ぼう》】に同じ。

【え】

疫癘鬼《えきれいき》：【牛打坊《うしうちぼう》】に同じ。

えじな：【飯綱《いいづな》】に同じ。

えながつく：【餓鬼憑《がきつ》き】に同じ。

縁障女《えんしょうじょ》：【飛縁魔《ひのえんま》】に同じ。

煙羅煙羅《えんらえんら》：【煙々羅《えんえんら》】に同じ。

閻羅王《えんらおう》：【閻魔大王《えんまだいおう》】に同じ。

【お】

おいがかり：備後国（広島県）の妖怪【おばりよん】に同じ。

お岩《いわ》さん：【四谷怪談《よつやかいだん》】の主人公。

負《お》うえ鳥《どり》：隠岐島伝承：島根県隠岐島に伝わる。「負われる負われる」と赤子のような声で鳴く怪鳥で姿は見えない。【エギリ鳥】に似るが、他に、とても重いため、この鳥を背負って立ち上がると金持ちになれるという話もあり、【おばりよん】にも似る。

苧《お》うに：『画図百鬼夜行《がずひゃっきやこう》』に載る妖怪で、【山姥】に同じ。

おうばこ：山形県の伝承。【負《お》うえ鳥《どり》】に同じ。

巨口鰐《おおぐちわに》：【磯撫《いそな》で】に同じ。

大筋《おおすじ》：【縄筋《なわすじ》】に同じ。

大多鬼丸《おおたきまる》：【おんぼのやす】に似る。

大人《おおひと》：【大入道《おおにゅうどう》】に同じ。酒や食べものを与えると、村人の手伝いをしてくれる。

大坊主《おおぼうず》：【大入道】に同じ。

おぎゃあなき：阿波国（徳島県）に出る妖怪。【おばりよん】に同じ。あまり姿は見せない。「負ぶってくれ」と言われても、「紐が短くて負ぶれない」と答えなければいけない。

おくいな様《さま》：陸奥国（岩手県）の信仰で【お白様《しらさま》】に似る。おくいな様を祀る家は食肉は禁じられる。

臆病神《おくびょうがみ》：【震々《ぶるぶる》】に同じ。

送り狼《おくりおおかみ》：【送り犬】に同じ。

送り雀《おくりすずめ》：【夜雀《やすずめ》】に同じ。大和国（奈良県）、紀伊国（和歌山県）の呼び名。

おけつ：備前・備中国（岡山県）。亀に似て背中に毛が生えている。妊婦の体内から出ると、急いで縁の下に駆け込もうとする。【血塊《けっかい》】に似る。

おこないさま・おしんめいさま：【お白様《しらさま》】に同じ。

おごめ：【うぐめに】同じ。

刑部姫《おさかべひめ》・小刑部姫・小坂部姫：【長壁《おさかべ》姫《ひめ》】に同じ。

オッケオヤシ：【オッケルイペ】に同じ。

おっぱしょ石：阿波国（徳島県）の【おばりよん】。力士の墓石で、その前を通ると「おっぱしょ」と話しかけて来る。

おどろおどろ・おとろん：【おとろし】に同じ。

おびらそうけ：肥前国（長崎県・佐賀県）・豊前国（福岡県）の【山彦《やまびこ》】に似る。山で叫ぶと返答をする怪。

おぼ：上野国（群馬県）では【赤足《あかあし》】に同じ。越後国（新潟県）魚沼、陸奥国（福島県）会津では【産女《うぶめ》】に同じ。

お見越《みこ》し：【見越入道】に似る。静岡県。お見越しという妖怪が出る。道を通ると優しい人がいて、話をしているうちに話の様子によって大きくなってみせる。

おんがめ：日向国（宮崎県）でいう【貧乏神】のこと。また、カマキリのことも指す。

オンケン：アイヌ伝承で《禿げ》の意。【キムナイヌ】に同じ。

おんぶおばけ・おぼさりてい：【おばりよん】に同じ。

【か】

顔撫《かおな》ぜ：信濃国（長野県）での【頬撫《ほおな》で】に同じだが、手は見えない。

隠《かく》し神《がみ》：【神隠《かみかく》し】に同じ。大和国（奈良県）、越前国（福井県）。

隠《かく》しじょっこ：【隠《かく》れ婆《ばば》】に同じ。

隠《かく》し坊主《ぼうず》：上野国（群馬県）の妖怪。【隠れ婆】に同じ。

隠《かく》しん坊《ぼう》：【神隠し】に同じ。

隠《かく》れ婆《ばば》：【神隠し】に同じ。兵庫県神戸の伝承。

影煩《かげわずら》い：【影の病】に同じ。

篭背負《かごしょ》い：【神隠し】に同じ。陸奥国（青森県）に出る籠を背負った老婆で、子供を攫う妖怪。

風《かざ》ふくれ：薩摩国（鹿児島県）の伝承で【神風】に同じ。山道で急に頭が痛くなることで、原因は神や悪霊と出会ったためと言われる。

かしゃんぼ：【山童《やまわろ》】に同じ。山童が山に入ると《かしゃんぼ》となり【一本踏鞴《いっぽんだたら》】とも呼ばれる。

かぜだま：【鬼火《おにび》】に同じ。

かぜふけ・かぜふれ：土佐国（高知県）、伊予国（愛媛県）でいう【神風《かみかぜ》】に同じ。

風《かぜ》を負《お》う：肥前国（佐賀県）。【風《かざ》おり】に同じ。

片車輪《かたしゃりん》：【片輪車《かたわぐるま》】に同じ。

かねこおり女房：【氷柱女房《しがまようぼう》】に似る。越後国（新潟県）の伝承。ある男の家に女がやって来て「妻にして欲しい」と言う。嫁にして、ふたりはひと冬幸せに暮らすが、春になると姿を消してしまった。仕方なく、その年に後妻を娶ったが、冬になると、軒下にできた大きな氷柱に、男は首を貫かれて死んでしまったという。

かのきじょんじょう：【お白様《しらさま》】に同じ。

禿切《かぶき》り子：越後国（新潟県）に出る子供の妖怪で【髪切《かんぎ》りっ子】に同じ。

窮奇《かまいたち》・構太刀《かまいたち》：【鎌鼬《かまいたち》】に同じ。

叺親父《かますおやじ》：【神隠《かみかく》し】に同じ。津軽。叺という袋を背負った鬼のような大男。

叺背負《かますしょ》い：【神隠し】に同じ。秋田県鹿角地方の呼び名。

カムロー：【カーカンロー】に同じ。

カヨーオヤシ：アイヌ伝承で【おーいおーい】に同じ。

唐傘小僧《からかさこぞう》・唐傘一本足：【傘お化け】に同じ。

空木返り《からきがえ》：アイヌ伝承。【空木倒し《からきだお》】に同じ。

川みさき：水に入って死んだ者は、死の穢《けが》れによって汚した川石を洗い続けなくてはいけないとされ、次の死者が来るまでそれは続く。その苦しみから川みさきは悲しい声で人を呼ぶという。生きている人を引き寄せるという。土佐国（高知県）では三人で川に行くと、川みさきに憑かれるとされる。【餓鬼憑き《がきつ》】に似る【霊障《れいしょう》】もいう。阿波国（徳島県）では、川で急に疲労を感じると、川みさきに憑かれたとされる。

黿《がん》の精《せい》：【黿のマジムン】に同じ。

雁婆梨入道《がんばりにゅうどう》・眼張入道《がんばりにゅうどう》：【加牟波理入道《がんばりにゅうどう》】に同じ。

旱母《かんぼ》：【魃《ひでりがみ》】に同じ。

【き】

消《き》えずの行燈《あんどん》：【燈無蕎麦《あかりなしそば》】に同じ。

木伐り《ききり》：越後国（新潟県）、信濃国（長野県）でいう【空木倒し《からきだお》】に同じ。

喜見城《きけんじょう》：【蜃気楼《しんきろう》】に同じ。越中国（富山県）の呼び名。

木心坊《きしんぼう》：『今昔画図続百鬼《こんじゃくがずぞくひゃっき》』に載る。肥後国（熊本県）の伝承。椿の木で擂粉木《すりこぎ》を作ると精霊が現れるという。

馬魔《ぎば》：常陸国（茨城県）、尾張国（愛知県）、美濃国（岐阜県）でいう【頽馬《たいば》】に同じ。馬魔は旋風ではなく、玉虫色の馬に乗った少女の姿で、緋色の着物に金の帯をしているという。

キムンアイヌ：【キムナイヌ】に同じ。

キムンクッ：【キムナイヌ】に同じ。

キムンクル：アイヌ伝承の妖怪。山に棲む【一ツ目入道】に同じ。人を捕って食べる凶悪な妖怪。

キモカイック：【キムナイヌ】に同じ。

肝取り《きもと》：薩摩国（鹿児島県）の妖怪で【火車《かしゃ》】に同じ。

窮鬼《きゅうき》：【貧乏神《びんぼうがみ》】に同じ。

霧吹きの井戸《きりふきのいど》：川越城七不思議の一つで【おんぼのやす】に似る。井戸から霧が発生し城を包むというもので、敵に攻められると井戸の蓋を開け、霧に包んだと言われ、《霧隠れ城《きりがくれじょう》》とあだ名される。

ギルマナア：琉球伝承で【キジムナー】に似る。赤い体と身長一尺（三十センチ）の妖怪で、腐った木の洞に棲む。夜に家に侵入して金縛りを起こさせるという。

金魚《きんぎょ》の幽霊《ゆうれい》：【藻之花《ものはな》の怨魂《おんこん》】に同じ。

【く】

縊鬼《くびれおに》：【縊鬼《いつき》】の別読み。

蔵《くら》の大足《おおあし》：【足洗邸《あしあらいやしき》】に同じ。六番町の旗本・御手洗主水《みたらいもんど》の屋敷に現れたもの。蔵に忍び込んだ泥棒を捕まえたので、御手洗家の守神とされ、《ご隠居》と呼ばれた。

くらやみ目《め》：【目だらけ】に似る。

黒金座主《くろかにざーし》：【ミミチリボージ】に同じ。

黒髪切《くろかみき》り：【髪切《かみき》り】に同じ。

黒塚《くろづか》：『画図百鬼夜行《がずひゃっきやこう》』に載る。【安達《あだち》ケ原《はら》の鬼婆《おにばば》】を葬った塚。または、鬼婆の名。

黒坊主《くろぼうず》：加賀国（石川県）、紀伊国（和歌山県）に現れた黒い【見越入道《みこしにゅうどう》】。人に出遭うと三倍くらいに伸び上がるというが、杖で突くと逃げて行く。真っ黒で目鼻もない。

黒《くろ》ん坊《ぼう》：【山男《やまおとこ》】に同じ。人の言葉を話し、黒い毛で覆われた妖怪。

食《く》わず女房《にょうぼう》：【二口女《ふたくちおんな》】に同じ。

【け・こ】

毛一杯《けいっぱい》：【おとろし】。

けち田《だ》：【病田《やまいだ》】に同じ。信濃国（長野県）。

けっけ：【血塊《けっかい》】に同じ。信濃国（長野県）。

外道《げどう》：【犬神《いぬがみ》】【管狐《くだぎつね》】に似る。正体は分からないが、家で飼う憑きもののこと。【天狗《てんぐ》】のことも指す。

ケボロキ：出羽国（山形県）の怪異。【空《から》木倒《きだお》し】に同じ。

小池婆《こいけばばあ》：【鍛冶《かじ》が婆《ばば》】に同じ。

ごき・ぎゅうき：【牛鬼《うしおに》】に同じ。

こぎゃ泣き：【おばりよん】に似る。夜道で「こんぎゃ、こんぎゃ」と泣く赤子がいるので抱き上げると、一本足の爺であった。これが現れると地震が来るとされる。四国地方の妖怪。

子育《こそだ》て幽霊《ゆうれい》：【飴屋《あめや》の幽霊】に同じ。《飴買い幽霊》《餅を買う女》も同じ。

コチョボ：【人形神《ひんながみ》】に同じ。

子泣《こな》き爺《じじい》・子泣き婆：子泣き爺は明治以降の妖怪で【おばりよん】に似る。

ごひんさま：【ぐひんさま】に同じ。

こぼっち：【管狐《くだぎつね》】に同じ。

米磨《こめと》ぎ荒神様《こうじんさま》：【小豆洗《あずきあら》い】に似る。

米とぎ婆：【小豆洗い】に似る。陸奥国（宮城県）の妖怪で、お化け屋敷に出る妖怪、幽霊。夜中に米をとぐ音を立てる。

こもの・はや・ふちかり・へこ：【貂《てん》】の陸奥国（福島県）での別名。

転《ころ》び：石見国（島根県）。【脛擦《すねこす》り】に同じ。正体は峠の霊とされ、桑の木地蔵を建立してこれを抑えた。

ころびっち：備前国（岡山県）。【蹴転《けころ》がし】に似る。

子《こ》を抱《だか》かしょ：【赤抱《あかだか》しょ】に同じ。

【さ】

さがり：備前国（岡山県）。【馬の足】に似る。こちらは馬の頭だけが木から下がって来る怪異。

サキソマエップ：アイヌ伝承の妖怪。【ホヤウカムイ】に同じ。

さす神：播磨国（兵庫県）でいう【厠神《かわやがみ》】に似る。さす神に出遭うと気絶するという。

実方雀《さねかたすずめ》：【入内雀《にゅうないすずめ》】に同じ。

産怪《さんかい》：【血塊《けっかい》】に同じ。

さんたち・さんたつ：【鼬《いたち》】【獺《かわうそ》】に似る、山の妖獣。

三虫《さんちゅう》・三彭《さんほう》：【三尸《さんし》】に同じ。

ザンノイユ：奄美諸島でいう【ザン】に同じ。

【し】

じきとり：伊予国（愛媛県）。【餓鬼憑《がきつ》き】に同じ。

静《しず》かな餅《もち》：【粟搗《あわつ》き音《おと》】に同じ。

次第高《しだいたか》：中国地方。【見越入道《みこしにゅうどう》】に同じ。見上げるとどんどん高くなるので、出遭ったら決して見上げてはいけない。

地縮《じちじみ》：【蜃気楼《しんきろう》】に同じ。越中国（富山県）で見られるもので、遙か彼方の景色が浮かび、音まで聞こえるという。

七人童子《しちにんどうじ》：【七人同行《しちにんどうぎょう》】に同じ。丑三ツ刻に四ツ辻に現れる。

七人《しちにん》みさき：四国・中国地方に出る海や川の【七人同行《しちにんどうぎょう》】。出遭うと高熱が出て死んでしまい、七人みさきに加わることになる。ひとりが加われば、ひとりが成仏するので、常に七人のままという。

尸虫《しちゅう》・尸鬼《しき》・尸彭《しほう》：【三尸《さんし》】に同じ。

しっけんけん：信濃国（長野県）諏訪での【雪女《ゆきおんな》】に同じ。

七宝行者《しっぽうぎょうじゃ》：【果進居士《かしんこじ》】同じ。

しまつ田《た》：【病田《やみだ》】に同じ。陸奥国（青森県）。

下口《しもくち》：【青女房《あおにょうぼう》】に同じ。

蛇五婆《じゃごばあ》：【蛇骨婆《じゃこつばばあ》】に同じ。

朱の盤《しゅのばん》：【朱の盆《しゅのぼん》】に同じ。

正塚婆《しょうづかのばば》：【奪衣婆《だつえば》】に同じ。

白坊主《しろぼうず》：【白布《しろぬの》】に同じ。

【す】

吸《す》いかずら：阿波国（徳島県）の妖怪で、【犬神《いぬがみ》】に同じ。尻尾が蛇だという。

粋呑《すいとん》：中国地方の妖怪で、【覚《さとり》】に同じ。

すが女房《にょうぼう》：出羽国（山形県）の伝承。【氷《し》柱《がま》女房《にょうぼう》】に似る。結婚祝いの席で女房が酒の燗をつけに台所に行ったが、なかなか戻らない。男が気になって台所を覗いて見ると、水浸しの着物を残して姿を消していた。竈の火の熱で溶けてしまったという。

煤《すす》け行灯《あんどん》：【煤け提灯《ちょうちん》】に同じ。

魑魅《すだま》：魑魅魍魎《ちみもうりょう》の魑魅。山の精で、顔は人間からだは獣で人を襲うという。

すないた：【鎌鼬《かまいたち》】に同じ。

砂撒《すなま》き鼬《いたち》：【火《ひ》取り魔《ま》】に同じ。越後国（新潟県）の呼び名。

すねか：陸奥国（岩手県）でいう【火斑剥《あまめは》ぎ】【なまはげ】に同じ。

脛擦《すねこす》り：備前国（岡山県）の妖怪で、【赤《あか》足《あし》】に似る。雨の日に夜道を行く者の脛に纏わりついて来る。

ずんべら坊：【のっぺら坊】に同じ。

【せ・そ】

千足狼《せんびきおおかみ》：【鍛冶《かじ》が婆《ばば》】に同じ。

ぞぞ神：【震々《ぶるぶる》】に同じ。

空木返《そらきがえ》し：陸奥国（福島県）の怪異で、【空木倒《からきだお》し】に同じ。

【た】

大地打《だいちうち》：『化物尽《ばけものづ》くし絵巻《えまき》』に描かれた妖怪。【金槌坊《かなづちぼう》】に同じ。

高入道《たかにゅうどう》：近畿、四国地方の【見越入道《みこしにゅうどう》】。京都や大坂の路地などにも出る。獺《かわうそ》や狸の悪戯ともされる。

だだぼうし：美濃国（岐阜県）の【だいだらぼっち】。伊吹山と養老山を畚《もっこ》で担いだという。

畳叩《たたみたた》き：【狸囃子《たぬきばやし》】に似る。畳を叩くような音が何処からか聞こえるが、音を追うと逃げて行く。

タチッチュ：琉球伝承の【神隠《かみかく》し】に同じ。山から下りて来る力持ちの岳人で、子供を攫《さら》う。

棚婆《たなばば》：相模国（神奈川県）に現れる【納戸《なんど》婆《ばば》】に似る。養蚕をする家の屋根裏部屋（三階のことで、棚と呼ぶ）に隠れ棲《す》む恐ろしい婆とされる。

だに：伊勢国（三重県）でいう【餓鬼憑《がきつ》き】に同じ。

袂雀《たもとすずめ》：【夜雀《やすずめ》】に同じ。紀伊国（和歌山県）、伊予国（愛媛県）、土佐国（高知県）の呼び名。

だらし：【餓鬼憑《がきつ》き】に同じ。筑前国（福岡県）他の呼び名。

だり神：【餓鬼憑《がきつ》き】に同じ。紀伊国（和歌山県）、阿波国（徳島県）の呼び名。

だり仏：【餓鬼憑《がきつ》き】に同じ。尾張国（愛知県）、大和国（奈良県）、紀伊国（和歌山県）、土佐国（高知県）の呼び名。

怠《だる》・怠神：【餓鬼憑《がきつ》き】に同じ。大和国（奈良県）、阿波国（徳島県）の呼び名。

だんだらぼうし：【だいだらぼっち】に同じ。伊勢国（三重県）の呼び名。

【ち・つ】

チカイタチベ：【オキナ】に同じ。

乳《ち》の親《おや》：【乳《ち》やり幽霊《ゆうれい》】に似る。

長臂《ちょうひ》：【手長足長《てながあしなが》】の手の長い妖怪の名。足の長いのは【長脚《あしなが》】。

長面女《ちょうめんじょ》：【長面妖女《ちょうめんようじょ》】に同じ。

つのご：【赤足】に似る。

面女《つらおんな》：【大首《おおくび》】に同じ。

釣瓶落《つるべおと》し・釣瓶下《つるべおろ》し：【釣瓶火《つるべび》】に同じ。

【て】

でえでぇぼう：出羽国（山形県）【だいだらぼっち】に同じ。

でーらん防：【だいらだぼっち】に同じ。

手目坊主《てめぼうず》：『百鬼夜行絵巻《ひゃっきやぎょうえまき》』にある妖怪で【手《て》の目《め》】に同じ。

天火《てんか》：【不知火《しらぬい》】に同じ。提灯ほどの大きさで、現れると不吉なことが起きる。天火が家に入ると火事や病人が出る。

天下丸《てんかまる》：【安宅丸《あたけまる》】に同じ。

天狗攫《てんぐさら》い：【神隠《かみかく》し】に同じ。平田篤胤の『仙境異聞』は七歳で天狗に攫われた寅吉少年の体験を元に書いたとされる。

てんころころばし：陸奥国（青森県）、【野槌《のづち》】は【つちのこ】の類とされる蛇だが、こちらは砧《きぬた》や砧打ち（台）のようなものが、転がって来るとされる。

てんじ・てっち・てっじめ：【てっじ】に同じ。

天吊《てんづ》し・天井下《てんじょうくだり》：『今昔画図続百鬼《こんじゃくがずぞくひゃっき》』に載。甲斐国（山梨県）の伝承で、夜中に天井から童子《どうじ》が降りて来るという。

てんまる：上野国（群馬県）の妖怪で【火車《かしゃ》】に同じ。

【と】

道《どう》ろくじん：【餓鬼憑《がきつ》き】の一種。街道を歩いていると、急に疲れが廻ってしまうと、これに憑かれている。

としどん：薩摩国（鹿児島県）でいう【火斑剥《あまみは》ぎ】【なまはげ】に同じ。

飛倉《とびくら》：【野衾《のぶすま》】に同じ。

【な・に】

なえが憑く：【餓鬼憑《がきつ》き】に似る。水死体を見ると憑かれるもので、これに憑かれると急に腹が減る。しかし、大食すると取れるという。

ながふ：【蜃気楼《しんきろう》】に同じ。伊勢国（三重県）の呼び名。

なでられた：【かくらした】に同じ。

鳴《な》り神《かみ》：【雷獣《らいじゅう》】に同じ。

納戸《なんど》ばじょ：【納戸婆《なんどばば》】に同じ。日向国（宮崎県）の呼び名。

にいよめじょ：屋久島でいう【山姫《やまひめ》】。

入道坊主《にゅうどうぼうず》：【見越入道《みこしにゅうどう》】に同じ。三河国（愛知県)、陸奥国(福島県)での呼び名。

【ぬ】

ぬうりひょん：【ぬらりひょん】に同じ。

布《ぬの》這《ば》い：陸奥国(青森県)の伝承で、布が地面を這って進むというもの。【一反《いったん》木綿《もんめん》】の類か。

ぬりぼう：【塗壁《ぬりかべ》】に同じ。

濡《ぬ》れ嫁女《よめじょ》：【濡《ぬ》れ女《おんな》】に同じ。

【ね・の】

猫娘《ねこむすめ》：【舐《な》め女《おんな》】に同じ。男の全身を舐める娘の舌がザラザラしていて猫のようだったとされ、この名で呼ばれるようになった。

ねぶざわ：奄美大島に現れる【ケンムン】のこと。仲間の漁師を殺してその妻を奪おうとした、ねぶざわという者が、神にケンムンにされたという。

野鎌《のがま》：【鎌鼬《かまいたち》】に同じ。四国地方の呼び名。

伸上《のびあが》り入道《にゅうどう》：【見越入道《みこしにゅうどう》】に同じ。

【は】

はかぜ：【川みさき】に同じ。

化《ば》け蟹《がに》：【蟹坊主《かにぼうず》】に同じ。

化物婆《ばけものばば》：アイヌ伝承【神隠《かみかく》し】に同じ。

羽衣美女《はごろもまんじょ》：【アモレオナグ】に同じ。

婆娑婆娑《ばさばさ》：【波山《ばさん》】に同じ。

ばたばた：安芸国(広島県)のバタバタという音の怪で。音を追うと遠ざかっていく。【狸囃子《たぬきばやし》】に似る。

ばたばた石：【狸囃子《たぬきばやし》】に似る。

【ひ】

火消婆《ひけしばば》：『今昔画図続百鬼』に載る老婆の妖怪で【火間蟲入道《ひまむしにゅうどう》】に似る。

びしゃがつく：【べとべとさん】に同じ。雪の夜道に行く人に足音だけがついて来る妖怪で、姿は見えない。

ひだる神：【餓鬼憑《がきつ》き】に同じ。

日照《ひで》り神《がみ》：【魃《ひでりがみ》】に同じ。

一声呼《ひとこえよ》び・一声おらび・一声叫び：【おーいおーい】に同じ。飛騨国(岐阜県)の妖怪。

一ツ足《ひとつあし》：【一本踏鞴《いっぽんだたら》】に同じ。土佐国(高知県)の妖怪。

ひとつ踏鞴《だたら》：【一本踏鞴《いっぽんだたら》】に同じ。

ひとつまなぐ：【一ツ目小僧《ひとつめこぞう》】に同じ。

一ツ目《ひとつめ》の大坊主《おおぼうず》：【一ツ目入道《ひとつめにゅうどう》】に同じ。アイヌ伝承。

火鳥《ひどり》：【波山《ばさん》】に同じ。越後国(新潟県)の呼び名。

ひ虫《むし》：豊後国(大分県)の妖怪。【餓鬼憑《がきつ》き】に同じ。

姫女郎《ひめじょろう》：【片足上臈《かたあしじょうろう》】に同じ。

ひもじい様《さま》：周防国(山口県)大島の妖怪。【餓鬼憑《がきつ》き】に同じ。峠で行き倒れになった者の霊の仕業とされる。

日和坊《ひよりぼう》：『今昔画図続百鬼』に載るもので、【魃《ひでりがみ》】に同じ。

【ふ】

風生獣《ふうせいじゅう》・風母《ふうぼ》：【風狸《ふうり》】に同じ。

吹消婆《ふきけしばば》：【火取《ひと》り魔《ま》】に同じ。

伏尸《ふくし》：【三尸《さんし》】に同じ。

茯苓《ぶくりょう》の精《せい》：【火取《ひと》り魔《ま》】に同じ。加賀国（石川県）の呼び名。

袋担《ふくろかつ》ぎ：長野【神隠《かみかく》し】に同じ。

ふちかり：【鼬《いたち》】に同じ。陸奥国（福島県）の呼び名。

ふっ消し婆：【火取《ひと》り魔《ま》】に同じ。『怪物《かいぶつ》画本《がほん》』に載る。

布団被《ふとんかぶ》せ：【ふすま】【一反木綿《いったんもめん》】に似る。尾張国（愛知県）に出る妖怪。布団が降って来て夜道を歩く者を窒息させる。

不々落々《ぶらぶら》：『百器徒然袋《ひゃっきつれづれぶくろ》』に載る【提灯《ちょうちん》お化《ば》け】。

ぶりぶり：【棒振《ぼうふ》り】に同じ。

古杣《ふるそま》：『絵本集艸《えほんあつめぐさ》』に載る。【空木倒《からきだお》し】に同じ。

【へ】

平猴《へいこう》：【風狸《ふうり》】に同じ。

平佐羅婆佐留《へいさらばさる》：【鮓荅《へいさらばさら》】に同じ。

弊六《へいろく》：『百器徒然袋』『百鬼夜行絵巻《ひゃっきやぎょうえまき》』に描かれる鬼・付喪神【大幣】に似る。

へぇさん：陸奥国（青森県）でいう、永く生きた動物などが成る【経立《ふったち》】のこと。

べくわたろう：【べか太郎】に同じ。

【ほ】

彭侯《ほうこう》：『和漢三才図会《わかんさんさいずえ》』『今昔百鬼拾遺《こんじゃくひゃっきしゅうい》』に載る、唐（中国）伝承の木の精霊で、千年経った木に宿るとされる妖獣。日本では【山彦《やまびこ》】【木魅《こだま》】と同じとされる。

ぼーこ：【潮の目《しおのめ》】に同じ。

頬撫《ほおな》で：甲斐国（山梨県）に出る妖怪。夜中の谷道などを歩いていると、青白い手がどこからとなく現れ、頬を撫でて人を驚かすもの。

ほこ：【灰坊主《あくぼうず》】に同じ。

骨鯨《ほねくじら》：【化け鯨】に同じ。

ほんとん：【腎積《じんしゃく》】に同じ。

【ま】

雨降《まめふ》りの六尺《ろくしゃく》：【雨降《あめふ》り入道《にゅうどう》】に同じ。

魔物筋《まものすじ》：【なめら筋】【縄筋《なわすじ》】に似る。美作国（岡山県）の伝承。

マヨヒガ：【隠れ里《かくざと》】に同じ。

マワオヤシ：アイヌ伝承の妖怪。【イベカリオヤシ】に同じ。

【み・む】

見上《みあ》げ入道《にゅうどう》・見越《みこし》：【見越入道《みこしにゅうどう》】に同じ。

三井寺鼠《みいでらねずみ》：『狂歌百物語《きょうかひゃくものがたり》』に登場する【鉄鼠《てっそ》】に同じ。

みさき神：【川みさき】に同じ。

水乞幽霊《みずこいゆうれい》：【遺言幽霊《ゆいごんゆうれい》】と共に『絵本百物語』に載る【亡霊《ぼうれい》】。仏道に疎い者や、この世に未練のある者がなる。

無眼《むがん》：【撫《な》で座頭《ざとう》】に似る。

【め】

めっとっぽ：五島列島の【一ツ目入道《ひとつめにゅうどう》】。

目一ツ五郎《めひとつごろう》：九州地方の【一ツ目入道《ひとつめにゅうどう》】。

目一ツ坊《めひとつぼう》【青坊主《あおぼうず》】に同じ。

【も】

紅葉狩《もみじがり》：『今昔百鬼拾遺《こんじゃくひゃっきしゅうい》』に載る。能の演目としても有名で、紅葉という名の女の伝説で【鬼女紅葉《きじょもみじ》】に同じ。
平安時代の皇族・源《みなもとの》 経基《つねもと》の局（側室）となった紅葉は子も授かったが、経基を呪い病にする。比叡山の高僧によってその悪行が見破られ、信濃国（長野県）戸隠へ追放された。しかし、そこで【鬼《き》女《じょ》】となり、都を襲うための資金稼ぎに、周辺の村々を襲撃したという。噂を聞いた天皇は平維茂《たいらのこれもち》に討伐を命じ、討《うち》取られる。

茂林寺釜《もりんじのかま》：『甲子夜話《かっしやわ》』に記される【分《ぶん》福茶釜《ぶくちゃがま》】の元となったお話。上野国（群馬県）にある茂林寺に、いくら汲んでも湯が尽きない不思議な茶釜があった。ある時、茶釜から尻尾が出ているのが見られ、正体がばれる。狸は数千年生き、インドから渡って来たという。

茂助婆《もんすけばば》：【寒戸《さむと》の婆《ばば》】に同じ。

【や】

弥三郎婆《やさぶろうばばあ》：【鍛冶《かじ》が婆《ばば》】に似る。弥三郎は、死人を喰うなどして、村人から鬼婆と呼ばれる母と暮らす。ある日、狼の群れに襲われ、持っていた鎌《かま》の魔物の腕を斬り落とす。家に帰り、斬った腕を母に見せると、母は突然、狼に変わり、「俺の腕だ！」とそれを奪って逃げて行くという話。

ヤツインゲ：【オキナ】に同じ。

八握脛《やつかはぎ》・八束脛《やつかはぎ》：【土蜘蛛《つちぐも》】に同じ。

八面頬《やつらお》：【三目八面《さんめやづら》】に同じ。

宿《やど》うけ・宿かい：【夜道怪《やどうかい》】に同じ。

家鳴《やなり》：【鳴家《なりや》】に同じ。

山犬《やまいぬ》：【送《おく》り犬《いぬ》】に同じ。

山女郎《やまじょろう》：【山姫《やまひめ》】【山姥《やまうば》】に同じ。紀伊国（和歌山県）では、洞窟《どうくつ》に住み、田螺《たにし》をよく喰うとされる、長く垂れた乳をした老婆。阿波国（徳島県）では上品で、金の団扇を持って十二単着ているという。伊予国（愛媛県）では子供を抱いた女とされ、目撃した者は他言してはならないとされる。

山人《やまじん》：【山爺《やまじい》】に同じ。

山みさき：【餓鬼憑《がきつ》き】の種。山で急に疲れが酷くなり動けなくなると、これに憑かれていると言われる。

やまんぼ：【山彦《やまびこ》】に同じ。

【ゆ】

遺言幽霊《ゆいごんゆうれい》：『水乞幽霊《みずこいゆうれい》』と共に現れる【亡霊】。

幽霊赤子《ゆうれいあかご》：【飴屋《あめや》の幽霊《ゆうれい》】に同じ。

雪女郎《ゆきじょろう》：【雪女《ゆきおんな》】に同じ。

雪御婆《ゆきおんば》：【山姥《やまうば》】に同じ。

雪入道《ゆきにゅうどう》：【一本踏鞴《いっぽんだたら》】に同じ。美濃・飛騨国（岐阜県）。

ゆきばんば・雪ばじょ・雪んば：【雪女《ゆきおんな》】に同じ。

ゆきんぼ：【一本踏鞴《いっぽんだたら》】に同じ。紀伊国（和歌山県）の雪山に現れる一本足の小僧。

【よ】

ようゆう：【鍛冶《かじ》が婆《ばば》】【弥三郎婆《やさぶろうばばあ》】に似る。越中国（富山県）呉服山で山伏が狼の群れに襲われる。正体は《ようゆう》という名の家で召し使っていた姥だったという話。

よたら神：【鎌鼬《かまいたち》】に同じ。

呼子《よぶこ》・呼子鳥：【山彦《やまびこ》】に同じ。

よろずせなの：【磯女《いそおんな》】に同じ。

【ら】

頼豪鼠《らいごうねずみ》：『平家物語《へいけものがたり》（延慶本《えんぎょうぼん》）』に登場する【鉄鼠《てっそ》】に同じ。

羅刹鳥《らせっちょう》：【陰摩羅鬼《おんもらき》】に似た鳥の妖怪。人に化けてこっそり町や村に紛れ込み、隙を突いて人の目玉を穿って喰う。

ラプシヌプルクル：アイヌ伝承。蛇神、【ホヤウカムイ】の別名。

【ろ】

飛頭蛮《ろくろくび》：『和漢三才図会《わかんさんさいずえ》』『画図百鬼夜行《がずひゃっきやこう》』での表記で、【轆轤首《ろくろくび》】に同じ。

ロンコロオヤシ：【キムナイヌ】に同じ。樺太のアイヌ伝承《禿げ頭のお化け》の意で、重い荷物に困っている時は、親切に荷物を持ってくれるというが、禿げのことにはナーバスで、その話題に触れると嵐になったり、木が倒れて来る。

【わ】

輪入道《わにゅうどう》：【片輪車《かたわくるま》】と似た姿で、火焔《かえん》の車輪に付いているのが女でなく男の顔。『今昔画図続百鬼《こんじゃくがずぞくひゃっき》』に載る妖怪。これを見ると魂を抜かれるが、「此所勝母《の》の里」と書いた札を家の戸口に貼《は》ると、その家にはやって来ないとされる。

笑い女子《わらおなご》：【濡《ぬ》れ女子《おなご》】に同じ。

妖怪基本用語集

【あ】

あげやま：【不入山《いらずのやま》】に同じ。

悪霊《あくりょう》：悪意に満ちて、人を不幸に陥れることを快楽とする霊。成仏を望まないので祓うのが難しい。自然霊や妖怪など、様々なものを取り込む。

悪《あ》しき物《もの》：『日本書紀《にほんしょき》』などの神話に見られる魔。人に害をなす邪悪なもの。

アシトマプ：アイヌ語で妖怪、「我々が恐れる者」の意。

畦走り《あぜはしり》：佐賀で言う【憑き神《つきがみ》】。

天津神《あまつかみ》：天照大神など、高天原の神々。神話の神は、天津神と地に降臨し国を築いた国津神に別れる。

荒魂《あらみたま》：神道の霊のひとつ。災害を起こし、人々を戦に誘う神。

【い】

イウェンテプ：アイヌ語で悪鬼のこと。

イガウ：アイヌ伝承：睡眠中に人を襲い窒息死させる魔女。

息合い《いきあい》：《貉憑き《むじなつき》》とも呼ばれ、山や田畑で気分が悪くなること。「息合いになる」と言う。

生彪《いきすだま》：【生霊《いきりょう》】に同じ。

行《い》き倒《だ》れ：旅路の途中で、病や飢え、怪我、道迷いなどで路上死すること。

イキマブリ：【生霊《いきりょう》】に同じ。奄美大島の方言。

生霊《いきりょう》：生きた人間が睡眠中、または気を失っている間に身体を抜け出し、怨霊のようになって現れるもの。悪意によってなるため、除霊するのは幽霊よりも手強いとされる。

生霊人《いくれいじん》：備中国（岡山県）の妖怪。人につく動物霊のこと。

イケマ：毒性の蔓植物。アイヌ語で《神の足》の意味で、呪術や魔除けとして乾燥させたものを使う。食用も可能で、漢方では《午皮消根》と呼び、強心、解毒、歯痛、回虫駆除などに用いる。

イコンタビプ：アイヌの妖怪で、悪い病気を伝染させる妖魚。

石敢當《いしがんとう》：琉球や淡路島、屋久島などで辻に置く魔除けのおまじない。【辻神《つじがみ》】や【マジムン】は曲るのが下手なため、辻の突き当った家に上がり込んで悪さをすると信じられている。《せっかんとう》とも読む。

イシネカプ：アイヌ語で《化物》のこと、狐狸や植物が人間に化けたものを指す。

いずな遣《つか》い：よく当たる霊能者やあくどい霊能者を指す言葉。いずなを遣っているから、霊視があたるというニュアンスで、霊能者の悪口として使われる言葉。

いせち：美濃国（岐阜県）でいう【不入山《いらずのやま》】のこと。

いたこ：陸奥国（東北地方）の【口寄《くちよ》せ】をする【巫女《みこ》】の類。特に恐山で行なう者が現代は有名。

魑寄《いたちよ》せ：陸奥国（福島県）会津地方で言う、降霊占いの一種。魑の霊力を依代の男性に憑かせて、作柄や病の治癒を占う。山伏や祈祷師が行い、男性のみの儀式。しかし、魑は寄せるのは簡単だが、払うのが難しいとされる。

生邪魔《いちじゃま》：琉球語の【生霊《いきりょう》】を言う。または、呪術、それを行う者や家系を指す。憑依呪術。

生邪魔仏《いちじゃまぶとぎい》：【生邪魔】が使う呪文のこと。

イチマブイ：琉球語で、危篤の人から抜け出る魂を言う。

イナウ：アイヌの魔除け。木を削って作る《弊《ぬさ》》。

犬寄《いぬよ》せ：陸奥国（福島県）会津の降霊術のこと。

不入森《いらずのもり》：【不入山】に同じ。

不入山《いらずのやま》：木を切ると祟りがあるとされ、無断で立ち入ることも厳しく禁じられた山・森。信仰の場所である。

【う】

ウエンカムイ：アイヌ語で《悪神》のこと。

丑刻詣《うしのこくまい》り：丑刻（午前一時～三時または午前二時～四時）に神社の神木に五寸釘で藁人形を打ち付ける呪いの儀式。白装束に洗い髪、頭に五徳を逆さに被り、その脚に蝋燭を立てて行う。七日間丑の刻にひとりで行い、誰にも見られなければ叶うとされた。女性が行なう呪術。《丑詣《うしまい》り》とも呼ぶ。

丑時詣《うしのときまい》り：呪いよりも古い信仰で、丑刻（午前一時～三時または午前二時～四時）に神仏にお詣りすることという。諸祈願を目的とするが、後に女性が人を呪うために変わる。他人に見られずに参拝する、御百度詣りするなど、方法はいろいろ《丑詣り《うしまいり》》とも呼ぶ。

丑三ツ刻《うしみつどき》：午前二時説と三時説がある。「三ツ」は一刻（二時間）を一ツ・二ツ・三ツと三十分単位に割ったもの。「正刻」がその刻の真中（二ツ）を指す方法では、子刻の二ツが午前零時となるため、丑刻は午前一時、丑三ツは二時となる。「正刻」がその刻の始まりを指す方法では、丑刻は午前二時、丑三ツは三時となる。江戸時代、どちらの方法を取るかは個人によって異なった。

【え・お】

えんがちょ：《縁を切る》の意として、主に子供の遊びで穢《けが》れを防ぐために行なわれる。いつ頃から用いられたかは不明だが、穢れを忌む風習のひとつ。

役小角《えんのおづぬ》：飛鳥時代～奈良時代の呪術師で、修験道の開祖と言われる。

往生《おうじょう》：死んで極楽に行くこと。極楽は天国とは異なり、修行に専念できる場所をいい、ここを経て成仏できる。

逢魔時《おうまがとき》：日暮れ時、黄昏時を指す。黄昏は「誰そ彼」から来ているとされ、行き交う人の顔が判別できない時刻。昼と夜との境界であることから、夜を支配する魔物たちと出会いやすい時刻とも言われる。子供を攫う【神隠《かみかく》し】などが出没する。現代でも交通事故が起こりやすい時間とされる。

御先《おさき》：山の尾根の先端が里近くにある場所を言う。そこには、魔物の通り道なので家を建ててはいけないとされる。

落武者《おちむしゃ》：戦争で敗退した兵。国を失い逃げ惑う者、落武者狩りから逃げて山奥に潜んだり、隠れ里を作ることもある。山賊となる者もいる。

鬼火《おにび》：怪火の別名。不吉とされるが、一般に火が現れる理由や正体は不明。

御百度参り《おひゃくどまいり》：寺社に百度お参りをすると願いが成就するとされる信仰。寺社の入り口から本殿までを行き来し、紙縒《こより》りや石を置いて百を数える。【丑時詣り《うしのときまいり》】として行うものや、裸足で行うなど方法はいろいろある。

おんこはち：信濃国（長野県）で人に憑く妖怪や怨霊を指す。

陰陽師《おんみょうじ》：平安朝で《陰陽寮《おんようりょう》》に勤める呪術師のこと。

陰陽道《おんようどう》：呪術・占術を司る学問。平安時代に政府に《陰陽寮《おんようりょう》》が置かれ、国策や公家の行動の吉兆を占い、呪いを祓った。安倍晴明など【陰陽師】が行う。

怨霊《おんりょう》：祟る霊、恨みを晴らす目的で現れるものとされる。死者だけでなく【生《いき》霊《りょう》】も含まれる。

【か】

カジョーラー：琉球語で、霊障のこと。虫刺されや蕁麻疹のような皮膚の腫れ。人や地域によって《カゾーラー》【ヤナカジ】とも言う。

影病《かげのやまい》：《かげわずらい》とも読む。【離魂《りこん》病《びょう》】（夢遊病）や【生霊《いきりょう》】【轆轤首《ろくろくび》】になる病のこと。

方《かた》忌《い》み：平安時代、陰陽道で塞がっているとされ、忌む方角。《ほういみ》とも読む。

方違《かたたが》え：方忌みの方角に直接向かうことを避けるために、一度別な場所に移動、宿泊すること。

神《かみ》ダーリ：琉球語で《神憑き》のこと。

カミヤシ：アイヌ語で化物、妖怪の意。また他人を中傷すること。

カムイ：アイヌ語で《神》《精霊》（自然神）のこと。カムイモシリは《神の国》。

伽藍《がらん》：寺院の境内のこと。僧侶が修行する場を指すサンスクリット（インド）語。

【き】

鬼籍《きせき》：死者の籍。死亡して、過去帳に記せられた状態。

鬼女《きじょ》：『源氏物語』『怪物画本』『図画百鬼夜行』などに乗る怨霊：怨念や宿業、嫉妬から鬼と化した女。鬼婆や般若もこの一種で、鬼女として存在する者の他、生霊としてなる者もいる。

狐持《きつねも》ち：【犬神持《いぬがみも》ち】に同じ。犬神ではなく、狐や【管狐《くだぎつね》】を持つ家、または人。

経帷子《きょうかたびら》：死者に着せる白衣。経文や梵字、名号が書かれている。

キョンシー：唐（中国）の死者の妖怪。死んで身体が硬直しているゾンビの類だが、腐ったりミイラ化せず、まれに歩くと言われるが、関節は曲らないので、手足を伸ばしたまま動く。

禁足地《きんそくち》：【不入山《いらずのやま》】のように、入ることが禁じられた場所。

【く・け】

草葉《くさば》の陰《かげ》：《墓《はか》の中《なか》》の意味。

倶生神《ぐしょうじん》：生まれた時から人の一生の善悪業を記録して、閻魔大王《えんまだいおう》に知らせる神。

口寄《くちよ》せ：【降霊術】、またはその【霊媒師】のこと。《梓巫《あずさみこ》》《県神子《あがたみこ》》《市子《いちこ》》。東北では【いたこ】《もりこ》。琉球では【ユタ】と呼ばれる【霊媒師《れいばいし》】が、旅をしながら各地で先祖の霊を呼び、忠告や予言占いをする。

国魂《くにたま》：神道で、国を作った神をいう。大国主神（出雲大社など）。

国津神《くにつかみ》：大国主神など、この世を治める神話に登場する神々。高天原という天を納める天照大神は【天津神《あまつかみ》】と呼ぶ。

蜘蛛《くも》の糸《いと》：芥川龍之介の短編小説。地獄に落ちた亡者に、お釈迦様が細い糸を垂らして救済する。転じて、天からの救いの意味。

庫裏《くり》：寺院の住居や事務所に使う建物。

くろ：出雲国（島根県）でいう、憑きものを持った家のことを指す。

境内《けいだい》：寺社の敷地のこと。

【こ】

庚申塚《こうしんづか》：庚申講の者が祭る石像・石碑で、三猿を縁や台に掘った天帝や猿田彦、金剛を掘ったもの。庚申塔とも呼ぶ。

庚申《こうしん》の日《ひ》：十干（甲・乙・丙・丁・戊・己・庚・辛・壬・癸）と十二支（子・丑・寅・卯・辰・巳・午・未・申・酉・戌・亥）を組み合わせた日にちの数え方の中で《庚申》の組み合わせとなった日、六十日に一度廻って来る。

庚申待《こうしんま》ち：庚申講の行事で、庚申の夜に【庚申塚】の前に集い、神仏を祀《まつ》って眠らず宴会をする。この日は例え新婚であっても、参加しなくてはいけないとされる。庚申の夜には、体から【三尸《さんし》】という妖虫が這い出し、【閻魔大王《えんまだいおう》】に告げ口をするという。

荒神《こうじん》：神話の火にまつわる神様のこと。《地荒神《じこうじん》》ともいう。または、台所に祀られる、不浄や災いを取り除く、火之神・竈之神、《三宝荒神《さんぼうこうじん》》を指す。

降霊術《こうれいじゅつ》：【口寄《くちよ》せ】に同じ。

コシンプ：アイヌ語で精霊、憑神の意味。ルルコシンプはアザラシの憑神をいう。

狐狗狸《こっくり》さん：降霊術の遊びの一種。幕末にアメリカ人によって伝えられたとする。竹の足を三本組んでその上にお櫃の蓋を乗せ、三人が向き合って座り占うもの。紙に文字を書いて十円玉で答えを問うのは江戸時代に存在せず、昭和の占い。

【さ】

賽《さい》の河原《かわら》：死んだ子供が行く、三途の川の川原。ここで、両親の供養のために石を積んで塔を作ろうとするが、鬼が来て崩してしまう。それを、延々と繰り返す。

坂道《さかみち》：坂道はこの世と異界の境とされる。

障《さわ》り：【祟《たた》り】に同じ。

三途《さんず》の川《かわ》：この世とあの世の境を流れる川。渡し船で渡るが、渡し賃が六文必要とされる。

【し】

シーサー：琉球伝承の霊獣。屋根や門につける守護神で悪魔を追い払う。

自然霊《しぜんれい》：雷神や龍神、主、川、池、山など、この世に生き物として存在したことのない霊体のこととされる。神との区別は曖昧。【精霊《せいれい》】も含まれる。

地蔵菩薩《じぞうぼさつ》：釈迦《しゃか》が入滅した後、弥勒菩薩が現れるまでの五十七億年の間、六道を輪廻する衆生を救う菩薩。そこから、苦悩の人々を地獄まで慈悲の心で包み込み救うと信じられ、日本では道祖神や子供の守り仏としても信仰される。

七難《しちなん》の揃毛《そそげ》：《山姥の髪の毛》《山姥のおくづ》とも呼ぶ。寺社に祭られる【山《やま》女《おんな》】や【山姥《やまんば》】の長い陰毛、髪の毛とされるもの。

死《し》に装束《しょうぞく》：死出の旅に出るための白い旅装束。死者に着せるもの。【経帷子《きょうかたびら》】に草鞋、足袋、手甲脚絆、頭巾、笠、頭仏袋、【六文銭《ろくもんせん》】、数珠。

地縛霊《じばくれい》：自分の死を受け入れられずに成仏できない霊とされる。その場所に縛られて動けないもの。江戸時代にはない。

邪気《じゃき》：妖怪や霊が放つ邪悪な気のこと。

娑婆《しゃば》：仏教用語で、この世のこと。浄土から見ると、煩悩に苦しむ世界で、地獄から見ると自由と可能性のある世界。

邪霊《じゃれい》：邪悪な霊。恨みや嫉み、悪気を持った霊で、人間に災いを及ぼすとされる。

十王《じゅうおう》：地獄で亡者を裁く、【閻魔大王《えんまだいおう》】など十の王。

十三仏《じゅうさんぶつ》：死んでから三十三回忌までの忌日を司る仏。初七日・不動明王。二十七日・釈迦如来。三十七日・文殊菩薩。四十七日・普賢菩薩。五十七日・地蔵菩薩。六十七日・弥勒菩薩。七十七日・薬師如来。百日・観音菩薩。一周忌・勢至菩薩。三回忌・阿弥陀如来。七回忌・阿しゅく如来。十三回忌・虚空蔵菩薩。

衆生《しゅうじょう》：仏教で全ての命あるもののこと。

守護霊《しゅごれい》：人やものを守るために憑いている霊とされる。アイヌでは【トゥレンペ】。和人には江戸時代にない思想。

呪詛《じゅそ》：神仏や悪霊に願って他人を呪うこと。

鍾馗《しょうき》：道教の神で、日本では疱瘡除けや学問の神として信仰される。

浄玻璃鏡《じょうはりのかがみ》：【閻魔大王《えんまだいおう》】が亡者の裁判で使用する水晶製の鏡。生前の行いをすべて映し出す。

成仏《じょうぶつ》：仏教では、悟りを開いて如来になる、解脱の状態。一般的には輪廻して天国や極楽に行くこと、または、この世の未練を断ち切って死後の世界へ向かったこと。

シリー：琉球語で死霊のこと。成仏できないで夜に彷徨《さまよ》うという。

尻子玉《しりこだま》：河童が人間を襲って抜くといわれるもので、人間の肛門にあるとされる玉。または内臓のこと。

死霊《しりょう》：【亡霊《ぼうれい》】【悪霊《あくりょう》】に同じ。死んだ者の霊魂で、恨みや思い残したことがあり、成仏できない魂。

真怪《しんかい》：創作された妖怪を除く、科学では説明できない怪異を指す。

神使《しんし》：神様の使い。動物や鳥、昆虫、魚など。

死神《しにがみ》：死に行く者を迎えに来る神。普通の人には迎えにこない。悪念を持った者の悪霊とされ、死出の道ではなく悪しきところへ導くために来ると言われる。

神通力《じんつうりき》：霊力、魔力といった超人的な力のこと。主に仙人や山伏、天狗が修行によって得て用いる力。

【せ・そ】

精霊《せいれい》：自然霊のひとつで妖怪でも神に近い存在。掟や誓いを破らなければ、人に悪影響を与えることはない。

積屍気《せきしき》：人間の死体から漏れる気のこと。

祖霊《それい》：先祖の霊。

【た・ち】

内裏《だいり》：天皇の御所のこと。武家の城の《奥》に当る部分で、天皇の私邸。《禁裏《きんり》》ともいう。物語で鬼が襲う

祟《たた》り：神や霊的な存在が、人間に仕返しや罰をあたえること。【障《さわ》り】ともいう。

魑魅魍魎《ちみもうりょう》：【魑魅】と【魍魎】、自然界の精霊や霊魂が霊獣や物怪となったもの。

中陰《ちゅういん》：仏教において、死んでから四十九日までの間。

蝶化身《ちょうのけしん》：人が死んだ後に蝶になること。お花畑を飛んで三途の川へ向かう。また、蝶になって親族や愛する人の元へ現れるともされる。

調伏《ちょうぶく》：【呪詛】によって呪い殺すこと。仏教においては、祈祷で悪行や悪霊を打ち負かすことをいう。《ぢょうぶく》とも読む。

【つ】

塚《つか》：土盛り、古墳、墓のこと。または、それを示す祠や碑など。霊の関わる場所。

ツカプ／トウカプ：アイヌ語で幽霊の意。

憑《つ》き神《がみ》：人に取り憑く神、霊、妖怪のこと。祟りの他、占いや祈祷で呼び、降りて来る神もいう。また、家に憑くものもいて、狐や蛇などを操り代々飼っている。

憑《つ》きもの：一般に人間に憑依する、死霊、生霊または、《ヲサキ》《イヅナ》といった狐、蛇の《トウビョウ》などの動物霊のこと。憑かれると、異常な言動、発作を起こす。解離性トランス障害。

九十九神《つくもがみ》：【付喪神《つくもがみ》】に同じ。《つくも》

は元々、老婆の白髪を言い、年を経ていることを指す。

付喪神《つくもがみ》：使い古されて捨てられた道具の妖怪。主に平安時代の京都に群れて百鬼夜行し、人間や牛馬を喰らい血の塚を築くとされる。仏教の教えから発展した【非情成仏《ひじょうじょうぶつ》】の考えで、百年を経た道具にも魂が宿るとされ生まれたもので、徐々に変化してやがて鬼になる。江戸時代でも《大昔の妖怪》であり、公家社会の裏側という意味を含めて、お話として楽しまれた。

【て・と】

テイネポクナモシリ：アイヌの伝承で地獄のような場所。地下にあり陰湿でそこへ陥ったものは神であろうと二度と戻れないとされる。

桐人《どうじん》：呪いの人形。藁人形と同じ役割で、古い時代に用いられた

動物霊《どうぶつれい》：霊となった動物の魂のこと。

トゥレンペ：アイヌ語で守護神の意。先天的に憑いているトゥレンペは三つあるとされ、動物霊や自然霊なども含まれる。その他に後天的に憑くものもある。

トートーメ：琉球語で大事な先祖のこと、またはその位牌。

【な・に・ね】

流れ仏《ながれぼとけ》：川を流れて行く死体のこと。江戸時代まで多かった。特に飢饉の時には埋葬する人もいないので、多くが川に捨てられたという。

七不思議《ななふしぎ》：地域の奇談を七つ集めたもの。『本所七不思議』『遠州七不思議』など。

生首《なまくび》：切り落とされた人の頭。ミイラや骨になっていない状態の生のものをいう。

和魂《にきみたま》：神道の一霊四魂説で説かれる霊のひとつ。平和と交流の神とされる。

人頭幢《にんずどう》：先端に頭のある杖。【閻魔大王《えんまだいおう》】が裁きで用い、亡者の心を見抜く魔力がある。《見る目》と《嗅ぐ鼻》のふたつがある。

年獣《ねんじゅう》：中国で正月に現れるとされる妖怪。爆竹で追い払う。

【は・ひ】

背後霊《はいごれい》：【守護霊《しゅごれい》】に同じ。

パウチ：樺太アイヌの【巫女《みこ》】のこと。または、巫女にかかる憑神・トゥレンプカムイ・パウチカムイのことをいう。

八大地獄《はちだいじごく》：地獄にある八つの層。八熱地獄ともいう。殺生、盗み、邪淫、飲酒、妄言、邪見、尼僧愛・ロリコン、親・聖者殺害、それぞれの罪によって落ちる層が変わる。

非情成仏《ひじょうじょうぶつ》：命や心のない物でも、いつかは成仏できるとするもの。

人魂《ひとだま》：【迷《まよ》い火《び》】のこと。人の魂が怪火に化けたもの。

火《ひ》の玉《たま》：夜空に浮かぶ青い炎。多くは雨の後に現れる。主に【人魂《ひとだま》】を指す。

百鬼夜行《ひゃっきやぎょう》：平安時代の怪異で、『今昔物語集《こんじゃくものがたりしゅう》』など、様々な書物に載る。また、それらを描いた『百鬼夜行図絵《ひゃっきやぎょうずえ》』が数種類残る。正月と二月の子日、三・四月の午の日、五・六月の巳の日、七・八月の戌の日、九・十月の未の日、十一、十二月の辰の日に現れるという、付喪神の行列。百鬼夜行に出遭うと死んでしまうというので、この日の夜は外出しない。

憑依《ひょうい》：魔物や妖怪、幽霊または神が人に乗り移ること。本人の意識を退けて身体を借り、異常行動をしたり、話したりする。

ヒンプン：琉球で門の内側正面に設置される、石塀屏風。邪気除け。

【ふ・ほ】

フィーダマ：琉球語で【人魂】のことをいう。

仏龕《ぶつがん》：仏像を安置する入れ物。厨子に同じ。

仏顔《ぶつがん》：仏の気を持つ顔の相。悪運、【邪気《じゃき》】を払うとされる。

経立《ふったち》：年老いたり、百年生きたりした動物が妖怪となったもの。猿や狐、熊、犬、猫、鶏、魚などが語られる。

浮遊霊《ふゆうれい》：地縛霊に同じ。但し、地縛霊と異なり、土地には縛られておらず、霧のように自己の意思と関わりなく浮遊し、流れて来るともされる。また、通り道があるともされる。

忘魂《ぼうこん》：【迷《まよ》い火《ひ》】に同じ。

亡霊《ぼうれい》：死者の魂のこと。

【ま・み】

間引《まび》き：出産時に子供を殺すこと。母親や産婆によって行われ、その家の土間に埋められることが多い。生類憐れみの令で禁止され減少する。

マブヤーウー：琉球語で「背守り」のこと。子供の着物の背につけた魔除けの御守。子供の着物の背中には縫い目がないことから、目が届かないところから魔物が入るとされ、縫い目に代わる刺繍や飾りをつける。琉球では古くから行われた。中国から伝来し、本州では明治時代になって行われた。

マジムン：琉球伝承や薩摩国（鹿児島県）で《魔物》《妖怪》《精霊》のこと。

迷《まよ》い火《び》：成仏できない魂が怪火となって、夜にさ迷うもの。

巫女《みこ》：一般に神に仕える女性。その他に、《梓巫女《あずさみこ》》《県巫女《あがたみこ》》など、【口寄《くちよ》せ】や【降霊術《こうれいじゅつ》】で占いをする者。カウンセラーを指す。

御先《みさき》：悪霊や精霊などの霊を指す。また、【ひだる神】など、体力を奪ったり、脳溢血をおこさせる憑神を指す。

【む・め・も】

無縁仏《むえんぼとけ》：弔ってくれる人、供養してくれる人のない死者のこと。また、墓でも、供養をする者がなくなったものをいう。

むしに来る：動物を虐めたり殺したりして、夜中に仕返しされること、祟ること。

冥途《めいど》・冥土：死後の世界。地獄、餓鬼、畜生の三道を指す。

亡者《もうじゃ》：死者のこと。冥途を彷徨う魂。

魍魎《もうりょう》：川や沢の精霊が物怪、霊獣となったもの。

【や・ゆ・よ・り・れ・ろ】

夜行日《やぎょうび》：陰陽道による忌み日を言う。旧暦の一・二月子日、三・四月午日、五・六月巳日、七・八月戌日、九・十月未日、十一・十二月辰日。

夜叉《やしゃ》：姿が恐ろしく心は獰猛で、人を喰うインドの鬼神。仏教に帰依してからは、仏法を守る八部衆や十二神将となり、仏の教えに従わない者を正す。

ヤナカジ：琉球語で風邪のこと、又は【カジョーラ】と同じ。イチーカジ、イチャイカジとも言う。

藪神《やぶがみ》：村や家に祀られる神で、祭事などの約束を破ると、疫病を起こすなど激しく祟るとされる。

幽霊坂《ゆうれいざか》：江戸市中にある、木々の鬱蒼とした坂道。《暗闇坂《くらやみざか》》《芥坂《ごみざか》》とも呼ばれ、芥が捨てられ住む人がいなかった場所。湧き水も出るので、湿気て陰鬱とした雰囲気があった。

ユカラ：アイヌの《英雄叙事伝》のこと。

ユタ：琉球の【霊媒師《れいばいし》】。

妖怪《ようかい》：江戸後期以降の、化物や鬼、怪奇現象を指す言葉。《妖怪名》がつけられると姿や現象がほぼ固定化される。

憑坐《よりまし》：憑依した【怨霊《おんりょう》】や魔物を剥がすために使われる主に少女。憑きものを憑坐に転移させて、退治する。

離魂病《りこんびょう》：夢遊病のことまたは【生霊《いきりょう》】となり、もうひとりの自分をつくり出すこと。または【影病《かげのやまい》】。

霊障《れいしょう》：霊に憑かれることで現れる身体的な症状や、物理的な現象。

霊媒師《れいばいし》：霊を、自ら又は【憑坐《よりまし》】に呼び寄せて占う者。【口寄《くちよ》せ】を行なう者。

六文銭《ろくもんせん》：三途の川の渡し船の船賃とされるお金。

おわりに

さて、妖怪でいっぱいの江戸時代でございますが、魔物から守ってくれる人はいなかったのかも気になりますよね。ご安心ください。ちゃんとおりました。一般には、陰陽師や巫女、山伏が悪霊祓いをしてくれますが。最強の味方は、祐天上人《ゆうてんしょうにん》です。東急東横線の《祐天寺駅》、祐天寺にその名が残る人です。上人は、怪談『累《かさね》』の悪霊を祓ったことで有名になりました。その後、寺を出て単身、江戸の本所に庵《いおり》を構え、身分の上下に関わらず、数々のお祓いをし、五代将軍綱吉の生母・桂昌院、六代将軍・家宣も帰依するほどの霊験で、江戸を悪霊・妖怪から守った方とも言えます。そして、死後は、その名を冠する・祐天寺が建立されました。僧侶の名をお寺に付けるのは、普通は幕府が許可しないので、とても特別なことなのです。それだけ、上人の功績が大きかったことを意味します。妖怪好きの方は覚えておきたい方です。

そして、誰もができる妖怪祓いとして、古くから伝わる技は……屁《へ》です。妖怪はなぜか屁《おなら》の匂いが大嫌いなんだそうで、屁で魑魅魍魎を祓う絵巻もあります。これは、誰もが持つ《武器》ですから、使わない手はありません。もしも、妖怪に襲われたら、ぜひお試しください。霊験あらたかな屁を出すには、芋・豆・栗を食べるのがよいそうでございますよ。

また、妖怪は悪いことばかり招くわけではありません。招福にもあやかりたいですよね。付録として、【加牟波理入道《がんばりにゅうどう》】のお札を付けておきます。コピーしてトイレに貼り、用をたす度に「がんばりにゅうどうほととぎす」と三度唱えてください。きっと、あなたの頑張りを応援して、成功に導いてくれることと思います。

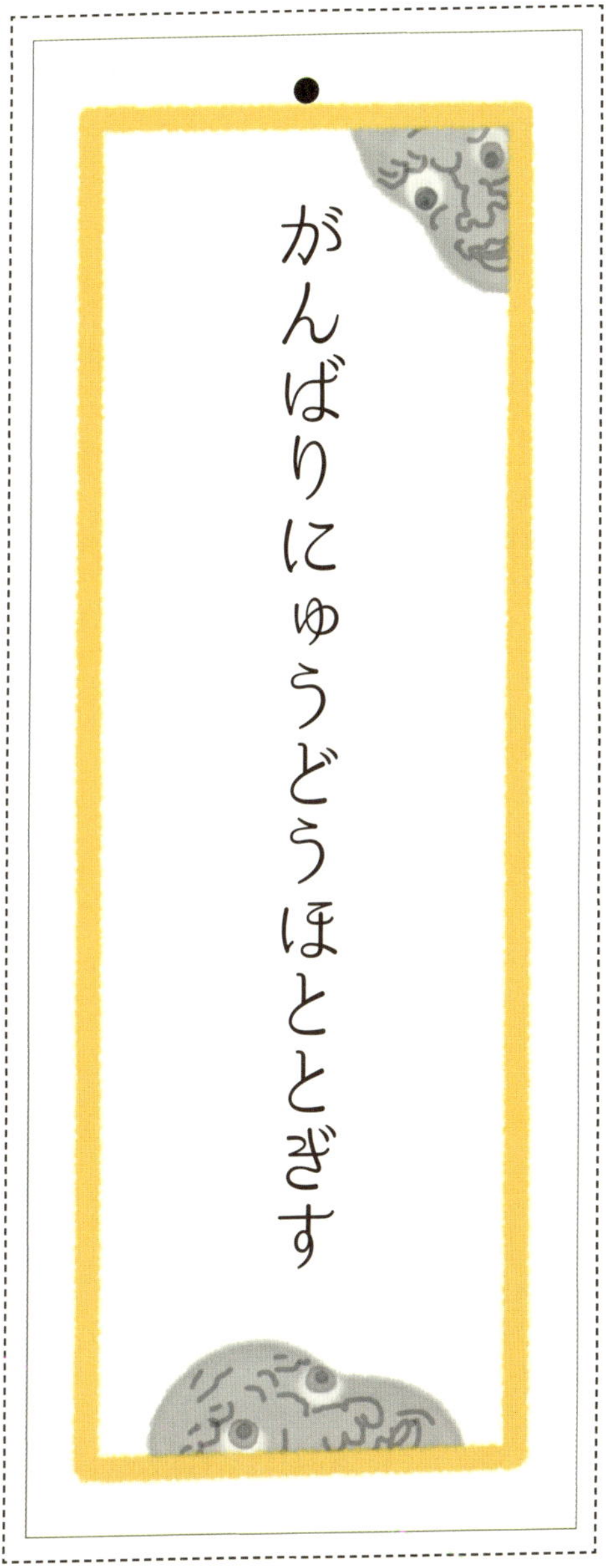

参考文献

本書を作るにあたり、下記の書籍を参考にさせていただきました。

『お化図絵』粕三平　芳賀芸術叢書
『お伽草子事典』徳田和夫　東京堂出版
『異界の日本史 鬼・天狗・妖怪の謎』新人物往来社
『芋地獄』アダム・カバット監修　小学館
『雨月物語 癇癖談』上田秋成・浅野三平　新潮日本古典集成
『遠野物語』柳田國男　講談社
『河童の日本史』中村禎里　日本エディタースクール出版部
『河童の日本史』田中貴子　筑摩書房
『怪異の民俗学１～憑きもの～』小松和彦　河出書房新社
『怪異の民俗学３～河童～』小松和彦　河出書房新社
『怪談奇談』小泉八雲　講談社
『奇談異聞辞典』柴田宵曲　筑摩書房
『近世奇談集成』　高田 衛　国書刊行会
『近世民間異聞怪談集成』堤邦彦・杉本好伸　国書刊行会
『江戸の闇魔界めぐり』岡崎柾男　東京美術
『江戸の妖怪絵巻』湯本豪一　光文社
『江戸怪談集』高田 衛　岩波書店
『江戸奇談怪談集』　須永朝彦　筑摩書房
『耳嚢』根岸 鎮衛　岩波書店
『酒呑童子絵を読む』　美濃部重克・智子　三弥井書店
『初期江戸読本怪談集』大高洋司、近藤瑞木　国書刊行会
『新編　百物語』志村有弘　河出書房新社
『新編・江戸の悪霊祓い師』高田 衛　筑摩書房
『画図百鬼夜行全画集』鳥山石燕　角川書店
『続百物語怪談集成』　太刀川 清　国書刊行会
『地獄ものがたり』真保 亨　毎日新聞社

『聴耳草紙』佐々木喜善　筑摩書房
『桃山人夜話』竹原春泉　角川書店
『日本の海の幽霊・妖怪』　関山守弥　中央公論社
『日本の昔話』柳田國男　角川書店
『日本の幽霊』諏訪春雄　岩波書店
『日本怪談集』今野圓輔　中央公論社
『日本幻獣図説』湯本豪一　河出書房新社
『日本随筆大成』吉川弘文館
『日本妖怪大全』水木しげる　講談社
『日本妖怪変化史』江馬 務　中央公論社
『百鬼解読』多田克己　講談社
『百鬼夜行絵巻の謎』小松和彦　集英社
『百鬼繚乱（江戸怪談・妖怪絵本集成）』　近藤瑞木　国書刊行会
『百物語怪談集成）』太刀川 清　国書刊行会
『別冊太陽　妖怪絵巻』小松和彦　平凡社
『別冊太陽　妖怪図譜』安村敏信　平凡社
『北越奇談物語』橘 崑崙　新潟日報事業所
『北越雪譜』　鈴木牧之　岩波書店
『妖異学の技法』東アジア恠異学会　臨川書店
『妖怪の民俗学』小松和彦　河出書房新社
『妖怪学の基礎知識』小松和彦　角川出版
『妖怪学全集』井上円了　柏書房
『妖怪事典』村上健司　毎日新聞社
『妖怪談義』柳田國男　講談社
『妖怪曼陀羅』悳 俊彦　国書刊行会

装丁・デザイン＝有限会社 A/T Harvest

編集補助
三山アツコ（合同会社 入谷のわき）
龍雲寺 雅如

http://zenyoji.com

江戸人文研究会Facebookページ
https://www.facebook.com/edojiten

校正＝東京出版サービスセンター
編集統括＝野田恵子（廣済堂出版）

絵でみる
江戸の妖怪図巻

2015年9月15日 第1版第1刷

善養寺ススム 文・絵
江戸人文研究会 編

発行者 後藤高志
発行所 株式会社 廣済堂出版
〒104-0061 東京都中央区銀座3-7-6
電話 編集 03-6703-0964
販売 03-6703-0962
FAX 販売 03-6703-0963

振替 00180-0-164137
URL http://www.kosaido-pub.co.jp

印刷・製本 株式会社 廣済堂
ISBN978-4-331-51957-8 C0521